W0316254

Tracas d'ados,
soucis de parents

Daniel Marcelli
Guillemette de La Borie

Tracas d'ados, soucis de parents

Albin Michel

Collection « Questions de parents »
dirigée par Mahaut-Mathilde Nobécourt

© Éditions Albin Michel, 2002

Aux parents de Camille, dans quelques années...

À Jean-Baptiste, Emmanuel, Natalène, Fanny, qui ont été, sont, seront adolescents...

Sommaire

Avant-propos

Pour le téléphone portable, on dit oui ou on dit non ? Comment réagir s'il ne met pas son casque quand il enfourche son scooter ? Et quand elle fond en larmes sans raison apparente ? Jusqu'à quand faut-il être sur leur dos pour qu'ils travaillent ? S'il fume un joint, qu'est-ce qu'il faut faire ? Et si elle rentre à n'importe quelle heure de la nuit ? C'est grave, docteur ?

Ces questions, c'est tous les jours que les parents se les posent, face à des adolescents encore bien enfants, qui changent sans arrêt, vivent des bouleversements tels qu'il faut sans cesse décrypter leur évolution pour réagir à bon escient.
Ces questions urgentes, simples en apparence, une journaliste, mère de quatre adolescents, les a rassemblées au fil des jours. Daniel Marcelli s'est attaché à les décoder, en les reformulant pour leur donner plus de perspective, en les situant dans une éducation au sens large. Il explique « comment ça marche », invite chaque fois les parents à observer leur adolescent, à transformer et à approfondir le regard posé sur lui, sur elle. Il ne donne pas de recettes, mais livre l'expérience qu'il a tirée de ses milliers de consultations avec des adolescents en difficulté.
Il redonne aux parents des raisons, au moment où les adolescents revendiquent leur autonomie, de prendre au sérieux leur rôle d'éducateurs, en n'étant ni rigides ni laxistes. Et fait passer aussi tout le bonheur qu'on peut trouver à les accompagner dans cette dernière étape, pour qu'ils puissent prendre en main leur avenir.
Il n'y a plus de modèle unique d'éducation. Les « bons principes » qui pouvaient se transmettre dans les générations précédentes ont volé en éclats dans les bouleversements du XXe siècle, des rythmes de vie et des techniques. Chaque famille est donc obligée de se fabriquer sur mesure

sa propre éducation, à partir des valeurs auxquelles elle tient. Cela oblige les parents, père et mère, à réfléchir et à se mettre d'accord sur les conduites à adopter. De préférence avant que les enfants, en devenant adolescents, ne les remettent en question, pour mieux éprouver leur solidité. Désormais, il faut aussi justifier ses choix, puisqu'ils ne vont plus de soi ! Ce livre voudrait y aider, en donnant des repères, des exemples, en proposant des attitudes pratiques.

La tâche n'est pas simple. En effet, jamais, peut-être, on n'a eu autant besoin d'adultes en général, et de parents en particulier, prêts à s'embarquer avec les jeunes dans cette drôle d'aventure, à donner de leur temps et de leur attention, pour servir de tuteurs dans un monde qui semble de moins en moins offrir de repères, de hiérarchie de valeurs, de morale. Plus que jamais, les adolescents ont donc besoin de connaître les convictions de leurs parents. Ils ont besoin aussi de leur tendresse, même s'ils la contestent, même s'ils lui résistent. Ils en ont besoin pour se construire.

I.

DEVENIR ADOLESCENT

1

Comment deviennent-ils adolescents ?

Un jour, soudain, une attitude nouvelle nous déroute : il refuse le baiser qu'on lui offre, se cabre devant un ordre jusque-là naturel. Elle pique des fous rires gênés, s'enferme dans la salle de bains. Ou bien encore on hume l'odeur d'une cigarette fumée en cachette. Serait-ce l'adolescence qui pointe ?

L'adolescence commence avec la puberté, qui peut démarrer à des âges différents, entre 10 et 15 ans, et dure de deux ans et demi à quatre ou cinq ans. Sa chronologie est toujours identique, et inéluctable.

Chez les filles, la poussée de croissance commence en même temps que le développement des seins (souvent asymétrique) et du système pileux. Les règles apparaissent dix-huit mois à deux ans plus tard. Après celles-ci, le développement du bassin et de la « masse grasse » au niveau des fesses et des cuisses, il reste encore quelques centimètres de taille à gagner, jusqu'à ce que se soudent les « cartilages de conjugaison » entre les os, vers 16 ou 17 ans.

Chez les garçons, la puberté a lieu en moyenne deux ans plus tard, et les premières étapes du processus – augmentation de la taille des testicules, puis de la verge – sont moins visibles. Les premières érections et éjaculations surviennent vers 12 ou 13 ans et peuvent être provoquées, par masturbation, ou involontaires, au cours des rêves, vers 14 ans. La poussée de croissance principale vient après ; elle commence par les membres (les pieds en particulier : un jeune adolescent peut changer de pointure de chaussures tous les trois mois !) et se termine par l'élargissement du tronc. La soudure des cartilages, vers 18 ans, marque la fin de la croissance.

L'adolescence ne se traduit pas par une « crise », mais plutôt par une suite de changements physiques et psychiques, qui peuvent engendrer à chaque fois des tensions ou des malaises. Elle se manifeste selon les personnalités de manière plus ou moins ouverte, plus ou moins violente, par épisodes successifs. À partir du déclenchement de la puberté, l'adolescent est confronté à des pulsions nouvelles et difficilement contrôlables ; d'où des questions, des inquiétudes, une sorte d'excitation sexuelle qui l'envahissent sans qu'il les identifie toujours comme telles, sans qu'il comprenne bien ce qui lui arrive. Il a du mal, dans ce corps qui change tellement, à se reconnaître, à savoir qui il est. Tout cela lui fait perdre ses repères, le rend fragile. En particulier, il redoute le regard des autres, des amis de son âge comme de ses parents. Tout est donc rassemblé pour créer des explosions sporadiques. Celles-ci se résoudront d'autant mieux que la réaction de l'entourage sera mesurée et adaptée.

Comment réagir

Quand commencent ces bouleversements physiques et psychiques, l'adolescent se sent comme embarqué sans le vouloir dans un voyage dont il ne connaît ni le chemin, ni la durée, et dont le terme est la maturité sexuelle. Ses parents, comme des compagnons de voyage, incarnent la stabilité dans le cadre de vie, dans les regards posés sur lui. En leur absence, il risque d'être véritablement désorienté ! À eux, donc, d'accueillir ces bouleversements avec le plus de bienveillance possible. On peut nommer les changements sans les disqualifier : « Tiens, ce jean est devenu vraiment trop court pour toi... » « Tu n'aimes plus cela, tes goûts ont changé ? » Sans insister sur tout ce qui a une connotation sexuelle, comme le développement des seins chez une jeune fille, par exemple ! Leur importance symbolique est telle que cela risque de la remplir de confusion, surtout si c'est son père qui s'esbaudit ! Si l'humour est permis, et même conseillé, mieux vaut s'abstenir de ces petites moqueries faciles qui peuvent tant blesser : lui, à cause de sa voix qui mue et parfois déraille, elle à propos de ses formes nouvelles.
Pour comprendre ce qui arrive à son enfant, ce que cela représente pour lui, les parents peuvent tout simplement faire appel à leurs propres souvenirs : se remettre dans la peau de l'adolescent qu'ils ont été, pour ressentir de l'intérieur toutes les émotions et les inquiétudes de ces moments-là. Évidemment, la manière dont chacun a vécu sa propre adolescence se transmet et influence, par exemple, la manière dont une mère accompagne les premières règles de sa fille, ses premières amours... Face à ce qu'il est en train de vivre sous nos yeux, on peut avoir pour son adolescent le regard tendre qu'on a rétrospectivement pour soi au même âge. Et faire preuve d'une nouvelle disponibilité.
Au moment où les soins matériels deviennent moins importants, il s'agit

plutôt d'aiguiser son attention pour reconnaître et comprendre, au fur et à mesure, ce qui se joue pour son fils ou sa fille, en lui, en elle. Cela permet de se poser les bonnes questions et de trouver l'attitude éducative qui l'aidera à franchir ces étapes. Heureusement, c'est un véritable plaisir de voir un enfant grandir, dessiner sa personnalité, se passionner pour des choses nouvelles, tenir une place nouvelle dans les échanges familiaux ! Chacun à leur manière, les adolescents, touchants et courageux sur ce chemin de construction, posent des milliers de questions, réamorcent le mouvement là où s'étaient installées des évidences. Ils cherchent des modèles, des vérités, des confrontations, offrent leur enthousiasme, leur humour et leur dynamisme.

Ce n'est donc pas le moment d'abdiquer de son rôle éducatif. Justement parce que l'adolescent change et perd ses repères, c'est aux adultes d'assurer la continuité, de maintenir un cadre rassurant dans la tourmente. Il est normal que des périodes de malaise et de conflits surviennent régulièrement pendant ces années-là. Cela ne passe pas forcément par de rudes batailles, mais toujours par des moments de silence, de tension, d'incompréhension.

L'adolescence, selon la définition de l'O.M.S., se déroule de 11 à 19 ans. Mais ses limites sont très floues. On distingue souvent trois périodes, où se conjuguent les changements physiques et psychologiques :

– La pré-adolescence est essentiellement liée à la puberté, soit de 10-11 ans jusqu'à 14 ans pour les filles, et de 12 ans et demi-13 ans jusqu'à 15 ans pour les garçons. Les changements corporels sont au centre de ces années-là.

– La véritable adolescence s'étend de 14-15 ans pour les filles, jusqu'à 16-17 ans, et de 15 ans pour les garçons, jusqu'à 17-18 ans, avec de grandes variations individuelles. Les signes sexuels s'installent, la croissance s'achève. Se définir comme garçon ou fille et se différencier de ses parents pour trouver sa propre personnalité est alors la question fondamentale.

– La post-adolescence conduit vers l'âge adulte. Les deux phases précédentes accomplies, les adolescents sont physiologiquement devenus des hommes et des femmes, plus autonomes par rapport à leur famille, qui peuvent s'investir dans les trois grands domaines de l'amour, du travail et de la créativité sous toutes ses formes, pour construire leur vie.

2

Elle n'a que 10 ans, il n'a que 11 ans, et ils se donnent déjà des airs d'adolescents

Une demoiselle de 11 ans qui semble ne penser qu'aux garçons, exige de s'habiller dans des boutiques pour Lolitas et se vautre devant les séries télé destinées aux adolescents ; un jeune coq de 12 ans qui emploie un vocabulaire ordurier pour impressionner les adultes et rentre au bercail de plus en plus tard le soir : sont-ils déjà adolescents ?

De la fin du XIXe siècle jusqu'aux années 1960, l'âge de la puberté a régulièrement baissé. Actuellement, il est stable : les jeunes filles actuelles deviennent pubères au même âge que leurs mères. Le démarrage de la puberté reste le critère du début de l'adolescence. Chez certains, certaines surtout, elle commence avant la fin de l'école primaire, mais ce n'est pas la majorité. En général, les grands enfants de 9 à 12 ans, élèves de C.M.2 et de 6e-5e, ne sont pas encore trop perturbés par les changements de leur corps, les liens qu'ils entretiennent avec leurs parents sont le plus souvent satisfaisants, sans grande tension. Ils acquièrent tous les jours un peu plus d'autonomie et, bien sûr, regardent les plus grands avec autant de fascination que d'attirance, se plongent dans les séries télévisées pour adolescents (qui sont diffusées aux heures de retour de classe des plus jeunes). Comme nous vivons dans une société de compétition et d'anticipation, tout le monde a tendance à brûler les étapes, à essayer de faire les choses toujours plus vite. Du coup, les enfants se voient proposer, avant l'heure, d'adopter les signes extérieurs de l'adolescence : vêtements, langage, films...
Au moment où ils se sentent devenir plus grands, plus forts dans leur corps, ces grands enfants jouent aux adolescents, peuvent se mettre à revendiquer sur le mode du « moi je », comme s'ils étaient déjà dans l'adolescence. Mais il ne faut pas s'y tromper.

Comment réagir

Il est très important de maintenir un cadre éducatif et de redonner rapidement à ces enfants les limites qui leur ont sans doute manqué. Si, avant 12 ou 13 ans, ils « se donnent des airs » et semblent prendre pour modèles des adolescents plus âgés, qui les fascinent souvent pour leurs bêtises, il est impératif de réagir. Si l'autorité des adultes, parents ou professeurs, n'est pas respectée à cet âge, elle le sera encore moins à 15 ans. Et cela entraînera alors des risques de dérapages beaucoup plus grands, qu'il sera devenu impossible de maîtriser. Aux parents, donc, de réaffirmer leur rôle d'autorité et de protection, en fixant les limites qu'ils jugent raisonnables, sans se laisser emporter dans la spirale du « toujours plus » : « Non, à 10 ans, on ne sort pas seul le soir dans la rue ! » « Non, une fille de 12 ans ne va pas au collège maquillée ainsi... » Que les parents évitent, aussi, de rire ou de montrer de l'admiration devant leurs attitudes de « petit coq », ou de « petite femme », en leur faisant croire qu'ils sont toujours parfaits... Plus généralement, aidons-les à se dégager d'une attitude moutonnière, qui consiste à se conformer à des modèles, à faire comme les autres, en leur permettant de trouver leur propre personnalité (voir question 54, p. 153).

Pour aller plus loin

B. Copper-Royer, *Vos enfants ne sont pas des grandes personnes*, Albin Michel, 2000.
H. Montardre, *Parents de fille, parents de garçon : les élève-t-on de la même façon ?*, Milan, 1999.

3

Il met des distances nouvelles entre nous et lui, elle ne raconte plus rien

Voilà qu'elle se met à chuchoter au creux du combiné du téléphone, pour que personne, surtout, n'entende rien. Voilà qu'il refuse de venir se promener avec ses parents, lui qui aimait tellement renvoyer le ballon à son père le dimanche après-midi...

C'est signe que l'enfant devient adolescent. Inutile de regretter qu'il ne dise plus « tout », ce serait rester dans l'illusion qu'un enfant doit tout dire à ses parents et une manière de vouloir arrêter le temps. Il faut au contraire respecter cette nouvelle vie personnelle, avec ses secrets.
À partir de la puberté, l'adolescent ressent la nécessité de se dégager de son statut d'enfant et des valeurs de sa famille (aussi bonnes et éprouvées soient-elles!) pour trouver sa place de futur adulte. Ce n'est plus uniquement en famille qu'il se sent heureux, comme du temps de l'enfance, plus seulement avec elle qu'il se détend et prend du plaisir. Bien sûr, restent de bons moments familiaux à partager, repas ou bricolage communs. Mais il sent confusément qu'il n'est plus toujours « à sa place » dans la maison, qu'il doit trouver ailleurs ses loisirs et ses centres d'intérêt, avec des amis de son âge, ce qui met en cause le lien entre parents et enfants.
On peut comparer ces liens, à l'adolescence, à des surfaces encollées : s'il n'y a pas eu assez de colle dans l'enfance, si les liens sont inexistants, l'adolescent ne peut pas se construire ; il risque de « s'envoler » à la première bourrasque d'émotions, incapable de contenir les pulsions qui l'envahissent. Quand la colle est trop forte au contraire, la nécessaire distance de l'adolescence entraîne un déchirement douloureux entre parents et enfants. La bonne dose de colle est celle grâce à laquelle la feuille, comme un Post-it, tient bien, mais peut se détacher sans difficulté.

Comment réagir

Le maître mot des parents doit être la négociation, car les deux attitudes extrêmes n'aident pas l'enfant à grandir : des contraintes trop grandes l'enferment et l'empêchent de vivre son adolescence ; mais le prendre pour un adulte et le laisser se débrouiller seul trop vite a les mêmes conséquences. Durant cette période d'évolution rapide, rien n'est jamais définitif. L'adolescent, pour trouver son identité par rapport à ses parents, est pris dans un double mouvement : il doit s'identifier à eux pour devenir adulte et se différencier pour exister indépendamment d'eux. D'où des allers et retours entre plusieurs attitudes, des tentatives d'opposition. La meilleure manière de se sentir différent de ses parents, c'est bien sûr d'affirmer ses désaccords avec eux !

Il faut accepter une nouvelle asymétrie dans les relations : alors que les adolescents revendiquent désormais de ne pas tout dire de leurs faits et gestes, ils exigent encore d'avoir toujours leurs parents à disposition, de pouvoir les appeler en cas de besoin... À eux d'être disponibles, mais sans aller au-devant de leurs demandes. Pour l'adolescent(e), surtout au début de l'adolescence, les parents restent une borne de sécurité, un havre affectif indispensable ; les parents doivent accepter cette position plus en retrait que du temps de l'enfance.

4

Il ne veut plus que je l'embrasse, elle ne veut plus que son père s'approche d'elle

Fini les gros câlins sur les genoux dans les moments de chagrin, la petite main qui se glissait dans la grande au moment de traverser une rue. Soit ! Mais voilà qu'il se rétracte lorsqu'on s'approche pour lui dire bonsoir, qu'elle s'isole de son père pour échapper à son regard... Elle détourne même les yeux d'un air gêné si ses parents osent entre eux un geste de tendresse.

Le langage du corps change aussi à l'adolescence. L'enfant avait besoin de sentir par l'intimité physique avec ses parents qu'il était aimé. Mais ces gestes qui l'apaisaient provoquent désormais chez l'adolescent des émotions nouvelles, qu'il ne comprend pas, et qui l'inquiètent. Alors, brusquement, il fuit les contacts physiques, y compris les gestes de tendresse les plus anodins. L'affection ne peut plus s'exprimer ainsi, du moins jusqu'à la grande adolescence. Plus tard elle redeviendra plus paisible, plus naturelle, car la sexualité sera mieux maîtrisée, dissociée de la tendresse. C'est particulièrement vrai dans les relations entre père et fils, où la retenue est extrême ; les échanges passent plutôt par la rivalité physique. Qui triomphe au tennis ? à la nage ? Ce qui peut se traduire par : qui est le plus fort ? le plus viril ? Entre la mère et ses enfants, il y a une complicité des corps plus ancienne, mieux acceptée culturellement. Cependant, avec son fils, la mère doit en user avec beaucoup de délicatesse et de précautions, car la sensualité de celui-ci est alors à fleur de peau.

Comment réagir

Il est très difficile de trouver la bonne distance entre la tendresse d'une part, la liberté et l'intimité d'autre part. Les adolescents ont besoin des

trois à parts égales. Eux-mêmes, selon les moments, passent de l'affection à une froideur distante, si l'un de leurs parents se fait trop intrusif. À cet âge, ils n'aiment pas être envahis par l'affection de leurs parents ; ils ressentent vite cela comme une intrusion qui les énerve et les excite.
Mieux vaut, à cette période, leur laisser l'initiative des contacts physiques : à eux de faire les premiers pas, d'aller et venir librement entre des attitudes différentes. Qu'ils puissent profiter de la tendresse maternelle ou paternelle sans être entravés, ni ressentir cette présence comme un danger. S'ils ont appris par l'expérience que leurs parents sont toujours prêts à les accueillir, ils sauront demander de la tendresse, selon leurs besoins affectifs du moment. Attention aux rapports entre les pères et les filles : celles-ci peuvent se soumettre aux caresses d'un père trop câlin, mais en être gênées, et même dégoûtées. Il ne faut pas « jouer » avec des émotions qu'un adulte peut maîtriser, mais pas une très jeune fille. Les couples recomposés, qui vivent une nouvelle histoire d'amour et d'érotisme au moment où les enfants de l'un des deux partenaires deviennent adolescents, doivent éviter d'exposer leur nudité ou leur intimité partagée devant eux. Même si ceux-ci n'en disent rien, cela leur est insupportable, provoque en eux un mélange d'attirance, d'excitation, de répugnance et de honte difficile à maîtriser.

5

Il devient agressif, elle est insolente, ils cherchent le conflit

Mais qu'est-ce qui lui arrive ? Ou bien elle fait la tête, l'air ennuyé et les yeux au ciel, ou bien il juge avec mépris les faits et gestes de ses parents, qu'ils émettent une opinion politique ou apprécient la couleur du ciel. Et puis les portes claquent, les grossièretés fusent...

Grandir, devenir adulte, c'est prendre la place de ses parents, c'est symboliquement les faire mourir un peu, et ce n'est pas facile, surtout si on les aime beaucoup !

L'adolescent doit se différencier de ses parents pour savoir qui il est, mais il a besoin de s'identifier à eux pour savoir ce qu'il deviendra à l'âge adulte, en particulier la fille à sa mère, le fils à son père. Ce double mouvement, avec son paradoxe, est inconfortable à vivre : le garçon s'appuie souvent sur son père pour se séparer de sa mère ; et la fille sur sa mère pour se différencier de son père. En général, les filles ont tellement besoin de leur mère au début de l'adolescence, qu'elles s'en rapprochent, mais parfois avec une bonne dose d'agressivité et d'insolence. Plus tard, vers 17 ou 18 ans, elles pourront s'opposer à elle plus facilement. Les garçons s'opposent plutôt à leurs parents au début de la puberté, et se rapprochent de leur mère à la fin de l'adolescence, quand cette intimité les inquiète moins.

Certains adolescents, mais pas tous, ont aussi besoin de « chercher » leurs parents, de les toucher au vif pour comprendre qui ceux-ci sont vraiment, ce qu'ils pensent. Plus ils prennent du recul par rapport à leur famille, plus ils observent et pensent par eux-mêmes, mieux ils perçoivent les faiblesses ou petitesses inévitables de leurs parents. Tout cela crée bien des inquiétudes, voire de l'angoisse, et des conflits intérieurs. Lesquels se manifestent, au mieux, par de la mauvaise humeur, au pire, par des épisodes de violence. Cette agressivité peut être plus ou moins ciblée. La fille peut être agressive envers sa mère seulement, tandis qu'elle préserve une bonne relation avec son père ; au contraire, le fils peut jouer l'affrontement avec son père, tout en s'arrangeant pour mettre sa mère de son côté.

Comment réagir

L'opposition fait partie de l'adolescence, comme les conflits font partie de la vie. Il ne faut pas chercher à les éviter à tout prix, mais au contraire apprendre à les gérer. L'évitement ne fait que reculer les échéances et aggraver la situation. Mais le danger serait que l'opposition devienne systématique, alors elle ne servirait à rien. Être toujours le négatif de ses parents équivaut à beaucoup leur ressembler... Il faut donc éviter de faire de cette opposition une affaire personnelle, par exemple en pointant : « Si tu fais ça, si tu dis ça, c'est pour m'embêter, parce que tu sais que je n'aime pas ça... » C'est un piège classique. Même si c'est vrai, cela ne peut qu'exacerber l'attitude négative de l'adolescent, l'enfermer dans l'affrontement, parce qu'il se sent dévoilé. Une fois établi, et obtenu, le respect dû à tout être humain dans les relations quotidiennes, y compris de la part d'un adolescent en crise, mieux vaut reconnaître sa différence, accepter que ses goûts évoluent, et y voir du positif – « Finalement, ce que tu dis n'est pas entièrement faux » –, en essayant de comprendre les raisons réelles de cet affrontement.
L'observation donne des clés pour comprendre ce qu'il se passe et savoir s'il faut intervenir, ou seulement laisser du temps au temps. Est-il irritable seulement par moments, au creux de l'hiver? ou au contraire se renferme-t-elle sur elle-même depuis plusieurs mois, sans aucun moment de détente ni d'humour? Ses parents sont-ils les seuls à faire les frais de son agressivité, ou cela déborde-t-il sur le reste de sa vie (il suffit de tendre l'oreille juste un instant sur le ton de ses conversations téléphoniques)? Y a-t-il d'autres symptômes de malaise (insomnies, chute des résultats scolaires, etc.) ? Si oui, il s'agit d'un véritable appel à l'aide (voir « Quand faut-il se faire aider par un psy? », p. 301).

6

Elle est affreusement grossière

Un vocabulaire de charretier dans la bouche d'une délicate jeune fille... Mais d'où sort-elle cela ? Des mots que ses parents n'ont jamais prononcés eux-mêmes émaillent ses phrases ; il ne peut pas parler sans enchaîner des vulgarités, ou des tournures incompréhensibles. On dirait qu'ils le font exprès...

Chaque génération a besoin de créer ses propres codes de langage, pour se distinguer de la précédente. Chaque adolescent, au moment où il cherche à se différencier de ses parents, c'est-à-dire vers 13-14 ans, adopte un vocabulaire dont le registre est juste un cran au-dessus de ce que sa famille peut tolérer. Ainsi, si la grand-mère se permet de dire « zut » dans les moments de crise, la mère lâche le mot de Cambronne, et la fille claironne : « P..., fait c... » Il y a une dimension évidente de surenchère, de provocation, qui joue avec les réactions outragées de la famille. En même temps, c'est une manière de s'affirmer comme adolescent, en utilisant le langage utilisé au collège ou au bistrot.

Comment réagir

Il est illusoire de penser qu'on peut imposer à un adolescent de parler de la même manière que ses parents. D'autre part, le reprendre sans cesse risque de rendre la communication impossible et d'énerver tout le monde. Peut-être suffit-il de relever de temps en temps les mots qui vrillent les oreilles, en soulignant qu'il pourrait s'exprimer autrement et en continuant la conversation... sans employer soi-même de « gros mots » ! Relever une grossièreté, c'est une manière de signaler qu'on a bien entendu « sa différence » et qu'il est inutile d'en rajouter !

En revanche, c'est un service à rendre aux adolescents que de leur apprendre à distinguer et maîtriser des registres de langage différents, à l'oral comme à l'écrit. On ne s'adresse pas de la même façon à un professeur, à sa grand-mère et à un copain ! Ils doivent être capables d'utiliser le langage que pratiquent les adultes quand ils sont en compagnie d'adultes, et de retrouver leur propre diapason dans la cour du collège ou du lycée. Certains n'ont pas cette conscience, apparaissent comme grossiers en toutes circonstances, en toute innocence. Ils ont du mal à percevoir les codes sociaux de la société où ils vivent. Cela remonte alors à bien plus loin que l'adolescence, et est associé à d'autres difficultés de comportement. C'est un symptôme parmi d'autres, à ne pas aborder isolément.

7

Il ne supporte pas l'autorité des adultes

Son père lui a intimé un ordre simple, auquel il ne va pas s'abaisser à obéir, car le ton, à la dixième injonction, lui déplaît. Sa mère lui fixe une heure de retour, elle ergote pour obtenir un quart d'heure de grâce... Son prof lui a demandé de rendre sa copie, elle organise le chahut dans la classe. Et les voilà qui reviennent à la charge, avec de nouveaux arguments, pour reprendre une discussion à laquelle on avait bien cru mettre un point final...

L'autorité permet de faire respecter les codes de conduite instaurés entre des personnes vivant ensemble en société. Elle donne des limites aux désirs de chacun, permet de contenir les frustrations. Les parents représentent ces règles et ces lois : l'enfant les subissait, l'adolescent doit les intérioriser. Ce travail d'appropriation lui prend du temps, d'autant qu'il cherche au même moment à se différencier de ses parents, pour trouver sa propre personnalité. Il faut pourtant distinguer deux types de remise en cause de l'autorité parentale, qui n'appellent pas les mêmes réponses.

Certains adolescents ont besoin de connaître les limites, aussi bien les leurs que celles des adultes. Pour savoir qui commande, ils vont « pousser le bouchon » chaque fois un peu plus loin, affirmer le contraire de ce que dit leur père, ou ignorer les injonctions de leur mère.

Un autre type de conflit est plutôt une recherche de communication. L'adolescent « titille » son père ou sa mère pour les toucher au vif, savoir ce qu'ils pensent vraiment. Ainsi, les discussions se multiplient, sur la politique, le sport..., où l'adolescent prend plaisir à exprimer des positions tranchées, extrêmes, pour susciter des réactions de la part de ses parents. Il développe le maximum d'arguments pour prouver qu'il a raison, envers et contre tous. D'une part, parce que cela lui permet de se différencier : c'est pour cela qu'il ne peut se soumettre à un autre avis que le sien. D'autre part, parce que cela lui permet d'expérimenter ses nouvelles capacités de penser, d'affûter ses arguments, de s'affronter.

Comment réagir

Chaque famille a sa culture, ses seuils de tolérance et sa manière de manier l'autorité. Mieux vaut avoir pris le temps de réfléchir à la sienne avant d'être en situation de l'exercer. Il faut faire la différence entre ces deux types d'opposition et trouver la réponse la mieux adaptée.

Dans le premier cas, un coup d'arrêt un peu ferme clôt le débat. L'adulte marque son territoire en reprenant le contrôle de la situation, et l'adolescent s'incline, rassuré, au fond, de constater que la règle du jeu est claire : on s'intéresse à lui, et la limite à ne pas dépasser est là. En deçà, tout reste possible...

Entre pères et fils, en général, l'affrontement est direct. Entre parents et enfants de sexes opposés, le jeu de la séduction s'en mêle : par exemple, l'intervention de la mère entre le fils et le père, et inversement, peut alors détendre l'atmosphère.

Dans le second cas, l'adolescent s'évertue à prouver le bien-fondé de son attitude – par exemple, pourquoi il doit pouvoir arriver en retard à la table familiale. Il semble qu'il ne puisse se soumettre, comme si c'était une question vitale ! Alors, c'est un beau cadeau à lui faire que de lui donner la réplique dans cette joute oratoire. C'est un moyen pour lui d'essayer ses arguments, sans danger. Mais il ne faut pas s'attendre à ce qu'il reconnaisse la pertinence de ceux de ses parents, puisque, précisément, la discussion lui sert à montrer sa différence ! L'interlocuteur adulte doit tenir ses positions sans les imposer, et sans chercher de compromis, justement impossible. Mais il peut demander à l'adolescent de maîtriser ses pulsions dans le feu de la confrontation, c'est-à-dire de ne tomber ni dans les injures, ni dans la violence, ni dans la malhonnêteté intellectuelle.

Reste qu'il y a aussi des jours où l'humeur des parents n'est pas à la discussion, et des moments où celle des adolescents est à l'excitation gratuite. Aux adultes, alors, de savoir couper court à l'affrontement, sans qu'il dérive ou tourne en rond. « Bon, allez, ça suffit... On prend chacun un journal. » Gagnant-gagnant...

LE CHOIX DES PROGRAMMES TÉLÉVISÉS ET LA MAÎTRISE DE LA TÉLÉCOMMANDE

Dans une famille de type autoritaire, c'est le chef de famille qui décide : le soir, on regarde les informations et ensuite tout le monde file dans sa chambre. Cette façon de faire donne un emploi du temps clair à tous et offre la possibilité de faire autre chose de ses soirées. Le risque, cependant, est de ne jamais regarder une émission intéressante.

Dans une famille de type laxiste, chacun peut décider des programmes sans critères réfléchis, pour le meilleur ou pour le pire. C'est le plus fort ou le plus caractériel qui l'emporte.

Dans une famille où la négociation est possible, les enfants seront invités à consulter le programme de la soirée à l'avance et à développer des arguments pour arriver à leurs fins. Ce qui est à la fois très stimulant et très fatigant.

Il n'est pas recommandé, pour avoir la paix, d'installer une télévision dans chaque chambre : cela signifierait renoncer à instaurer toute loi.

Alors, à chacun de composer son cocktail entre ces trois modèles, en se demandant dans quel univers on veut faire vivre ses enfants.

Pour aller plus loin

P. Delaroche, *Doit-on céder aux adolescents ?*, Albin Michel, 1999.

8

Elle se trouve moche, il semble tout emprunté dans son corps

Mais pourquoi s'engonce-t-elle, depuis quelque temps, dans ces pulls noirs informes ? Pourquoi garde-t-elle son T-shirt sur la plage au lieu de se mettre en maillot de bain comme tout le monde ? Quant à lui, il casse tout ce qu'il touche, se cogne partout, bouscule sa petite sœur sans avoir conscience de sa force...

La puberté est un moment de forte croissance. Le squelette ne se développe pas de façon harmonieuse. La croissance commence par les membres pour se terminer par le tronc ; le visage se transforme, avec de nouveaux volumes, le nez s'agrandit... Durant 12 à 18 mois, le corps passe par des phases plus ou moins esthétiques. Les adolescents, ne s'y reconnaissant pas, ne savent pas le maîtriser, l'habiller. La fille rentre les épaules pour cacher cette poitrine étrange ; le garçon, de ses immenses pieds, écrase ceux de ses voisins, s'excuse en rougissant. Il s'agit dans les deux cas d'une difficulté à faire sienne la fameuse « image de son corps ».

Parfois, en général juste après la puberté, l'adolescent se focalise sur un aspect de son corps qui lui déplaît : le nez par exemple, qui se voit « comme le nez au milieu de la figure », les oreilles qu'il trouve décollées... Pour elle, ce sont ses seins qu'elle trouve trop gros ou trop petits, ses fesses énormes, etc. Ce n'est pas toujours conforme à la réalité, ou bien les autres n'y accordent pas autant d'importance. Lorsque cela prend des proportions extrêmes, on appelle cela des dysmorphophobies, qui peuvent pousser les adolescents à se replier sur eux-mêmes.

Comment réagir

Le travail de l'adolescence, c'est accepter peu à peu son corps tel qu'il est, avec ses imperfections; personne n'est parfait, ni ne correspond exactement aux canons de l'esthétique en vigueur. Plus l'organe qui déplaît si profondément à l'adolescent est connoté sexuellement, plus on peut penser que c'est l'identification à son sexe qui lui est difficile.
Inutile de nier cette souffrance. Si les parents l'écartent d'une pichenette en disant : « Mais il est très bien, ton nez ! » – d'ailleurs, c'est souvent le même que celui d'un de ses géniteurs ! –, cela rassure l'adolescent, mais il/elle risque de se focaliser encore plus sur l'objet de sa détestation, avec la certitude qu'« ils ne comprennent vraiment rien ». Il faut surtout observer si, au nom de cette disgrâce, l'adolescent s'isole des autres, ne pense qu'à cela, si cela retentit sur toute sa vie. Lorsque l'obsession dure plus longtemps qu'une saison, il ne faut pas le/la laisser souffrir. S'il s'agit d'une véritable disgrâce, pourquoi ne pas la reconnaître, tout en mettant l'accent sur autre chose de plus gracieux ? S'il y a quelque chose à faire, par exemple en cas d'oreilles décollées, de cicatrice gênante, on peut envisager une intervention. Il faut cependant se montrer très prudent en matière de chirurgie esthétique, attendre de toute façon la fin de la croissance, et demander plusieurs avis. Attention : la demande d'intervention doit venir de l'adolescent lui-même, et non de parents qui pourraient se sentir coupables de « l'anomalie ». Quand ceux-ci formulent une demande à la place du jeune, ils s'immiscent en quelque sorte dans le corps de leur enfant, ou plutôt au cœur de ce qui fait l'adolescence : l'appropriation de son corps par l'intéressé. Cette intrusion peut aboutir à l'exact opposé de ce qu'ils souhaitaient : l'adolescent se sentira durablement étranger à son corps.

9

Elle fond en larmes pour un oui ou pour un non

Tout d'un coup, à propos d'un événement apparemment anodin, ses joues s'empourprent, ses yeux s'embuent, sa voix se met à chevroter... Les filles fondent, mais parfois les garçons ne sont pas très loin des larmes non plus...

L'adolescente ne supportant pas d'être ainsi mise à nue, de subir sans rien contrôler, fuit vers le refuge de sa chambre ou, au contraire, dans sa rage impuissante, fait claquer les portes ou donne des coups de pied au petit frère qui passe par là... Cette émotivité à fleur de peau est la marque même de l'adolescence : l'adolescente éprouve des émotions violentes qu'elle comprend mal et ne peut maîtriser, ce qui l'inquiète et rajoute à son trouble. Lorsque cela arrive de temps en temps, il n'y a pas lieu de s'inquiéter. Mais si ces manifestations d'émotivité se multiplient, deviennent quotidiennes, l'empêchent de vivre, n'alternent plus avec des périodes plus sereines, alors on entre dans le domaine du pathologique. Cela peut être la première étape d'une dépression, le signe d'une excessive timidité, le prélude à des phobies sociales, comme l'agoraphobie (ne pas supporter le monde autour de soi), la phobie scolaire (ne pas supporter de se séparer de sa famille pour aller à l'école), la conviction que tout le monde se moque de vous... C'est à l'adolescence que ces troubles s'installent : il faut donc éviter que toute la personnalité s'organise et se construise autour de cela.

Comment réagir

Dans le cas des larmes inattendues et occasionnelles, il faut simplement ne pas jouer avec ce trouble, ni s'en moquer ou le souligner sur le mode de : « Tu fais encore ta crise ! » On peut discrètement reconnaître la réalité : « Tu es émue, on parlera de ça plus tard... », ou laisser à l'adolescente la possibilité de battre en retraite sans l'humilier en montrant qu'on a vu son état. Elle ne souhaite pas toujours reconnaître ce qui l'a touchée et nie l'évidence pour se protéger. L'idéal est de lui permettre de prendre de la distance, dans le temps et dans l'espace, sans se dévaloriser. Elle peut aller écouter de la musique dans sa chambre, par exemple.

Le fait que les parents respectent les émotions, se contentent de les nommer, ne s'en moquent jamais, et surtout n'en fassent pas un prétexte à humiliation, permet à l'adolescent d'investir, de reconnaître et de s'approprier le monde des émotions. Cela favorisera la qualité de ses relations futures. Quand elles sont systématiquement brocardées, dévalorisées, disqualifiées, le jeune peut tenter de contrôler ces émotions qui l'envahissent malgré lui en se tournant du côté des sensations – prise de risques, consommation de haschisch, d'alcool...

Lorsque l'adolescente est tellement envahie par des émotions qu'elle ne peut plus les gérer, il faut lui permettre d'y mettre de l'ordre, lui donner les moyens de retrouver assez d'estime de soi pour grandir plus sereinement. Une psychothérapie peut l'y aider. Plus le trouble sera pris tôt, plus il sera facile à guérir, moins il risque de se transformer en difficulté lourde.

10

Il n'est jamais d'accord, elle s'oppose sur tout

Qu'on lui propose de dîner au restaurant avec ses parents, d'aller au cinéma avec un copain ou d' inviter quelqu'un, rien ne lui convient. Il a toujours de bonnes raisons pour tout refuser. Jusqu'à présent, elle aimait beaucoup aller à la danse. Au moment de la réinscription, c'est non, sans explications. Et plus on insiste pour comprendre, plus ils se braquent. Que se passe-t-il ?

À l'adolescence, l'opposition est une manière de s'affirmer. Quand un jeune dit non, il a le sentiment rassurant d'exister, d'être lui-même face à ses parents. Pour dire oui, il faudrait une confiance suffisante en soi que beaucoup n'éprouvent pas. Dire non traduit donc une fragilité, une incertitude sur son identité. Ou bien une trop grande proximité entre l'adolescent et ses parents, dont celui-ci cherche à se dégager.
Selon les cas, ce comportement d'opposition se cantonne à un domaine particulier ou envahit toute la vie. Le risque, alors, est l'escalade : par exemple, plus l'adolescent refuse de travailler, plus ses parents sont sur son dos pour qu'il travaille, et plus les liens se resserrent entre eux autour de cette question, alors que l'adolescence devrait justement permettre de les dénouer. À ce petit jeu-là, l'adolescent sera toujours le plus fort, grâce à sa capacité d'inertie. Mais il risque aussi beaucoup plus : c'est lui qui risque de se détruire lui-même, en ne travaillant pas, en n'apprenant rien, en entretenant des relations difficiles avec les enseignants, en redoublant et en perdant ses amis, etc.

Comment réagir

Il faut distinguer deux types d'oppositions. Il y a celle qui remonte à la petite enfance : l'adolescent a été ce que l'on appelle un enfant capricieux, exigeant. Et ces traits s'exacerbent au moment des difficultés de l'adolescence. Bien sûr, il aurait été préférable d'aborder ce problème et d'aménager les relations du temps de l'enfance.

Mais à l'adolescence, il ne faut surtout pas se laisser piéger dans une escalade de conflits. Et pour cela, il faut éviter le rapprochement physique, d'« être tout le temps sur son dos ». Cela fait grimper l'énervement et l'excitation chez l'adolescent, jusqu'à entraîner tout le monde dans des violences verbales, voire physiques. En dehors de quelques points importants sur lesquels il ne faut pas céder (ce qui concerne sa sécurité physique par exemple), la seule solution, quand monte la tension, est de s'éloigner les uns des autres, en refusant d'entrer dans cette spirale. Les parents peuvent dire : « Ce n'est pas la peine d'en parler comme cela. Va faire un tour, ou va dans ta chambre. Moi aussi, je vais me calmer. On reprendra la discussion plus tard… » Et la vie continue.

Si ce n'est pas suffisant pour désamorcer les conflits, ou s'ils prennent toute la place, empêchent la famille de vivre normalement, on peut demander à un tiers d'intervenir (l'autre parent, un enseignant, le médecin de famille…), ou encore réfléchir à un aménagement de la vie pendant cette période difficile : un séjour dans une autre famille ou en internat, par exemple.

En revanche, si cette opposition, sous forme d'irritabilité, de colères, d'accès de larmes, apparaît à l'adolescence et s'exerce à l'égard des deux parents, chez un jeune qui jusque-là était un enfant sans problèmes, cela traduit un malaise, une souffrance psychique, peut-être un début de dépression. Il faut alors rechercher quelles autres difficultés (troubles du sommeil, rupture avec les copains…) y sont éventuellement associées et prendre en charge l'ensemble, en se faisant aider si besoin.

11

Il trouve ses parents vieux et ringards, elle a « la honte » de sortir avec sa mère

Il y a peu, encore, il vantait les mérites de son père. Il n'y a pas si longtemps, elle suppliait sa mère de lui prêter une de ses robes pour se déguiser. Désormais, le héros est détrôné, elle jette un œil carrément dégoûté sur la robe ou, pis, refuse de sortir avec sa mère ainsi attifée… Cruelles désillusions !

Pour grandir, l'adolescent doit se désengager du lien œdipien. Ce lien qui l'a nourri durant l'enfance, protégé, il doit maintenant le rompre, parfois violemment, pour en recréer un autre différent, à l'âge adulte. Concrètement, cela se traduit par des attaques envers les parents. Soit de manière directe – « Vous êtes nuls, c'est nul ici ! » –, soit indirectement, sous forme de crises de colère sans raisons apparentes ; ou il s'enferme dans sa chambre, ou il montre un mépris ostensible pour les valeurs familiales. Pourtant, l'adolescent perçoit que par cette attitude, il court le risque de se sentir abandonné et perdu. Cette contradiction aggrave son désarroi. Une consolation, donc, pour les parents : les assauts qu'ils subissent ne sont que le reflet de l'amour que leurs enfants leur portent, et du combat intérieur qu'ils mènent pour s'affranchir de leur influence.

Comment réagir

Il faut accepter le plus sereinement possible ces critiques, sans en être ébranlé ni se remettre en question plus que nécessaire. Plus les jeunes s'affrontent à leurs parents, plus ils ont besoin de s'appuyer sur la famille élargie, oncles et tantes, grands-parents… Le réseau familial, s'ils y trouvent des personnes avec lesquelles ils s'entendent bien, leur permet de prendre de la distance avec leurs parents, de s'identifier à d'autres adultes, sans se couper de leur milieu familial. Il faut donc favoriser ces relations et comprendre que les enfants recherchent encore un peu de leurs parents dans la famille au sens large, peuvent d'autant mieux s'opposer qu'ils se sentent « en famille ». Les affrontements parents-adolescents sont beaucoup plus violents quand la famille est isolée, sans échappatoire possible vers d'autres relations. À défaut de famille, les amis des parents, ou les moniteurs de sport, par exemple, peuvent jouer ce rôle.

Pour aller plus loin

J. Arènes, *Y a-t-il encore un père à la maison ?*, Fleurus, 1997.

12

Comment garder le contact, être disponible ?

Cela se passe en général vers 13 ou 14 ans, le contact semble rompu, on ne se comprend plus. Tantôt il revendique haut et fort son autonomie, mais ne sait manifestement pas toujours quoi en faire. Tantôt elle se réjouit de voir ses parents « libérer le terrain » en sortant le soir, mais ensuite leur reproche vertement la maison vide.

L'appréciation du temps à consacrer à un adolescent est difficile, éminemment subjective. Surtout si celui-ci donne le sentiment qu'il se porte d'autant mieux qu'il voit moins ses parents ! Et lorsque ces derniers sont disponibles, c'est le jeune qui se dérobe, n'a pas le temps, cherche l'affrontement, ou bien leur reproche les moments où ils n'ont pas été là. Un adolescent a moins besoin de ses parents pour le convoyer à l'école ou chez le médecin, et chacun étant pris dans sa bulle de préoccupations, les uns et les autres risquent de se côtoyer sans se voir vraiment. L'essentiel pour lui, pour elle, se joue désormais ailleurs, avec ses amis. C'est avec eux qu'il partagera l'intimité, les émotions, les questions, les rencontres propres à cet âge. Pourtant, les adolescents ont « faim » de leurs parents, et des adultes en général. Au moment où ils se construisent comme futurs adultes, ils ont besoin de se situer face ou contre ceux qui partagent leur vie. Et souffrent vraiment de ne pas être écoutés, de ne pas intéresser assez les adultes pour les retenir, de les sentir se dérober à leurs responsabilités.

La présence des parents reste donc importante, mais leur rôle évolue. En l'absence de demande explicite de la part de l'adolescent, c'est à eux de réinventer un mode de présence auprès de lui, même s'il fait mine de ne pas en vouloir. C'est d'autant plus important que, les adolescents changeant très vite, il faut « refaire connaissance » très souvent, au rythme de leur évolution. Désormais, il y a des choses que l'adolescent ne veut plus faire avec ses parents, comme aller se promener en forêt, à la fête du village ou chez les grands-parents... En revanche, les relations se situent sur un autre plan, dans l'échange des idées, les activités ou les voyages communs. C'est leur faire un cadeau précieux que de ne pas se dérober, de leur offrir des terrains de discussion, des nouveaux domaines de découverte et de plaisir.

Comment réagir

Aux parents de réorganiser leur propre vie personnelle et professionnelle. Les adolescents passant plus de temps en dehors de la maison ne peuvent remplir le temps de leurs parents, et ne doivent pas se sentir obligés de rester avec ces derniers pour les « occuper ». Pour vivre leur vie de leur côté, ils doivent sentir que leurs parents prennent eux aussi du plaisir à leur manière.

Plutôt que de se focaliser sur ce qui ne fonctionne plus dans la famille, il faut inventer et développer de nouveaux rites, en cherchant de nouveaux domaines communs, pour rééquilibrer les relations, garder un terrain de contact. Y a-t-il des activités, comme le shopping ou le cinéma, qui sont des moments de détente partagés ? Si oui, il faut en profiter, et les multiplier. Ils peuvent servir de « minimum vital » de communication, aidant à faire passer les moments moins agréables. Une autre manière de se ménager des plages de calme et de vrais contacts est d'aller de temps en temps au restaurant. En tête à tête avec l'adolescent, ou à plusieurs. Débarrassé de l'intendance, du « Tiens-toi bien ! » ou du « Qui se lève pour remplir la carafe ? », on parle mieux. Et dans un lieu public, des règles de convivialité s'imposent d'elles-mêmes : tout le monde est obligé de se maîtriser, de ne pas se lever ou hurler à table ! Enfin, une invitation au restaurant est un signe d'intérêt porté à la personne de l'adolescent, lui donne un statut gratifiant, lui qui sait si bien qu'il est souvent désagréable...

À chaque famille, en fonction de ses goûts et possibilités, de provoquer ces occasions. Pour les plus jeunes, jusqu'à 14 ou 15 ans, la rencontre passe par des activités ou des repas en commun. Ensuite, plus facilement, par des discussions directes.

Il est important aussi que l'adolescent puisse passer des moments seuls avec un de ses parents. Si tout le monde est toujours ensemble, les différences de goût et de pensée de chacun sont moins perceptibles. Qu'un parent fasse des choses différentes avec son fils ou sa fille et ne soit pas jaloux de ce qui se passe avec l'autre. Chacun sait qu'il est plus facile de parler hors du tumulte du groupe. Cela permet aussi aux adolescents d'expérimenter les différences de sexe et de génération, d'en parler.

Si les mères gardent plus facilement un contact quotidien pour les choses matérielles, c'est plus rare pour les pères. Qu'ils soient routiers ou cadres supérieurs, ceux qui sont beaucoup à l'extérieur de la maison risquent de croiser leurs adolescents, sans plus. Pourtant, les garçons comme les filles, même s'ils ne demandent rien et se montrent désagréables, ont besoin de contacts avec leur père. Il faut donc gentiment imposer ces rencontres, montrer qu'elles sont importantes : « Moi j'ai envie de te voir ; fixons-nous un rendez-vous pour déjeuner ensemble… » Mieux encore, des escapades communes, week-ends de marche ou voyages de trois jours à l'étranger, constituent des dates importantes dans l'histoire des relations entre les pères et les adolescents.

13

Jusqu'à quand peut-on encore donner des ordres, punir ?

Devant un jeune homme qui vous dépasse d'une tête, une jeune fille qui a déjà l'air d'une femme, des adolescents guère disposés à obéir, on se prend à douter, à craindre le conflit...

Notre société a tendance à nier les différences de génération, à valoriser excessivement les plus jeunes et à en faire le modèle et la raison de vivre des plus âgés. Une certaine idéologie de l'épanouissement individuel oublie aussi les bienfaits de l'éducation. Il est donc plus difficile qu'autrefois d'être sûr de son rôle : les parents se posent plus souvent la question du bien-fondé de leur autorité, ou n'ont tout simplement pas appris à l'exercer. Pour se réapproprier ce rôle, il leur faut prendre conscience de tout ce qu'ils peuvent apporter à leurs enfants, du fait de leur maturité et de leur expérience. Mieux vaut avoir fait cette démarche avant l'adolescence, période où l'autorité parentale sera bien évidemment battue en brèche...

Au début de l'adolescence, il est encore nécessaire d'avoir des exigences. Un enfant de 9 à 14 ans n'est pas entièrement responsable de ses actes ; il a besoin de l'autorité d'un adulte pour l'encadrer. Elle représente pour lui une sécurité, même s'il ne peut pas le reconnaître. Quand les règles ne sont pas respectées, il faut en tirer les conséquences, et si besoin recourir à des sanctions, à condition qu'elles soient mesurées, en proportion avec la faute commise.

Au-delà de 14 ou 15 ans, si les étapes précédentes se sont bien déroulées, si l'adolescent a intégré les limites et les repères transmis par ses parents, il apprendra progressivement à se prendre en charge, et l'autorité n'aura plus besoin de s'affirmer autant dans la vie quotidienne.

Comment réagir

Pour ne pas s'épuiser, ni se braquer, mieux vaut bien limiter et cibler ses exigences. Par exemple, rester ferme en priorité dans les domaines où l'adolescent est encadré, protégé, comme l'école. Et faire preuve de souplesse sur ce qui ne porte pas à conséquence (les vêtements, la coiffure...), tout en lui permettant de se trouver et de s'affirmer.

Durant l'adolescence, il faut toujours prendre en considération les changements, montrer qu'on les reconnaît, et savoir moduler ses exigences et ses autorisations. Il faut rechercher des compromis chaque fois que c'est possible, mais aussi savoir rompre les discussions interminables où tout le monde s'énerve pour rien !

Cela suppose d'accepter peu à peu de lâcher prise sur des domaines de plus en plus étendus, et d'accepter l'idée, parfois douloureuse, que les parents ne sont pas toujours les mieux placés pour régler les problèmes de leur enfant.

Attention : si chez l'enfant le refus d'obéir, la provocation peuvent entraîner comme réponse une gifle ou une claque sur les fesses (modérée !) sans que cela porte à conséquence, avec l'adolescent, en particulier après la puberté, il est indispensable que l'autorité parentale reste dans le registre symbolique de la parole et de la sanction. Les coups, les violences physiques doivent être impérativement évités, car ils ont pour effet de perturber l'adolescent, de l'humilier et d'exacerber chez lui une violence qu'il aura de plus en plus de mal à contrôler.

Pour aller plus loin

E. Rigon, *Papa, Maman, j'y arriverai jamais !, Comment l'estime de soi vient à l'enfant*, Albin Michel, 2001.

F. Dolto, *La Cause des adolescents*, Pocket, 1997.

F. Dolto, *Paroles pour adolescents, ou le complexe du homard*, Gallimard Jeunesse, 1999.

C. André, F. Lelord, *L'Estime de soi*, O. Jacob, 2001.

Pour les ados

V. Blamont, *C'est pas facile de grandir*, La Martinière, 1995.

II.

SANTÉ

14

Quand peut-il prendre en charge sa santé tout seul ?

Depuis la naissance de leurs enfants, les parents – les mères en particulier – maîtrisent tout ce qui concerne leur santé : bobos, vaccins, traitements... Ils détiennent la mémoire de leur histoire médicale, entretiennent parfois depuis longtemps une relation suivie avec le médecin généraliste ou le pédiatre. À quel moment faut-il passer la main ?

C'est à l'adolescence qu'a lieu la passation de pouvoir, pour ce qui concerne l'hygiène physique et mentale, la juste appréciation de ses besoins médicaux et le bon usage des médicaments.

Autour de 14-15 ans, un peu avant pour les plus précoces, il est bon de faire en sorte que l'adolescent puisse aller consulter seul son médecin. Cependant, il aura encore besoin d'être encadré, qu'on prenne éventuellement rendez-vous. Soit on l'accompagne mais on reste dans la salle d'attente, soit on le laisse en faire la demande. Si le jeune peut aller voir seul son médecin et trouver une écoute bienveillante et attentive, il y aura ainsi un tiers susceptible de repérer ses difficultés dès leur début. Par ailleurs, dans cette période de changements physiques, un examen somatique complet est utile. Il est même recommandé, dans une optique de prévention, un bilan annuel du développement pubertaire (voir question 25, p. 77).

Si les adolescents français sont en général en bonne santé, l'idée est souvent ancrée dans notre culture que chaque souffrance ou difficulté peut être effacée par un médicament. Dans de nombreuses familles, il semble impossible d'aller bien, ou de dormir bien, sans un arsenal de poudres ou de comprimés. L'adolescent risque de perpétuer cette dépendance aux médicaments, souvent déjà installée depuis la petite enfance.

On constate que les filles ont plus souvent tendance à se médicaliser à outrance, et à augmenter les doses lorsqu'elles ne se sentent pas bien, jusqu'à une sorte d'intoxication légale. Dans les mêmes circonstances, les garçons arrêtent plutôt tout traitement.

Lorsque trop de produits sont à leur disposition, on risque aussi de soumettre les adolescents à la tentation de se procurer des sensations nouvelles en mélangeant alcools et médicaments, ou de tester les effets du surdosage de ces diverses poudres et pilules dans un moment de dépression. La pharmacie familiale ne devrait donc comporter que le minimum indispensable, de façon que l'adolescent puisse se servir seul en cas de besoin (désinfectant, collyre, arnica, aspirine en petites doses).

Comment réagir

Cette « passation de pouvoir » en matière médicale doit se faire progressivement, entre 13 et 15 ans pour les filles, 14 et 16 ans pour les garçons. Le carnet de santé est un symbole fort. Une bonne manière de commencer à responsabiliser l'adolescent est de le faire passer des documents de la famille à ses papiers personnels. C'est l'occasion de situer son propre développement sur la courbe de croissance prévue dans le carnet, d'évoquer les échéances à venir (les rappels de vaccinations à faire entre 13 et 16 ans), de parler de son histoire médicale : « Tu as eu telle opération quand tu étais petite, tu t'en souviens ? »

Bien entendu, il faut éviter un passage de relais trop brutal : « Maintenant, tu te débrouilles. » Mais il faut aussi éviter de céder à trop d'anxiété : « Tu es sûr que tu prends bien tes médicaments ? Donne-moi ton ordonnance, que je vérifie... » Dans les deux cas, l'adolescent ne peut pas réellement se prendre en charge, et risque de ne pas respecter les prescriptions médicales. On peut par exemple rappeler les dates de rendez-vous médicaux (comme pour toutes les choses ennuyeuses, il risque, au début, d'en oublier certains, surtout s'il n'a aucun problème de santé !), sans pour autant prendre rendez-vous à sa place ni l'accompagner.

Pour ce qui concerne les médicaments, il faut aussi marquer des étapes vers l'autonomie. On commence par dire : « Tiens, prends ça », puis on explique : « Voici un sachet d'aspirine et voici comment on dilue la poudre dans l'eau » ; peu à peu, l'adolescent décidera seul de prendre l'aspirine dans la pharmacie familiale, saura la doser et l'espacer à bon escient, sans abus.

Dans le cas d'une maladie bien repérée, ou chronique, l'adolescent doit peu à peu s'approprier son traitement, penser à prendre ses médicaments aux heures voulues, prévoir quand il va en manquer. Il n'y a aucun risque que cette autonomie crée une dépendance ou le conduise à essayer des produits illégaux. Les médicaments peuvent être mis à sa disposition dans un endroit précis, la cuisine ou une autre pièce plutôt que sa chambre. Mieux vaut que les médicaments des parents, s'il y en a, ne se trouvent pas au même endroit que les siens.

Il faut éviter de trop encourager l'automédication, surtout s'il s'agit de soigner, à travers des bobos divers, un vague à l'âme qui peut s'avérer être un début de dépression. Les anxiolytiques et les somnifères créent toujours une dépendance. Si l'adolescent semble en avoir besoin, mieux vaut en parler avec lui pour reconnaître ensemble que « ça ne va pas ». Ce n'est pas, alors, « un petit quelque chose » qui lui permettra de s'en sortir. Il faut le faire aider par un spécialiste, qui éventuellement prescrira des médicaments.

Les vaccins à faire à l'adolescence

Le troisième rappel diphtérie-tétanos-polio doit avoir lieu entre 11 et 13 ans, le quatrième entre 16 et 18 ans. Ensuite, ce sera tous les dix ans.

Pour les filles qui ne sont pas vaccinées contre la rubéole, il est impératif de le faire au moment de la puberté, car la maladie, bénigne en elle-même, peut entraîner de graves malformations du fœtus si la mère la contracte pendant la grossesse. Il existe un vaccin associant rougeole-oreillons-rubéole.

Les adolescents présentant des tests tuberculiniques négatifs peuvent être revaccinés ; mais on considère que deux vaccinations suffisent, même si la réaction reste négative.

Si la vaccination contre l'hépatite B n'a pas été faite dans l'enfance, il faut faire trois injections, à un mois d'intervalle pour les deux premières, cinq à douze mois plus tard pour la troisième. Le virus, très contagieux, se transmet par les seringues entre toxicomanes, mais aussi par les piercings et les tatouages. La vaccination a été pratiquée systématiquement au collège il y a quelques années, puis abandonnée en raison d'un soupçon de lien avec la sclérose en plaques. Ce lien n'a jamais été démontré, et le risque d'évolution vers des hépatites graves et des cancers est beaucoup plus important.

Par ailleurs, il y a fort à parier que cette génération d'adolescents sera grande voyageuse : des vaccins sont recommandés pour aller dans certaines régions du monde (fièvre jaune, hépatite A, typhoïde). En cas de besoin, attention à prévoir les délais nécessaires.

Les médicaments censés lui donner un « coup de fouet », ou l'aider à travailler, sont-ils utiles?

Les fortifiants, anti-stress, stimulants et autres dope-mémoire qui inondent le marché à la veille des examens ne sont en général pas dangereux, même s'ils peuvent toujours avoir des effets secondaires indésirables. Il n'est pas souhaitable de faire croire aux adolescents qu'il faut avaler des médicaments pour tenir le coup en période d'examens, ou que ceux-ci permettent d'augmenter les performances. C'est la voie ouverte à une toxicomanie quasi légale, cautionnée par les parents, qui favorise l'idée qu'il faut « prendre quelque chose » dans telle ou telle de situation, c'est-à-dire, *in fine*, dans tous les domaines de la vie. On ne s'étonnera pas, ensuite, de voir les sportifs se doper avant la compétition, ou les fêtards boire de l'alcool pour s'amuser.

Les vitamines et le magnésium, dont les parents attendent parfois un effet magique, provoquent plus souvent une hyper-excitation et des troubles du sommeil, surtout lorsqu'ils sont associés à d'autres stimulants comme le café.

Il y a d'autres manières pour les parents de marquer leur soutien au travail scolaire de l'adolescent et à la préparation de ses épreuves. La plus fondamentale est de lui apprendre à respecter l'hygiène de vie qui le mettra dans les meilleures conditions : manger correctement et régulièrement, se détendre physiquement, dormir autant qu'il est nécessaire.

Surtout, il ne faut jamais prendre des médicaments pour la première fois au dernier moment avant des examens, car ils peuvent avoirs des effets indésirables ou même contraires.

Pour aller plus loin

A. Braconnier, D. Marcelli, *L'Adolescence aux mille visages*, O. Jacob, 1998.

C. Dolto (sous la direction de), *Dico Ado, Les mots de la vie*, Gallimard Jeunesse, 2001.

P. Alvin, D. Marcelli, *Médecine de l'adolescent*, Masson, 1999.

A. Braconnier, D. Marcelli, *Adolescence et Psychopathologie*, Masson, 1999.

15

Il a de l'acné : faut-il intervenir ?

Petit bouton isolé au coin du nez ou myriades de points noirs infectés : leur peau n'est plus aussi lisse et fraîche que dans l'enfance. Certains, certaines surtout, tripotent sans cesse leur visage, ce qui n'arrange rien, ou se désolent devant la glace. D'autres font comme si de rien n'était, ou encore ne semblent pas mécontents d'afficher ce qui leur apparaît comme des « médailles » de leur puberté triomphante. Que faut-il faire ?

L'acné est un effet secondaire, une complication physiologique normale de la puberté. Pour les deux sexes, la production de testostérone entraîne celle de sébum, ainsi qu'un épaississement de la peau. Ce sébum peut boucher les pores, au niveau des glandes sébacées, en constituant des comédons. Les germes ainsi enfermés prolifèrent en se nourrissant de sébum, ce qui provoque des infections, donc des boutons. Certains adolescents ont seulement quelques boutons sur le visage, d'autres présentent une acné grave, c'est-à-dire avec des pustules purulentes, étendue jusqu'aux épaules et au dos. L'acné évolue par poussées et peut se prolonger jusqu'à la fin de l'adolescence, parfois au-delà de 20 ans. L'alimentation n'a rien à voir : ni le chocolat ni la charcuterie ne l'aggravent, contrairement aux idées reçues. En revanche, le soleil n'est pas recommandé : sur le moment, il semble sécher les boutons, mais en réalité il épaissit encore la peau et aggrave l'acné par la suite.
Certains s'accommodent fort bien de leur acné modérée. D'autres ne supportent pas une altération même minime de leur image, réagissent de manière disproportionnée, trahissant ainsi leur angoisse et leur fragilité (quelquefois, ce sont les mères qui n'acceptent pas de voir leurs enfants chéris ainsi « enlaidis » !). À l'inverse, un adolescent qui présente une acné grave et semble n'en faire aucun cas reflète le peu d'estime qu'il

porte à son corps, le peu de soin dont il en prend. L'acné peut aussi servir de terrain d'opposition entre mère et fille : parce que la mère veut soigner les boutons, la fille fait semblant de n'y attacher aucune importance et refuse le traitement, alors qu'en réalité elle en souffre.

Comment réagir

La manière dont un jeune supporte son acné est une bonne image de la manière dont il se sent dans son corps. Les parents doivent donc observer la réaction de l'adolescent face à ses boutons, avant d'intervenir avec doigté… Il faut témoigner de l'attention, proposer des solutions sans les imposer, accompagner la démarche au début, puis laisser l'adolescent se prendre en charge. Ce serait une erreur de lui donner l'impression que ses parents, sa mère le plus souvent, s'approprient son corps et sa peau !

Il est inutile de laisser des jeunes se désoler de leurs boutons. Des traitements efficaces existent pour venir à bout de l'acné, à condition qu'ils soient suivis à long terme, c'est-à-dire au-delà de trois mois. Dans les cas graves, il est même indispensable de traiter, car l'acné nuit à l'élasticité de la peau et peut entraîner des lésions avec des cicatrices en forme de petits trous.

L'adolescent doit être demandeur et partie prenante dans le traitement, qui est long et astreignant. Sinon, il l'abandonnera vite, avant qu'il y ait des résultats, ou en fera un motif d'opposition. Soigner son acné peut être une occasion pour lui de commencer à s'occuper tout seul de lui-même, d'aller régulièrement seul chez le médecin, et d'aborder avec lui d'autres sujets.

Les traitements

Pour les acnés légères, un traitement avec les produits d'hygiène vendus en pharmacie suffit : savon surgras, lotion nettoyante, désinfectant, pommades, etc.

Pour les formes plus sévères, une consultation médicale est nécessaire. Le traitement associe soins locaux et antibiotiques, ou Roaccutane sur ordonnance. Les pilules et œstrogènes font partie de la panoplie, car la testostérone ou ses dérivés modifient la production de sébum. Chez les filles, elle sert aussi, éventuellement, de contraception, pour éviter des malformations fœtales en cas de grossesse.

En général, il faut éviter de tripoter les boutons, et surtout de les faire éclater en les pressant entre deux doigts : cela déchire le tissu sous-cutané et répand le comédon à l'intérieur. L'idéal est de pratiquer une petite incision au scalpel dans le sens des fibres de la peau, pour faire sortir le comédon sans abîmer la peau, et de désinfecter localement.

16

On a l'impression qu'il ne se lave pas assez

Tous les professeurs de collège ont fait l'expérience d'entrer dans une salle de classe mal aérée... Et les médecins disent aussi être confrontés à des adolescents malodorants se déshabillant dans leur cabinet... Que peuvent faire les parents ?

Chez les garçons, en particulier, c'est une réaction fréquente autour de 14 ans. Ce corps étranger qu'ils ne contrôlent plus, qui leur fait même un peu peur, ils décident carrément de s'en désintéresser, de ne plus en prendre soin. Ou comment être sûr de ne pas avoir à s'y confronter, à l'occasion d'une douche...

Mais, alors qu'un enfant pouvait éviter le bain quotidien pendant quelques jours sans se faire repérer, à l'adolescence ce n'est plus possible. Car à la puberté correspond la mise en activité de glandes très sensibles à la testostérone, nombreuses dans la région des aisselles et des organes génitaux. Leurs sécrétions dégagent donc une odeur plus forte, différente selon la nature de la peau. L'eau et les sels minéraux se dégradent sous l'action des bactéries, ce qui renforce encore l'odeur. Cette exacerbation de l'activité des glandes et donc des sécrétions est transitoire ; elle diminue après l'âge de 20 ans.

Cela dit, l'hygiène a fait beaucoup de progrès ces dernières années. Les filles, en particulier, se lavent plus régulièrement.

Comment réagir

Il vaut mieux que les parents lui en fassent délicatement la remarque, plutôt que ce soit les copains qui lui assènent le fameux : « Casse-toi, tu pues ! » L'adolescent a besoin d'un temps d'apprentissage et d'adaptation à ce corps nouveau et à ses manifestations. On peut l'aider à en prendre conscience et à en tirer les conséquences : à corps nouveau, nouvelle hygiène. Pourquoi ne pas marquer le coup en lui offrant la panoplie de l'adolescent propre : savon de Marseille au pH neutre pour des douches régulières, déodorant, eau de toilette légère pour les plus coquet(te)s ? Ceux qui transpirent vraiment beaucoup (en particulier des pieds) peuvent utiliser des sprays antiseptiques vendus en pharmacie et dans les grandes surfaces. Si cela ne suffit pas, un traitement médical en cadre hospitalier est possible, remboursé par la Sécurité sociale.

C'est le moment aussi de revoir avec lui l'organisation familiale en matière d'hygiène. Si, jusqu'à présent, c'était sa mère qui décidait quand il devait changer de chaussettes, ou prenait d'autorité le linge sale dans sa chambre, il faut fixer des règles nouvelles. Cette dépendance lui est peut-être devenue insupportable, ce qui peut expliquer l'anarchie de son comportement. Plutôt que de mettre l'accent sur sa saleté, de s'en moquer et de risquer ainsi d'en faire une bonne occasion de provocation, on peut lui fixer des « rendez-vous propreté » : « Je fais une lessive mardi et samedi. Je voudrais que tu aies mis avant toutes tes affaires sales dans le panier. » Ou bien : « Les jours où tu rentres tôt l'après-midi, la salle de bain est à ta disposition : tu pourrais systématiquement prendre une douche à ce moment-là, pour ne pas oublier ensuite. »

17

Il se plaint tout le temps d'avoir mal quelque part

Tous les trois jours, elle a mal au ventre, ou il se plaint de ses genoux quand il marche. Tous les trois mois, il se tord une cheville, se retrouve le coude dans le plâtre. Elle soupire du matin au soir : « J'suis crevée… » Est-ce bien normal ?

Tout cela relève de ce qu'on appelle les « plaintes floues » : à l'adolescence, un corps qui change, c'est un corps inquiétant, incompréhensible, difficile à maîtriser, parce qu'il ne réagit pas comme avant. Ces plaintes peuvent être les symptômes d'un malaise général, ou encore des douleurs liées au développement pubertaire.
Il faut d'abord prendre le temps d'observer, pour voir si ce « mal quelque part » dure au-delà d'une dizaine de jours, l'empêche de vivre normalement ou non – si cela s'aggrave, ou au contraire va et vient selon les aléas de la vie quotidienne. Si le mal est isolé, ou accompagné d'autres symptômes de malaise, comme des difficultés de sommeil ou bien des crises de larmes, une chute des résultats scolaires…, il faut éviter de se précipiter pour soigner le symptôme à coups de médicaments anti-douleur, mais plutôt donner à l'adolescent la possibilité d'exprimer ce qui ne va pas, ses inquiétudes, ses difficultés à vivre.

Comment réagir

☐ Il a mal aux articulations

Les douleurs osseuses dites « de croissance » atteignent en général les vertèbres et les articulations (les rotules, par exemple). Elles surviennent des deux côtés et plutôt en fin de journée, après un effort, en période de fatigue : elles sont bénignes et le repos les fait disparaître. Elles traduisent simplement une fragilité osseuse temporaire.

Moins fréquentes et plus ennuyeuses sont les douleurs qui ne concernent qu'un seul côté, apparaissent dès le matin, et au repos. Si elles s'accompagnent d'une sensation de chaleur, se situent dans une articulation précise, il faut penser à une inflammation dont la cause doit alors être explorée par une consultation médicale.
Tant que la douleur n'entraîne pas de modifications dans la vie de l'adolescent, n'immobilise pas une articulation, ne l'empêche pas de voir ses amis ou d'aller en classe, il n'y a rien à faire, si ce n'est le plaindre (un peu), lui conseiller de ne pas solliciter trop la zone douloureuse et de se reposer. On peut lui proposer un antalgique, mais pas de manière répétitive. La dispense de gymnastique scolaire n'est pas nécessaire, pour peu qu'il évite les sports de charge, la course à pied ; la natation, au contraire, est recommandée.
Si la douleur persiste, si elle le gêne dans sa vie quotidienne, entraîne de véritables incapacités, une consultation médicale s'impose.

□ Elle a mal au dos

Les adolescents ne se tiennent pas toujours très droits, certes. On les voit plutôt le dos tordu sur les chaises trop petites des collèges et lycées, se déhanchant ou roulés en boule pour écouter de la musique sur un tapis. Heureusement, les mauvaises positions qu'on leur reproche n'influent pas sur la pathologie du dos. En revanche, compte tenu du poids des sacs, cartables, besaces en tout genre, on comprend que certains se plaignent d'avoir mal au dos.
Si la plainte est répétée, cela vaut la peine de consulter. La colonne vertébrale a normalement des courbures d'avant en arrière. Si celle-ci est exagérée au niveau des lombaires (cambrure trop importante), on parle de lordose ; si elle est exagérée au niveau des vertèbres dorsales (dos trop rond), on parle de cyphose. La colonne peut avoir des courbures de côté, faire un S : il s'agit d'une attitude scoliotique, assez fréquente. Dans certains cas, en particulier chez les filles, elle fait un S en vrille : il s'agit alors de la scoliose, qui demande une surveillance rigoureuse.
Au vu des radios, le médecin peut suggérer des séances de kinésithérapie, d'autant plus utiles qu'au moment où la croissance est très rapide, la musculation ne suit pas toujours. Comme le corps est en évolution constante, cette rééducation peut être très efficace. Si elle est prescrite, il est important de la suivre : outre les bénéfices musculaires, dans cette période d'incertitude, la relation avec le ou la kinésithérapeute peut être très constructive pour aider l'ado à se prendre en charge, grâce à un regard d'adulte sur son corps qui n'est pas celui de ses parents.
Si le médecin ne suggère pas de rééducation, c'est que ce mal au dos est simplement lié à la croissance. On peut expliquer à l'adolescent

comment les muscles de la colonne vertébrale la soutiennent à la manière d'un hauban, à l'avant comme à l'arrière. Et lui recommander de bouger et de pratiquer un sport, en particulier la natation, pour qu'il se muscle et se sente mieux. De plus, le sport sculpte le corps (argument plus fort que celui de la santé)...

☐ **Il a mal à la tête**

Des maux de tête réguliers et répétés, qui entravent la vie de l'adolescent, doivent donner lieu à une consultation et un bilan médical. Les « céphalées de tension », les plus fréquentes, sont dues au stress, qui entraîne une contraction involontaire des muscles du crâne et du cou. Il faut essayer d'en repérer les causes (travail scolaire, inquiétudes sur tel ou tel sujet...) et l'aider à évacuer ce trop-plein, par le sport, par des exercices de relaxation, ou bien encore en parlant de ce qui ne va pas.

Parfois, les maux de tête sont liés à des problèmes oculaires. Une visite chez l'ophtalmologiste peut être utile si cela persiste au-delà d'une à deux semaines.

Les maux de tête sont aussi l'un des signes de la dépression. Si cette éventualité se présente, il faut vraiment la considérer et agir en conséquence, plutôt que de donner des antalgiques. Il existe des consultations spécialisées où la douleur est de mieux en mieux prise en charge (voir « Où s'adresser? », p. 304).

☐ **Il s'est tordu ou cassé un membre**

La croissance osseuse entraîne une fragilité plus ou moins grande selon les adolescents, donc des accidents plus fréquents. Si les premières blessures sont mal soignées, si l'ado, parce qu'il est un sportif passionné, ne respecte pas la période d'immobilisation imposée, peuvent survenir des entorses et des tendinites à répétition, qui perdureront et même s'aggraveront à l'âge adulte. Il faut donc tout faire pour l'aider à respecter les prescriptions médicales, même s'il est frustré et malheureux d'être privé de sport, en lui faisant prendre conscience de sa propre responsabilité par rapport à son corps. Il faudra aussi, le cas échéant, prendre le temps de trouver des activités de substitution, pour qu'il ne se sente pas subitement désœuvré.

Il arrive aussi que, sans qu'il y ait de fragilité particulière, l'adolescent prenne de tels risques, au cours d'entraînements sportifs ou tout simplement dans la rue, que cela entraîne des accidents à répétition. Les parents doivent alors renoncer à l'explication de la « faute à pas de chance », dresser le bilan de tout ce qui est arrivé et se demander, avec l'aide d'un psychologue, pourquoi l'adolescent prend de tels risques.

18

Il n'arrive pas à s'endormir, ni à se réveiller le matin, elle est tout le temps fatiguée

La lumière brille tard dans la nuit, on entend la musique dans sa chambre. Et, le matin, impossible de la réveiller. Elle n'entend pas le réveil, se rendort, traîne au lit jusqu'au dernier moment, n'arrive pas à avaler un petit déjeuner correct, se plaint de n'avoir pas dormi de la nuit...

Les besoins en sommeil sont différents selon chaque individu. Si la majorité d'entre nous a besoin d'environ huit heures par nuit, certains ne sont en forme qu'avec neuf heures, d'autres se contentent de six ou sept (le sommeil de ces derniers serait plus court parce que plus efficace).

Il n'y a donc que l'adolescent lui-même qui puisse prendre conscience de ses besoins. Au début de la puberté, le besoin de sommeil est important, mais avec une grande souplesse de rythme : on peut facilement récupérer d'une longue soirée par une grasse matinée. Il y a aussi un décalage physiologique : les adolescents s'endorment plus tard et auraient besoin de se lever plus tard, si le rythme scolaire le leur permettait. À cela s'ajoutent souvent des décalages de rythmes entre la semaine (coucher tôt, lever tôt) et le week-end (coucher tard, lever tard). Ainsi, ils accumulent des retards de sommeil importants et se décalent encore plus dans leurs phases de repos. Tout cela fait que beaucoup se plaignent de manquer de sommeil et d'être fatigués.

Il peut leur arriver de se malmener physiologiquement, à coups de nuits blanches, d'émotions fortes, d'alimentation insuffisante, d'absence de petit déjeuner, ou de manque d'organisation. Ils peuvent aussi éprouver une grande fatigue psychique, liée au remaniement de leur personnalité. Mais il n'est pas normal qu'ils soient à cet âge durablement fatigués, au point de dormir en classe dans la journée, d'éprouver la sensation pénible que leur corps ne pourra pas fournir les gestes demandés, ou de restreindre leurs activités.

Comment réagir

Les parents ne devraient pas imposer des heures de sommeil, ou trop limiter les sorties nocturnes. C'est à l'adolescence qu'on apprend à gérer son sommeil, son hygiène de vie. Aussi, plutôt que de dire, comme dans l'enfance : « Va te coucher », mieux vaut proposer simplement : « Va dans ta chambre. » On laisse ainsi l'adolescent reconnaître lui-même ses besoins, les conditions qui lui sont nécessaires pour se détendre, le bon moment pour se mettre au lit. Il apprend ainsi à y trouver un certain plaisir, prend l'habitude de réfléchir sur lui-même pendant ces moments de solitude. À ceux qui ont des difficultés pour dormir, on peut bien sûr proposer tous les « remèdes de bonne femme » qui peuvent leur permettre d'inventer leurs propres rites d'endormissement : une douche tiède avant le coucher, une tisane (aubépine, passiflore, bergamote...), de la musique douce ou quelques pages de B.D. ou de poésie, pour faire le vide.

Il faut également tenter de discerner de quel type de fatigue se plaint l'adolescent, et quelles sont ses causes. On peut distinguer le « coup de pompe », qu'une bonne nuit de récupération, ou même la perspective d'une activité agréable, suffit à dissiper. Le manque de sommeil peut se réparer. Par exemple, lorsque, durant les vacances, un adolescent a beaucoup trop décalé ses phases de sommeil, on peut lui suggérer, plutôt que de se jeter dans une grosse sieste, qui le laissera insomniaque le soir, d'attendre la nuit suivante sans dormir. Comme en cas de décalage horaire, il pourra se « recaler » efficacement en quelques jours.

Mais il y a aussi la fatigue chronique, qui perdure plusieurs mois de suite. En disant : « Je suis fatigué », l'adolescent peut vouloir dire : « Je n'ai pas envie de travailler », ou bien : « Je suis déprimé », ou encore : « Je n'arrive pas à dormir », « J'en ai marre de moi-même »... Cette fatigue peut s'accompagner d'autres symptômes, de pensées tristes, sur la mort par exemple. Il est important, alors, de voir si cette fatigue l'entraîne à se replier sur lui-même, à se couper des amis de son âge. La fatigue étant un des premiers signes de dépression, il faudra soigner la dépression, plutôt que le seul symptôme de la fatigue. L'expérience montre que, dans ce cas, la prescription de repos ou même de dispense d'éducation physique n'améliore rien.

19

Elle fait des crises de spasmophilie

« Crise de nerfs », « hystérie », « volonté de se rendre intéressante », on ne sait pas bien comment qualifier l'attitude de ces jeunes filles qui, tout d'un coup, semblent entrer en transe. Sauf que c'est très spectaculaire, et que tout le monde est obligé de se mobiliser…

Il n'y a qu'en France que le terme existe : la « spasmophilie » ou les « crises de tétanie » se traduisent par des contractions musculaires de tout le corps ; les extrémités des membres se rétractent elles aussi. Cela n'a rien à voir avec la véritable tétanie, beaucoup plus rare. Ces crises surviennent plus souvent à l'adolescence, sans doute à cause de l'afflux d'émotions de la puberté, touchent plus les filles que les garçons. Elles semblent être dues à une modification transitoire de l'équilibre du sang (du calcium et du magnésium y circulant), du fait d'une hyperventilation. Le dosage de calcium et de magnésium redevient normal dès le retour au calme, entre les crises. On constate qu'elles surviennent toujours dans un contexte d'émotions fortes ou d'excitation (on peut parler de « crise de nerfs »), ou bien en cas de contrariété (on observe que, chez certains, les crises se répètent dès qu'ils se heurtent à une opposition).

Comment réagir

La spasmophilie n'est pas une maladie en soi, mais plutôt le signe d'un malaise. On parle de « somatisation ». Au moment même de la crise, la première chose à faire est d'emmener la jeune fille au calme, à l'infirmerie, dans sa chambre… Il faut ensuite réduire l'hyperventilation, par exemple en plaçant devant son visage un sac en plastique, pour qu'elle respire moins d'oxygène (mieux vaut que ce soit l'infirmière ou une personne habituée qui le fasse, pour ne pas aller jusqu'à l'étouffement). Plus tard, il faudra chercher à comprendre les causes de la crise (incapacité à surmonter les conflits, difficultés en classe qui conduisent à « fuir » vers l'infirmerie…) et rechercher d'autres signes de mal-être éventuels. Il n'est pas inutile de donner du magnésium, si les véritables causes sont soignées par ailleurs. Sinon, on risque la répétition et d'arriver à une situation de blocage, sinon de « chantage », où chaque difficulté se traduit par une crise.

20

Il a une maladie chronique, un handicap, et il ne veut plus se soigner

Les adolescents malades chroniques (insuffisance rénale, asthme, mucoviscidose, diabète...) ou porteurs d'un handicap léger ou lourd sont plus nombreux aujourd'hui qu'autrefois, car les soins prolongent leur vie. À l'adolescence, de nouvelles questions se posent...

La maladie ou le handicap ont toujours lourdement pesé sur les relations des adolescents concernés avec leurs parents (anxiété, dépendance, proximité des corps...). En raison de ce qu'ils ont vécu, ils font en général preuve d'une grande maturité, mais se posent des questions dont ils ont du mal à parler. Ils comparent l'image d'un corps idéal inaccessible à celle de leur corps blessé. Ils se demandent s'ils pourront avoir des enfants, s'ils risquent de transmettre leur maladie. Ils se sentent différents de leurs copains. Les autres adolescents, dans leur immense besoin d'être conformes au modèle, sont angoissés par cette différence et mettent souvent cruellement à l'écart ceux qui ne sont pas exactement « conformes ». Moins la maladie est visible, plus elle est ressentie par l'adolescent comme un handicap dans ses relations avec ses pairs, car il est alors en compétition, se compare aux autres, dans un milieu ordinaire. Ainsi une légère claudication peut-elle faire beaucoup souffrir, quand il s'agit de jouer au foot ou de séduire les garçons, alors qu'un jeune en fauteuil roulant a un statut radicalement différent.
De nombreux adolescents malades ou handicapés traversent une période de remise en question des traitements qui leur sont imposés, voire de refus de soins. Et on constate qu'il n'y a aucun rapport entre l'information qu'ils reçoivent sur leur maladie, la nécessité des soins, et la manière dont ils respectent leur traitement. Ils ont pourtant conscience de ce qui est vital (l'insuline, par exemple, pour les jeunes diabétiques) et attaquent en priorité, dans leur refus, ce qui l'est moins.

Comment réagir

Pour ces adolescents, se dégager de l'emprise des parents est aussi nécessaire, mais encore plus difficile, que pour les autres. Ils ont besoin, pour prendre du champ, de passer par une phase de révolte. Cela se traduit souvent par des attitudes dangereuses vis-à-vis de leur maladie, avant d'assumer la nécessité des soins. Pendant un temps, les médecins ont essayé de demander à leurs jeunes patients de prendre en charge eux-mêmes leurs traitements le plus tôt possible; devenus adolescents, ils l'abandonnaient, dans une attitude quasi suicidaire. Aujourd'hui, on essaye plutôt de négocier pour trouver des allègements aux traitements, tout en préservant l'essentiel. Dans cette perspective, il est aussi important que l'équipe médicale prenne en compte les besoins nouveaux de celui/celle qui n'est plus un enfant sage et obéissant, mais devient un individu désireux d'être un partenaire actif de ses soins.
Pour ce qui est de l'insertion sociale, il faut se garder de toute idéologie et chercher les solutions adaptées à chacun. La même maladie peut ne pas représenter le même handicap, et l'insertion ne pas être possible de la même façon. Cela vaut la peine de se battre pour qu'un jeune puisse vivre avec les autres, tant qu'il en tire profit. Mais cette insertion devient factice quand le/la malade ne peut partager les jeux et les intérêts de ses pairs. Quelquefois aussi, la revendication d'intégration formulée par les parents nécessite un tel effort pour l'adolescent, une telle souffrance, que cela augmente encore son sentiment d'isolement.
Les parents doivent apprendre à déléguer les soins, à ne pas se laisser totalement envahir par le problème de la maladie ou du handicap, à garder une vie sociale et une attention à leurs autres enfants. De son côté, l'entourage doit surmonter sa peur du handicap et accueillir le/la jeune malade pour décharger les parents.
C'est à l'adolescence que le malade, quelle que soit sa maladie, doit apprendre l'autonomie dont il aura besoin, de toute façon, une fois devenu adulte. Parfois, un internat spécialisé est une bonne manière de favoriser cette séparation nécessaire.

Pour aller plus loin

V. Sinason, *Comprendre votre enfant handicapé*, Albin Michel, 2001.
S. Allemand-Baussier, *Handicap : le guide de l'autonomie*, La Martinière, 2001.

21

Un appareil dentaire est-il indispensable ?

Dans nos sociétés privilégiées, l'orthodontie s'est généralisée. Dès 8 ans, des filles comme des garçons arborent des sourires enferraillés et zozotent en parlant des divers élastiques dont ils ornent leur dentition pendant la nuit. C'est même parfois devenu un signe d'intégration au groupe des adolescents ! Mais n'est-ce pas un effet de mode ?

Ces traitements orthodontiques sont longs, chers et mal remboursés par la Sécurité sociale (il faut toujours demander un devis). Ils peuvent être gênants ou douloureux pour les enfants ; parfois aussi, l'aspect inesthétique des appareils blesse l'image qu'ils ont d'eux-mêmes.
Le traitement commence à la fin de l'enfance ; la demande doit être faite à la Sécurité sociale avant l'âge de 16 ans. La Sécurité sociale autorise six semestres de soins. Le traitement dure en moyenne deux ans, mais peut aller au-delà. Il vise à diriger la croissance des mâchoires, pour permettre aux dents définitives de se placer correctement, à corriger des chevauchements, bref à donner aux jeunes une dentition saine, qui remplisse correctement ses fonctions alimentaires et ne les fasse pas souffrir. Les appareils dentaires fixes ou non, systèmes de bagues et fils métalliques, permettent de déplacer les dents et de réorganiser l'arcade dentaire. C'est un progrès que n'ont pas connu les générations précédentes, qui évite peut-être à long terme des douleurs vertébrales et cervicales, dont on pense qu'elles peuvent être liées à de mauvaises positions dentaires. D'autre part, la préoccupation esthétique est devenue très importante, entraînant des dérives, au point que de nombreux parents et professionnels n'acceptent plus des dents mal alignées ou des défauts mineurs.

Comment réagir

Il ne suffit pas pour les parents de décider de faire « pour le mieux », parce qu'ils souhaitent la perfection pour leur enfant ou ne veulent pas que celui-ci leur reproche quelque chose plus tard. Pour se lancer dans un traitement orthodontique, le jeune concerné doit être partie prenante, savoir à l'avance à quoi s'en tenir et se sentir capable d'aller régulièrement aux rendez-vous, de porter son appareil en permanence, d'accepter les élastiques disgracieux et gênants qu'on lui prescrira, etc.

Si la décision est difficile à prendre, il n'est pas inutile de demander plusieurs avis, ou celui d'un praticien neutre, par exemple un dentiste qui ne fait pas d'orthodontie.

C'est le rôle de l'orthodontiste de parler de la douleur liée à la pression exercée par l'appareillage sur les dents, et d'apprendre à l'adolescent à la gérer avec les antalgiques prescrits (par exemple avant les séances, pour mieux supporter les soins).

Plus encore qu'en temps normal, l'hygiène dentaire est importante pour éviter les caries à répétition, qui, mal soignées, sont la porte ouverte aux infections. Le traitement ne supprime ni les rendez-vous de contrôle annuels chez le dentiste, ni les brossages quotidiens. Comme pour la santé en général, l'adolescence est le moment où le jeune doit peu à peu prendre en charge lui-même ces soins.

Les dents de sagesse

Avec l'évolution de l'espèce humaine, les mâchoires travaillent moins, changent de forme. Les dents s'usent moins, sur des nourritures moins dures ; il n'y a souvent plus de place pour accueillir les dents dites de sagesse, les dernières à apparaître. Il faut alors les arracher, de même que lorsqu'elles provoquent des infections.

22

Il a tout le temps faim, elle mange n'importe comment

Il dévalise le réfrigérateur en rentrant de classe, avale à toute allure, stocke du chocolat dans sa chambre ou achète tout le temps des bonbons. Elle saute le petit déjeuner, puis se bourre de croissants à 10 heures, ou bien refuse de venir à table en annonçant qu'elle va devenir végétarienne...

Durant les quatre ou cinq années de la puberté, une fille prend en moyenne une vingtaine de kilos et la proportion de « masse grasse » atteint 25 % de son poids. Quant au garçon, il gagne vingt-cinq kilos environ, dont seulement 10 % de masse grasse. Rien d'étonnant, donc, si les besoins alimentaires augmentent et se différencient selon le sexe. Au gré des changements physiques, la sensation de faim se modifie, souvent par à-coups, qui se traduisent par de grosses fringales. Si les quantités augmentent, l'équilibre ne change pas : les féculents doivent constituer la base et les « sucres rapides », fournis par les sucreries et les viennoiseries, ne pas dépasser 15 % de l'alimentation.

La ration quotidienne doit fournir des sels minéraux et des vitamines, comme dans l'enfance. En revanche, les besoins en calcium sont plus élevés (un produit laitier par repas – lait, laitage ou fromage – est une bonne règle). Pour les filles, il semble que le capital calcique osseux, constitué à la fin de la puberté, ne puisse plus être augmenté par la suite ; son insuffisance se traduirait par l'ostéoporose à la ménopause.

Les apports en fer eux aussi doivent être plus élevés, car ils jouent un rôle important dans la croissance musculaire et l'énergie physique. On constate une carence surtout chez les garçons. Sachez que c'est essentiellement la viande qui apporte le fer.

Par ailleurs, les émotions et pulsions nouvelles, caractéristiques de l'adolescence, entraînent à parfois compenser avec des plaisirs « sûrs ». Parmi

eux, ceux de la bouche, qui réjouissent depuis le sein ou le biberon de la petite enfance, sont au premier plan. Ainsi, il arrive souvent que des adolescents se jettent sur des gâteries sucrées ou salées, engloutissent des « calories vides » (n'apportant pas d'éléments nutritifs), ou grignotent à longueur de journée.
Depuis la petite enfance, l'alimentation est le domaine réservé des mères : ce sont elles qui décident des repas, elles qui donnent à manger. Pour peu que l'adolescent(e) ait besoin de s'opposer à sa mère et de trancher les liens qui le/la relient à elle, il/elle refusera de venir à table, sautera le petit déjeuner (valeur phare des mamans parfaites...), se bourrera de biscuits juste avant un repas, décidera de devenir végétarien(ne)... – bref, fera tout ce qu'on lui a appris à ne pas faire !

Comment réagir

Il n'y a pas lieu de s'inquiéter outre mesure pour leur alimentation : la plupart des adolescents des pays développés reçoivent les rations quotidiennes qui leur sont nécessaires. Au plus fort de la poussée de croissance, on constate cependant chez les filles une insuffisance en calcium, en fer (du fait de la perte mensuelle due aux règles) et en vitamine D. Cela touche celles qui ne prennent pas de lait ou de fromage tous les jours, ou qui sautent le petit déjeuner, principal fournisseur de produits lactés. Alors, il peut être utile de faire le point avec un médecin pour apporter un complément nutritionnel. Celles qui suppriment les féculents s'exposent aussi au manque de magnésium.
Les parents ont le droit d'exiger un minimum d'horaires et de lois familiales. Mais tout en maintenant des principes éducatifs, il faut permettre à l'adolescent de gérer ses besoins, de savoir tout seul de quelle quantité de nourriture il a besoin pour être en forme, de connaître et d'appliquer les règles d'une alimentation équilibrée. Les goûts changent à cet âge, s'ouvrent à des saveurs et des équilibres différents. C'est le moment de découvrir des mets nouveaux et d'apprendre à faire la cuisine, pour que les repas restent des moments conviviaux.

23

Elle se trouve trop grosse, elle veut faire un régime

Elle se regarde à tout bout de champ dans la glace, de dos, de face et de profil, rentre le ventre et soupire en répétant : « T'as vu, j'suis énoooorme. » Elle refuse de se mettre en maillot de bain, prend des résolutions drastiques : « Demain, je commence un régime… »

C'est physiologique, donc normal : la puberté se traduit chez les filles par l'apparition d'une nouvelle masse graisseuse (seins, hanches, cuisses). Ces réserves caloriques nous viennent des temps lointains de disette, lorsque l'organisme des femmes prenait la précaution de constituer des réserves pour mener à bien des grossesses, quoi qu'il arrive. Les famines ont disparu de nos pays, pas les rondeurs… même si elles s'estompent.

Chez les filles de 10 ou 11 ans, des rondeurs nouvelles apparaissent souvent juste avant la puberté. En revanche, peu d'obésités se révèlent à l'adolescence. Une jeune fille ne peut pas supprimer sa « masse grasse » acquise à la puberté, sauf à se rendre malade. Elle doit apprendre non seulement à accepter ces rondeurs, mais à les trouver belles, signe de sa nouvelle féminité.

Au moment où l'image d'elles-mêmes a tellement d'importance, et alors que notre société exalte des canons de beauté filiforme, de nombreuses adolescentes manifestent leur malaise devant un corps qui change, leur inquiétude de devenir une femme. Elles deviennent obsédées par leur poids, essayent des régimes, se désolent de leurs formes. Celles-ci s'atténueront après la puberté, sauf si des comportements boulimiques ou anorexiques s'installent à cette période. Lorsqu'il s'agit vraiment d'obésité, celle-ci existe depuis l'enfance, mais souvent l'adolescente n'en prend vraiment conscience qu'à ce moment-là. Elle se sent alors différente des autres, moins performante en sport, a du mal à s'habiller, est malheureuse de l'image qu'elle donne d'elle-même.

Comment réagir

Il faut évaluer objectivement la réalité du surpoids : on peut s'aider des courbes de poids qu'on trouve dans les carnets de santé. Si le rapport poids/taille est dans la norme, il suffit de veiller à préserver la qualité et le rythme des repas et d'éviter que les kilos deviennent une obsession (le couple pervers congélateur-micro-ondes n'arrange rien, qui permet la satisfaction immédiate et sans effort des désirs, alors que, autrefois, il fallait le temps de cuire les aliments, ou d'y renoncer par paresse !).

Le discours ambiant n'aide pas les filles à raison garder, pas plus que leurs mères, souvent ! On présente comme des modèles de beauté des silhouettes parfaitement anormales de maigreur. Et les mêmes mannequins vantent le plaisir immédiat, avec du chocolat ou des hamburgers, qu'elles s'interdisent elles-mêmes depuis leur adolescence ! On peut aider les adolescentes à prendre de la distance par rapport à cet idéal de femmes filiformes, par exemple en expliquant que les photos de mode sont retouchées pour affiner les silhouettes, donc ne correspondent pas à la réalité des corps féminins. Les mères qui vivent elles-mêmes harmonieusement dans leur corps aident leurs filles à s'accepter et à s'épanouir telles qu'elles sont.

On peut aussi développer chez les adolescents le plaisir de faire du sport : quand on s'agite, on mange moins que quand on est vautré devant la télé !

S'il y a vraiment surcharge pondérale, il y a deux manières de réagir. Les Américains ont pris leur parti et encouragent les adolescents, filles ou garçons, à accepter leur poids et à vivre le mieux possible ainsi, au nom du respect et de la tolérance. En France, on considère au contraire que c'est à l'adolescence que quelque chose peut être fait. C'est l'adolescent lui-même qui doit prendre la décision de s'engager dans un traitement. Il faut savoir que cela sera long et difficile. Cela remet en cause tout un mode de vie familial, souvent installé depuis longtemps.

Au moment de la puberté, il ne s'agit surtout pas de chercher à maigrir, mais plutôt à ne pas grossir, en modifiant peu à peu les quantités et les compositions des repas et toute l'hygiène de vie (prendre l'habitude de se livrer à des activités avec des copains plutôt que de regarder la télévision, par exemple). Inutile de préconiser du sport à outrance, car il faut vraiment beaucoup de mouvement pour brûler des calories de manière significative, et cela ouvre terriblement l'appétit ! Un régime alimentaire seul, sans modification de l'hygiène de vie, est voué à l'échec. C'est pour cela qu'aux adolescents qui souhaitent maigrir sont proposées des rencontres, entre eux et avec des diététiciens, pour parler de leur problème de poids et apprendre à bien manger (voir question 22, p. 66).

Pour aller plus loin

Dr J. Fricker, A.-M. Dartais, M. du Frayssex, *Le Guide de l'alimentation de l'enfant*, O. Jacob, 1998.
E. Lesne, *Papa, Maman, on m'a traité de gros*, Albin Michel, 1998.

24

Et si elle devenait anorexique ?

L'anorexie mentale, maladie devenue fréquente dans les pays développés, fait très peur, parce qu'on sait qu'elle peut être mortelle dans les cas les plus graves. Alors, les parents ne peuvent s'empêcher de se demander, lorsqu'il est question de mal-être et de régime alimentaire conjugué : et si c'était une anorexie mentale qui commençait ?

L'anorexie mentale peut prendre toutes les formes : des épisodes avec ou sans lendemain, bénins ou d'une extrême gravité... Il n'y a aucun moyen, au début des symptômes, de prédire comment elle évoluera, de quel type elle sera. On sait seulement que mieux la famille accepte de reconnaître le problème, plus la prise en charge est précoce, meilleur sera le pronostic (l'approche de l'anorexie est nécessairement familiale, car les parents souffrent aussi). Les formes bénignes sont majoritaires, seules 15 à 20 % sont des formes rebelles, et 20 % entraînent des récidives pendant plusieurs années. Elle touche les filles dans neuf cas sur dix, mais les rares garçons atteints le sont sous les formes les plus graves.
Au début, cela commence par un petit régime, parce que la jeune fille se trouve grosse, moche. Parfois, elle le fait même avec sa mère, qui a décidé de lutter contre les rondeurs de la quarantaine... Au bout d'un moment, la mère, raisonnablement, arrête, ou bien craque. La fille, elle, continue. Et se fixe des objectifs déraisonnables, bien en deçà des normes de l'esthétique ; ou encore elle n'est jamais satisfaite de sa minceur, alors qu'elle est déjà trop maigre, ce qui montre l'image déformée qu'elle a de son corps. Non seulement elle ne mange presque rien, est dégoûtée par tout ce qui est gras, charnu, mais elle se pèse tout le temps, invente encore des moyens de contrôler son poids, en prenant des laxatifs, en se faisant vomir...

Souvent, cela se conjugue avec un certain isolement et un surinvestissement scolaire. Mais dans un premier temps les parents ne voient pas là de raisons de s'inquiéter, au contraire!
Cet ensemble de symptômes s'installe en l'espace de 6 mois, et l'adolescent guérira d'autant plus vite qu'ils seront traités rapidement. Il faut compter pour la guérison autant de temps que la maladie a duré: une anorexie installée depuis deux ans mettra ainsi environ deux ans à disparaître.

LA BOULIMIE

Parfois, l'anorexie alterne avec des crises de boulimie. L'association des deux est un critère de gravité. Anorexie et boulimie sont des maladies différentes. La boulimie touche les filles dans sept cas sur dix, et commence en général vers 15 ou 16 ans. Dans les moments de solitude, souvent dans la pénombre et l'enfermement, il ou elle avale des quantités énormes de nourriture, quelquefois même crues ou froides, voire limitées à un seul type d'aliment (charcuterie, chocolat...), jusqu'à en avoir la nausée ou des maux de ventre, puis se fait vomir. Comme il/elle en a honte, il/elle le cache à son entourage, qui en prend conscience souvent beaucoup plus tard. Dès que les parents repèrent des signes – boîtes de conserve vides dissimulées, traces de vomissements... –, ils doivent faire prendre en charge le malade pour éviter que le comportement ne s'installe et ne rende difficile l'entrée dans la vie adulte. Une consultation chez un médecin généraliste est la première étape. L'expérience montre que les groupes de parole, où les jeunes se racontent entre eux ce qui leur arrive, sont une aide efficace.

Comment réagir

En arrière-fond de tous les problèmes d'alimentation, de rythme de vie, de poids et de santé, l'anorexie mentale fait très peur. Les parents se demandent à quoi il faut faire attention, quand il faut intervenir ou interdire, à partir d'où se situe le seuil pathologique...
Une bonne attitude est d'être attentif à la prise régulière de poids et de taille de la jeune fille. Avant 13 ou 14 ans, les règles peuvent être irrégulières. Mais, après 15 ans, une perte de poids, un « régime » alimentaire et l'absence de règles pendant plus de trois mois doivent amener à consulter. L'investissement scolaire excessif est une constante. Or, dans les milieux familiaux où cela a beaucoup d'importance et où les sentiments s'expriment peu, les bons résultats scolaires qui en découlent sont souvent un prétexte pour ne rien faire.

En famille, l'installation de l'anorexie peut entraîner deux attitudes. Soit les parents ne « voient » rien, admirent la volonté et la réussite de leur fille, qui respecte si bien son régime, travaille si bien en classe, maîtrise si bien sa vie. Soit ils s'insurgent, les pères surtout, contre ce régime ridicule et veulent l'obliger à manger. Alors, toute la famille se met en ordre de bataille pour lui faire avaler trois petits pois, et l'anorexique résiste de plus en plus fort aux injonctions. Le cercle vicieux s'installe. Parents et enfant se retrouvent ligotés par l'anxiété devant une assiette...

Bien entendu, il est impossible de demander aux parents de se désintéresser de la santé et de l'alimentation de leur enfant. Mais, lorsque chaque repas, qui devrait représenter un moment de partage et de détente, signifie conflits et tensions, lorsque toutes les relations de l'adolescente avec sa famille sont marquées par ce problème, il faut que les parents acceptent de ne rien pouvoir pour leur enfant, renoncent à s'en sortir seuls et demandent de l'aide. Ce qui veut dire supporter qu'un regard extérieur se pose sur la famille, que sa manière de vivre soit analysée, remise en cause, bouleversée peut-être... Un psychiatre peut alors facilement régler les difficultés à l'origine d'une petite anorexie débutante.

Pour aller plus loin

T. Vincent, *L'Anorexie*, O. Jacob, 2000.

Dr Y. Simon, Dr F. Nef, *Comment sortir de l'anorexie et retrouver le plaisir de vivre*, O. Jacob, 2002.

III.

PUBERTÉ, SEXUALITÉ

25

Elle a eu ses premières règles, il grandit beaucoup : à la puberté, faut-il qu'ils voient un médecin ?

Certes, l'adolescence n'est pas une maladie. Mais le corps subit de telles transformations qu'il y a toujours quelque chose qui ne va pas... Au moment où ils grandissent si vite, où leur puberté se met en route, y a-t-il des choses à vérifier ? Ne faut-il pas faire le point pour voir si tout fonctionne bien ?

L'image que les adolescents ont d'eux-mêmes à travers leur apparence physique a une telle importance, que la santé devient parfois une question centrale dans leur vie. Le corps est le théâtre et le reflet privilégié de l'histoire intime de l'adolescent, en même temps qu'une manière d'exprimer des difficultés éventuelles. Aussi la visite annuelle de contrôle avec le médecin scolaire ne suffit-elle pas, la plupart du temps. Les filles comme les garçons devraient pouvoir consulter un autre médecin – pédiatre, généraliste ou gynécologue – au moins une ou deux fois au cours de leur adolescence.
Bien que l'apparition des premières règles ne nécessite pas de consultation systématique, les débuts de la puberté posent à l'adolescente tant de questions qu'il peut être utile de profiter de cette étape pour faire un bilan, nouer une relation. De nombreuses jeunes filles se plaignent de maux de ventre au moment de leurs règles. Et de nombreuses mères pensent qu'il n'y a rien à faire, que cela fait partie de la condition féminine. Rien de plus faux, d'autant qu'il n'est pas certain que ces douleurs soient liées à la puberté. Les premiers cycles ne s'accompagnent pas d'ovulation, donc ne sont pas douloureux en principe. C'est lorsque l'ovulation commence qu'ils peuvent le devenir.
Il faut aussi savoir que les débuts de la puberté se caractérisent par l'apparition de petits follicules ovariens, ni anormaux, ni inquiétants. Inutile

de multiplier les examens médicaux pour cette raison, qui peuvent aboutir, chez certains praticiens peu au fait de l'adolescence, à un diagnostic erroné de kyste ovarien.

Comment réagir

Au début de la puberté, cela vaut la peine de chercher à proximité de chez soi un médecin généraliste (ou un gynécologue pour les filles), qui porte de l'intérêt aux adolescents, soit prêt à écouter, puisse engager une relation personnelle avec lui, avec elle.

Les parents, même s'ils doivent accompagner leur enfant la première fois pour des raisons matérielles, devraient ensuite s'interdire d'entrer avec lui ou elle dans le cabinet d'examen. C'est une manière de signifier que désormais il ou elle devient responsable de son corps. Et cela lui permettra de poser au médecin des questions intimes, ce qui serait impossible devant ses parents.

Un examen médical bien mené permet de faire avec l'adolescent une sorte de « tour du propriétaire » de son nouveau corps. En l'examinant, le médecin nomme les différentes parties. Ses commentaires répondent par anticipation aux multiples interrogations de l'adolescent. Les garçons s'interrogent sur la longueur de leur sexe, le plissement de la peau de leur scrotum (certains pensent en le voyant ainsi évoluer qu'il s'agit d'un pourrissement, d'une sorte de maladie), les filles sur l'asymétrie de leurs seins, la composition du sang de leurs règles, etc.

Ce dialogue permet à l'adolescent de se rassurer sur sa normalité, de vivre mieux les changements encore à venir. Et le médecin servira de référence le jour où une vraie difficulté surgira (rapport sexuel non protégé, risque de maladie sexuellement transmissible...). Il/elle saura alors vers qui se tourner pour demander de l'aide.

Mieux vaut qu'une jeune fille ne voie pas le même gynécologue que sa mère. Cela préservera mieux son intimité et lui permettra de prendre contact avec ce médecin, seule, au moment où elle en ressentira le besoin. On peut lui proposer une ou plusieurs adresses, en lui rappelant à cette occasion le principe du secret médical, qui lui permet de consulter sans que rien ne sorte du cabinet, y compris vis-à-vis des parents.

En cas de douleurs dues aux règles, il y a toujours quelque chose à faire. Il est inutile de laisser souffrir une adolescente : des antalgiques sans effets secondaires existent. Il arrive aussi qu'une pilule soit prescrite pour soulager la douleur.

26

Elle n'a toujours pas ses règles : faut-il s'inquiéter ?

Alors que les filles de sa classe parlent entre elles de ces fameuses règles qu'elles attendaient toutes, cultivent leur féminité naissante et échangent des confidences sur leurs amours rêvées, elle reste une petite fille à la poitrine presque plate, s'en désole, se sent un peu exclue...

La puberté intervient normalement chez les filles entre 9 et 14 ans, ce qui représente une grande variation, entre le C.M.2 et la 3e ! Cette variation est liée à l'hérédité, à la nutrition et à l'hygiène de vie, aux affections de la petite enfance, mais n'a rien de pathologique. Dans une même classe se côtoient ainsi des enfants à des stades de développement très divers. Les unes et les autres peuvent avoir les mêmes capacités, des résultats scolaires équivalents : la maturité intellectuelle n'a aucun rapport avec le niveau de développement de la puberté.
Il est bien sûr plus confortable de faire sa puberté dans la moyenne des jeunes de son âge. On constate que les « précoces », celles qui ont des seins et des règles très tôt, sont les plus mal à l'aise, se replient facilement sur elles-mêmes, refusent les activités physiques. Elles n'ont plus envie de jouer, se sentent différentes et isolées ; les autres enfants ne les comprennent pas. Cela peut susciter une telle angoisse qu'on assiste parfois à un blocage de la croissance et des transformations pubertaires. Tel est le cas des filles qui deviennent anorexiques vers 12 ou 13 ans, et dont la courbe de croissance décroche brutalement. En général, celles qui sont en retard sur la moyenne de leurs camarades éprouvent moins de gêne et ne montrent pas de signes de souffrance particuliers.

Comment réagir

Dans la limite de la fourchette d'âge normale de survenue des règles, tant que tout va bien par ailleurs, il n'y a pas de raison de se faire du souci. Mais si la mère sent que cela inquiète sa fille, et si elle-même a eu ses règles très tard, ou très tôt, elle peut d'abord le lui dire pour la rassurer, voire l'emmener chez un médecin pour en parler, examiner la courbe de croissance et les perspectives que montre celle-ci.
Même s'il n'y a rien d'autre à faire que de comprendre, soutenir, mettre des mots sur ce que ressentent ces jeunes filles « hors de la moyenne », il ne faut pas méconnaître les différences de préoccupations qu'elles ressentent par rapport à leurs contemporaines et les difficultés de relations qui en découlent. Ce n'est pas une bonne solution que de vouloir les changer de classe ou d'environnement, car elles ont par ailleurs la même maturité que les filles de leur âge, et seraient aussi mal à l'aise avec des plus jeunes ou des plus âgées. Elles risqueraient aussi de déraper vers des conduites à risques. On peut cependant les aider à trouver des amies semblables à elles, au-delà du premier cercle de la classe, de l'école si nécessaire. Une institution scolaire imaginative pourrait même, s'il y a plusieurs enfants dans ce cas dans un même niveau scolaire, en C.M.2 ou en 6e, envisager de les regrouper dans la même classe pour leur permettre de s'exprimer sur le sujet.

Pour aller plus loin

I. Borten-Krivine et D. Winaver, *Ados, amour et sexualité, version fille*, Albin Michel, 2001.

Pour les ados

C. Ubac, *Les filles, votre corps change*, La Martinière, 2002.
E. Jacquet, *Les jeunes filles et leur corps*, La Martinière, 1998.
E. Jacquet, *Les jeunes filles et leurs sentiments*, La Martinière, 1998.

27

Il est le plus petit de sa classe et il en souffre

Ses copains de classe le dépassent de deux têtes, il est moins musclé, a encore une voix de petit garçon. On l'appelle « le nain », il n'arrive pas à se faire respecter et le supporte très mal. Que peut-on faire ?

La puberté démarre à des âges différents. Et pour les garçons, elle commence par une phase silencieuse avant la croissance. C'est ce qui fait que dans une même classe peuvent se côtoyer des garçonnets mesurant 1,50 mètre et de jeunes pubères de 1,80 mètre. Alors que les filles attachent un peu moins d'importance à la taille qu'elles atteindront, les garçons ont tous pour idéal d'être les plus grands possible, ce qui inquiète beaucoup les plus petits.
Au-delà des facteurs génétiques individuels, les générations aujourd'hui parvenues à l'âge adulte ont bénéficié de conditions optimales de croissance en matière d'hygiène, d'alimentation, de recul des maladies. Il y a donc eu une augmentation généralisée de la taille : on a vu chaque génération dépasser la précédente de 5 à 10 centimètres en moyenne. Mais il semble qu'on soit maintenant arrivé aux limites de l'espèce humaine : aux États-Unis, les jeunes générations actuelles font la même taille que leurs parents.

Comment réagir

Seul un bilan médical permet d'établir les causes d'une croissance insuffisante.
Une petite taille peut être due à une cassure de la croissance : l'adolescent s'arrête brusquement de grandir. Un médecin peut la repérer grâce à un suivi régulier, par le relevé des notations de poids et de taille établi à

chaque visite médicale. Il faut alors rechercher les causes de cet arrêt de la croissance et les traiter.
Le plus souvent, il s'agit d'un retard pubertaire simple, qui s'accompagne d'un décalage de la maturation osseuse par rapport aux condisciples de l'adolescent. Ce n'est pas pathologique, mais engendre souvent une véritable souffrance psychologique. On peut donner des informations pour exhorter à la patience, prendre le carnet de santé et prolonger la courbe de croissance pour se faire une idée de la taille définitive qui peut être atteinte. Un médecin peut aussi déterminer la maturation osseuse en observant à la radio l'ossification des os du poignet gauche ou de la crête iliaque. Cela permet de dire à quel stade de croissance en est l'adolescent, et donc quel gain de croissance il peut encore attendre.
Lorsqu'il y a de réels signes de souffrance – l'adolescent devient très agressif ou se replie sur lui-même –, il est possible de déclencher le processus pubertaire par des injections de testostérone. Cela doit se faire avant 15 ans. C'est sans effets secondaires et permet de lever le mal-être – il ne faut pas se priver de ce « confort » psychologique.

28

Quand et comment parler de sexualité ?

Il était facile et naturel de parler des « petites graines » et de la fabrication des bébés avec un enfant de 5 ans, qui posait des questions et s'intéressait à tout. Mais sur le même sujet, quelques années plus tard, les mots deviennent brûlants, la gêne s'installe, l'adolescent se tait...

Que les parents se rassurent : quelles que soient leurs qualités de communication, il est très difficile, et d'ailleurs peu souhaitable, de parler de sexualité avec des adolescents. C'est un domaine qui touche chacun dans ce qu'il a de plus intime, et les jeunes ne veulent surtout rien savoir de l'expérience de leurs parents. L'idée même que ceux-ci aient des relations sexuelles les répugne ! À l'âge des premières expériences, au moment de s'approprier leur sexualité, ils ressentent toute intrusion dans ce domaine réservé avec gêne et agressivité. Les garçons, en particulier, sont très silencieux là-dessus : c'est souvent seulement avec leurs premières petites amies que passent des paroles. Les filles, elles, discutent parfois avec leur mère des « problèmes techniques », mais pas de leurs amours.
Il devient difficile d'énoncer et d'entendre les mots *érection*, *règles*, etc., quand ils prennent réalité, les concernent directement. Les adolescents sont alors très mal à l'aise, ne comprenant pas pourquoi cela leur fait un tel effet d'en parler... Mieux vaut donc avoir abordé « ces choses-là » avant l'adolescence, même si les jeunes n'ont pas enregistré toutes les informations parce que cela ne faisait pas encore partie de leurs préoccupations.

Comment réagir

Que les parents se rassurent : actuellement, les adolescents sont plutôt surinformés que pas assez sur ces sujets, notamment grâce aux campagnes de prévention du sida. Il suffit de veiller à ce que, même indirectement, toutes les informations sur la sexualité leur soient accessibles, par tous les canaux. On peut par exemple les abonner à des magazines pour les jeunes qui traitent régulièrement de ces sujets, laisser traîner en bonne place des revues ou offrir un livre sur le sujet, en forme de clin d'œil. Sans trop compter sur la télévision : elle donne à *voir*, plutôt qu'elle informe sur la sexualité.

Les garçons ont autant besoin d'informations que les filles ; or on a parfois tendance à s'en dispenser parce qu'ils sont censés courir moins de dangers immédiats. Il faut que l'adolescent sache bien qu'il peut poser des questions, et à plusieurs adultes différents : si ce n'est à ses parents, qu'il soit en confiance avec un jeune oncle, le médecin de famille...

Inutile d'aller au-delà des informations de base. Il ne faut surtout pas chercher à savoir où ils en sont de leur vie amoureuse, ni donner de conseils quand ils n'en demandent pas, ou encore faire la morale au nom des dangers qui les guettent... Cela peut être ressenti comme une intrusion intolérable dans leur intimité.

Même s'ils sont très avertis sur le plan technique, cela ne les empêche pas d'être totalement démunis devant l'aventure affective que représente l'entrée dans la sexualité. Cette expérience-là ne peut pas se transmettre par des explications sur le mode : « Viens, mon fils, j'ai à te parler... » Mais on peut saisir toutes les occasions de la vie quotidienne pour dire que la sexualité fait partie de la vie, la rend plus joyeuse et plus pleine... Par sa manière d'être, on transmet toujours un peu de ce qu'on a vécu soi-même, en positif ou en négatif ; cela peut être nuancé par des paroles... Dans la sexualité entre aussi l'expérience humaine de la relation : c'est une manière de préparer l'adolescent à la rencontre de la différence dans l'autre sexe, à devenir partenaire pour un autre partenaire, plutôt qu'un adversaire armé pour se défendre.

Pour aller plus loin

Pour les ados

Dr I. Borten-Krivine et Dr D. Winaver, *Ados, amour et sexualité, version fille*, Albin Michel, 2001.

Dr S. Mimoun et R. Etienne, *Ados, amour et sexualité, version garçon*, Albin Michel, 2001.

29

Et si elle couchait avec un garçon...

Des coups de téléphone répétés provenant de la même voix masculine, de fréquentes sorties nocturnes, une nouvelle réserve dans sa manière d'être, la fin des confidences... Et si elle avait « sauté le pas » ? A-t-elle pris les précautions nécessaires ? Était-elle vraiment prête ?

Cette expérience singulière, qui ouvre une autre étape de la vie, seul le jeune homme, ou la jeune fille, peut décider quand et avec qui il/elle souhaite la vivre. La majorité sexuelle étant légalement fixée à 15 ans pour les filles, à 16 ans pour les garçons, les adolescents sont seuls responsables de leurs actes à partir de cet âge (mais restent protégés en cas d'agression). Le psychanalyste B. Bettelheim disait qu'à partir de ce seuil des premières relations sexuelles, les jeunes n'étaient plus « éducables », ne pouvaient plus recevoir et intégrer de règles extérieures à eux-mêmes. Ce qui veut dire qu'il est souhaitable que toute l'éducation à la sexualité soit faite avant !

Étant donné l'importance de la sexualité dans la tête, le cœur et le corps des adolescents, ceux qui « sautent le pas » le plus tôt sont évidemment valorisés par leurs pairs. Mais s'ils n'y sont pas prêts psychiquement, ils risquent d'en garder des blessures. Le fait d'avoir vécu une sexualité précoce, c'est-à-dire avant 15 ans, représente un véritable facteur de risques à l'adolescence : cela augmente la probabilité de connaître des difficultés ultérieures – grossesse, bien sûr, mais aussi consommation de produits, dépression, etc.

Engager son corps dans une relation sexuelle est une étape fondamentale. Les adolescents en font souvent la douloureuse expérience : la « première fois » est rarement réussie. Ils doivent garder pour eux et maîtriser cette déception, ce sentiment de tromperie parfois : « Ce n'était que ça ! » Plus tard, si tout se passe bien, viendra la vraie découverte de la sexualité et du plaisir. Ces premières expériences sont – surtout pour les garçons, mais avec de grandes différences individuelles – de l'ordre de l'exploit sportif : ils sont tellement préoccupés de vérifier que tout fonctionne bien, que cela ne laisse guère de place à la relation avec leur partenaire.

Comment réagir

Le rôle des parents, pendant l'enfance, a été de protéger et de prendre soin de leur enfant. Au cours de l'adolescence, il est de lui apprendre peu à peu à prendre lui-même soin de lui, de son corps, à entendre et à respecter ses désirs sexuels et amoureux. Aussi bien en se protégeant contre des risques éventuels qu'en attendant le moment où il/elle se sentira prêt(e) pour la sexualité. Les parents peuvent rappeler qu'au moment d'engager si intimement son corps, on a le droit et le devoir de se donner le temps de réfléchir. En effet, de nombreuses jeunes filles reconnaissent encore que leurs premières expériences sexuelles ont été faites à contrecœur, pour faire plaisir à leur partenaire.

Lorsqu'une adolescente semble avoir des relations sexuelles sans se protéger, ou avec quelqu'un qu'elle ne connaît pas, qui ne lui apporte rien de bon, elle risque de se faire beaucoup de mal. Il faut alors se demander quelle souffrance cela implique, si elle recherche là l'affection qu'elle ne reçoit pas ailleurs, si elle veut attirer l'attention, se dégager de relations douloureuses ou violentes avec ses parents...

Si les parents ne peuvent plus servir de référence en ce domaine, parce que le passage à l'acte a déjà eu lieu, et s'ils n'ont pas pu permettre à l'adolescent d'intérioriser ce souci de soi et le respect de l'autre, ce sera alors à la société de lui imposer des règles de vie, au besoin par la contrainte.

Pour aller plus loin

Pour les ados

Dr I. Borten-Krivine et Dr D. Winaver, *Ados, amour et sexualité, version fille*, Albin Michel, 2001.

Dr S. Mimoun et R. Etienne, *Ados, amour et sexualité, version garçon*, Albin Michel, 2001.

30

Faut-il leur donner la pilule, des préservatifs ?

Quand la crainte du sida taraude les parents, quand les adolescents partent loin, faut-il les protéger « malgré eux », en glissant des préservatifs dans leur sac à dos au moment du départ, en emmenant les jeunes filles chez le gynéco pour les « mettre sous pilule » au cas où ?

Les adolescents d'aujourd'hui ont plus souvent entendu parler de préservatifs, à cause des campagnes contre le sida, que de contraception en général, et de pilule en particulier. Tous les moyens de contraception sont facilement disponibles : s'ils ont un minimum d'autonomie, les jeunes décidés à vivre leurs premières expériences et capables de le faire dans de bonnes conditions sauront se procurer ce qui leur faut.

Mais « la première fois » comporte toujours une dose d'inconnu, elle est toujours vécue dans l'incertitude et la tension. Il y a donc toujours une part de risque, même si les jeunes y sont bien préparés, même s'ils savent qu'ils doivent prendre des précautions. Ils ont à apprendre à se servir d'un préservatif (on peut suggérer aux garçons l'exercice « à blanc »). En introduisant des préliminaires, le préservatif donne une certaine distance, le temps aux deux partenaires d'être sûrs de leur choix. Le jeune couple peut ensuite adapter son mode de contraception et en changer le moment venu. Si le préservatif est adapté aux rencontres de passage, sans sexualité régulière, il vaut mieux le remplacer par la pilule en cas de relation suivie. À ce moment-là, c'est le couple qui peut faire la démarche, plutôt que la jeune fille seule.

Comment réagir ?

Les parents sont concernés par la sexualité de leurs enfants mineurs, et ne doivent pas les livrer trop tôt à eux-mêmes, dans ce domaine comme dans les autres. Mais ils doivent aussi respecter une certaine distance, ne pas se montrer curieux, ou trop envahissants ; ils ne sont donc pas les mieux placés pour fournir pilule ou préservatifs. Même si la démarche est entreprise en signe de bonne volonté ou d'ouverture d'esprit, elle risque d'être vécue par l'adolescent comme une intrusion dans son intimité, voire de provoquer une excitation malsaine. C'est souvent le cas de mères attentives, qui, sans rien dire, glissent des préservatifs dans le sac à dos de leur grand garçon, au moment du départ en vacances avec des copains. Ce geste risque de le dissuader de les utiliser, au nom de sa liberté, ou de l'amener à penser qu'« il faut le faire » absolument.

Mieux vaut simplement se mettre à la disposition des adolescents sur ces sujets, montrer qu'on est capable de répondre à des questions, éventuellement en proposant des renseignements et des adresses, tout en reconnaissant que « ce n'est pas facile de parler de ces choses-là avec ses parents ». Et s'en tenir là. Cette attitude les aide, quand ils arrivent à l'âge d'avoir une vie sexuelle, à trouver les lieux et les sources d'informations dont ils ont besoin, les personnes extérieures auprès desquelles demander conseil (médecin de famille, infirmière scolaire, jeune oncle ou tante...).

Quand l'occasion se présente, il ne faut pas hésiter à redire, sans anxiété, qu'on ne donne pas son corps à n'importe qui, qu'il y a des règles de protection à respecter... Tant pis s'ils subissent en silence la tirade parentale, ou ricanent gentiment en la trouvant un peu lourde... Le discours a d'autant plus de chance de passer qu'il est cohérent, continu dans le temps, et pas assené dans l'angoisse à la veille d'un danger éventuel.

31

Elle a subi une agression sexuelle

Un jour, une jeune fille appelle ses parents au téléphone, affolée. Un soir, une autre éclate en sanglots et raconte enfin ce qui lui est arrivé. Une autre encore se renferme sur elle-même sans que l'on comprenne pourquoi, refuse de sortir de la maison ; ses résultats scolaires sont en chute libre. Que peut-on faire ?

Nous vivons dans une société très exhibitionniste, où les jeunes sont soumis à des regards voyeurs, des plaisanteries salaces, alors qu'ils sont eux-mêmes particulièrement « excitables ». Toutes les publicités montrant des corps dénudés pour vendre des soutiens-gorge ou des voitures sont agréables à regarder seulement pour les adultes capables de les lire au second degré. Pour les adolescents, elles constituent une incitation permanente au passage à l'acte. On a beau jeu ensuite de déplorer leur violence et leur absence de limites, alors que toute la société est responsable de ces débordements !

Il peut arriver que de très jeunes filles n'aient pas conscience de leur féminité naissante et de l'effet qu'elles peuvent provoquer. Ou que, lors d'une fête trop arrosée, elles ne sachent plus se maîtriser et dire non. D'où sifflements, mains aux fesses, baisers volés, attouchements sexuels et, dans le pire des cas, pénétration. Lorsque cela leur arrive, elles ont du mal à en parler, d'abord parce qu'il s'agit de sexualité, ensuite parce qu'elles se sentent souillées, honteuses, vaguement coupables. Elles ne savent pas toujours très bien ce qui est permis ou interdit, surtout lorsque cela met en cause des adultes connus, des amis de la famille, des éducateurs en qui elles avaient confiance. Ces agressions sont aussi souvent le fait d'adolescents à peine plus âgés, parfois en bande, filles et garçons mélangés : ils s'attaquent à une jeune fille perçue comme différente, plus fragile, et trouvent là un moyen de « se réparer » des violences dont ils ont souvent eux-mêmes été victimes.

Il peut arriver aussi que des abus sexuels subis dans l'enfance remontent à la surface de la conscience au moment de l'éveil sexuel de la puberté, et empêchent un développement harmonieux : l'adolescent ne peut avoir de relations sexuelles satisfaisantes, il les refuse, ou bien s'y jette à corps perdu et les multiplie, fait subir à d'autres ce qu'il a vécu, ou encore se réfugie dans l'homosexualité.

Il faut savoir que toute agression sexuelle, même commise sans violence, est un délit : l'exhibitionnisme devant des adolescents, le fait de regarder des images pornographiques avec eux, de les photographier nus, de les toucher ou de les inciter à toucher le corps de quelqu'un d'autre sans leur consentement sont prohibés. Tout acte de pénétration (vaginale ou anale, au moyen d'un organe sexuel, d'un doigt ou d'un objet, ou encore buccale par un organe sexuel) commis sur une personne par violence, contrainte, menace ou surprise est un viol, un crime puni par la loi. Avec des circonstances aggravantes s'il est commis sur un mineur de moins de 15 ans, lorsque l'auteur est un parent (inceste), ou abuse de l'autorité que lui confèrent ses fonctions (par exemple, lorsqu'il s'agit d'un éducateur).

Comment réagir ?

Bien avant l'adolescence, il faut donner des mots et des repères en ce qui concerne le respect de son corps, du corps des autres, et la sexualité. C'est ce qui permettra aux jeunes, s'il leur arrive quelque chose dans ce domaine, d'avoir « les mots pour le dire ». Pour aider leurs filles qui deviennent attirantes sans toujours bien s'en rendre compte, les mères peuvent leur permettre par quelques mots de prendre conscience de l'effet qu'elles produisent désormais sur les hommes : « Tu ne crois pas que tu es un peu provocante, avec cette mini-jupe, pour aller au collège ? Garde-la donc pour la plage… » Les jeunes filles doivent savoir que les garçons de leur âge sont envahis d'excitation et que la mixité à l'école n'est pas toujours de tout repos ! Il faut leur apprendre qu'on ne doit jamais se forcer, qu'on a toujours le droit de dire « non ». Les garçons doivent savoir aussi clairement qu'on n'a jamais le droit de forcer l'autre, que la loi l'interdit et le réprime. Tous doivent peu à peu apprendre à ne pas céder à la pression de quelqu'un, ou d'un groupe, surtout pas pour « faire comme les autres ».

Sans les faire vivre dans la méfiance, ni leur présenter un monde trop noir, il faut rappeler régulièrement que tous les adultes ne sont pas dignes de confiance, que l'intuition est souvent bonne conseillère, et

qu'il y a des situations et des lieux « à risque », qu'il faut éviter (monter dans une voiture seule avec quelqu'un qu'on ne connaît pas, par exemple). « Courage, fuyons ! » est alors la plus intelligente des conduites.
Lorsqu'elle se produit, une agression sexuelle demande une prise en charge rapide : les médecins généralistes ou gynécologues connaissent les services de pédiatrie les plus proches et les personnes formées pour s'occuper de victimes d'abus sexuels.

Il faut que l'adolescente, même si elle est prostrée, sidérée, puisse raconter ce qui lui est arrivé, libérer sa tête des images et des peurs qui la hantent, entendre aussi qu'elle n'est pas coupable de ce qui lui est arrivé. Elle a subi un véritable traumatisme, qui se traduit par un sentiment de dégoût de soi-même et de toute sexualité, de honte et de culpabilité, par des crises de larmes, des cauchemars. Tout cela peut s'apaiser en quelques semaines. L'expérience montre que, progressivement, le récit et les associations d'idées qui en découlent amènent l'apaisement ; le sentiment de blessure et de saleté s'estompe peu à peu. Mais si la souffrance n'est pas prise en compte, si l'adolescente n'a pas pu se confier, être prise en charge, cela peut se transformer en crises d'angoisse chroniques, en incapacité de continuer à mener une vie normale. Des phobies sociales (comme l'incapacité à sortir seule dans la rue, à prendre les transports en commun) risquent de s'installer.

S'il y a eu pénétration, l'adolescente doit voir le plus vite possible un médecin, et conserver toutes les traces qui peuvent faire la preuve de l'agression (linge, traces de sperme...). Le médecin pourra ainsi faire un constat médico-légal et prendre les mesures nécessaires (pilule du lendemain, traitement antibiotique, test du sida).

Si la même jeune fille multiplie les rencontres violentes, il faut se demander en quoi son attitude peut être provocante ou déplacée, s'il y a quelque chose dans sa tenue ou ses vêtements qui excite les hommes. Et l'aider à prendre conscience de ce que signifie son corps, pour qu'elle trouve une réserve protectrice.

32

Et s'il était homosexuel ?

C'est la crainte de nombreux parents. Il est encore bien difficile, dans notre société, de s'affirmer avec une sexualité différente, et il est toujours douloureux de voir ses enfants choisir une autre voie que soi, et de renoncer à des petits-enfants un jour...

Il n'y a pas de vérité définitive sur les raisons de l'homosexualité. Dans la construction d'une personnalité, on distingue d'une part l'identité sexuelle – c'est le sentiment d'être soi, mâle ou femelle, qui vient sans doute à la fois du patrimoine génétique, des chromosomes et des hormones, et aussi des relations de la petite enfance – et, d'autre part, l'identification à un rôle masculin ou féminin. Cette identification se construit peu à peu, s'affermit à l'adolescence, devient définitive à l'âge adulte. Ce qui explique une période de flottement : tout jeune se pose la question de son identité, de ses relations avec l'autre sexe. Ce doute fait partie de l'adolescence, et il faut accepter d'être taraudé par lui un certain temps. Doutant de son propre corps, de son comportement, l'adolescent a besoin de se rapprocher de ceux qui sont comme lui, de les observer pour se reconnaître, lui. Pour les mêmes raisons, il a tendance à refuser les contacts avec l'autre sexe, si mystérieux. Les garçons se retrouvent entre eux, à se mesurer les uns aux autres, par la compétition sportive, par exemple, ce qui est une manière symbolique de comparer la taille de leur sexe. Ils se traitent volontiers de « pédé », pour conjurer leur angoisse de l'être, parce qu'ils se sentent malgré eux fascinés par le corps de leurs pairs, si proche du leur, sur lequel ils se posent tant de questions...
Les relations physiques empreintes de tendresse entre hommes, même proches comme celles d'un père et de son fils, sont toujours difficiles et inquiétantes, car la question de l'homosexualité est sous-jacente. En

revanche, chez les filles, une intimité sensuelle avec l'amie de cœur, qui joue le même rôle de miroir, est admise, peut-être parce que la tendresse est plus facilement déconnectée de la sexualité chez ces dernières. De plus, il n'y a pas d'intrusion dans le corps. La défense contre l'homosexualité féminine est donc beaucoup moins grande.
Il peut arriver que des gestes de découverte du corps entre garçons soient interprétés comme un signe définitif d'homosexualité. Il n'en est rien : cette attirance transitoire, et même une, voire plusieurs expériences homosexuelles durant cette période de recherche de soi-même, ne signent pas l'orientation future.
Dans un moment de flottement, une personnalité un peu fragile peut être influencée, et poussée dans cette voie, par un adulte. Cependant, des jeunes se révéleront homosexuels sans avoir subi aucune influence extérieure. Et tous ceux qui se posent des questions ne deviendront pas homosexuels. Mais tous les homosexuels ont pris conscience de leur orientation à l'adolescence, parce qu'ils ne pouvaient pas envisager l'idée d'une relation avec un partenaire de l'autre sexe, la possibilité de plaisir sexuel avec celui-ci.

Comment réagir

Même au-delà de tout jugement moral, l'homosexualité reste difficile à vivre dans notre société, engage l'avenir, interroge l'éducateur sur sa responsabilité. Les parents ne sont pas totalement responsables de la vie sexuelle de leurs enfants. D'autant que c'est justement à l'adolescence que ceux-ci prennent leur autonomie et veulent devenir eux-mêmes maîtres de leurs choix dans ce domaine.
Mais il est courant de relever une trop grande proximité de la mère, l'absence du père, dans l'enfance des futurs homosexuels. Et il est certain que les parents qui montrent trop d'inquiétude à ce sujet, parce qu'il y a des précédents familiaux (un oncle homosexuel, par exemple), risquent de pousser leur enfant un peu plus dans cette direction. Par provocation, besoin de se différencier, celui-ci risque d'être contraint de s'affirmer de manière excessive, et de s'enfermer dans cette image. Ainsi, mieux vaut que les parents aillent parler avec un professionnel de leur inquiétude, plutôt que d'en faire porter le poids à l'adolescent.
Il faut donc donner du temps au temps, sans angoisse excessive, car à l'adolescence aucun choix n'est définitif. Le risque majeur pour un jeune en proie à ce doute est de rencontrer des militants homosexuels actifs, qui useraient de séduction pour l'enfermer dans un choix et risqueraient de le traumatiser plus encore.
Il faut aussi se garder de réflexions homophobes, en famille en particulier.

Celles-ci accroîtraient la souffrance et l'isolement d'un jeune qui se sentirait concerné, contribueraient à entretenir sa rumination dépressive. Or les tourments, la souffrance des jeunes qui pensent être homosexuels, à tort ou à raison, sont tels qu'il s'agit d'un facteur de risque majeur – les tentatives de suicide sont nombreuses parmi ces adolescents.

Pour aller plus loin

G. La Tour de Mossart, *Des aveux, Chronique d'une enfance homo*, Albin Michel, 2002.

33

Et si elle était enceinte ?

Cette angoisse des parents ne doit pas devenir une obsession. Mais elle reste fondée dans les cas de graves difficultés familiales, puisque le nombre de grossesses précoces et d'avortements ne diminue guère, malgré le développement des moyens de contraception.

Dans nos sociétés, l'âge à la première naissance se situe vers 28 ans, mais une grossesse n'est considérée comme « à risque » médicalement, parce que la mère est encore adolescente, que jusqu'à 15 ou 16 ans. Quel que soit l'âge de la jeune mère, mineure ou majeure, c'est elle qui a des droits sur son enfant : c'est donc à elle de prendre les décisions le concernant.
Il y a deux cas de figure.
Ou bien la grossesse est la conséquence d'une vie sexuelle active. Si ce n'est pas dû à un défaut d'information, cela peut être le résultat d'un désir plus ou moins conscient de la jeune fille, qui veut se rassurer sur sa capacité à être enceinte, qui fantasme sur un bébé, sans être pour autant encore au stade d'un désir d'enfant assumé. Cet enfant, croit-elle parfois, lui donnerait la tendresse dont elle se sent privée.
Ou bien la grossesse est un « accident », par exemple la conséquence d'une relation plus ou moins consentie lors d'une soirée trop arrosée.
Souvent, les jeunes filles nient ou cachent leur grossesse le plus longtemps possible, et les modifications physiques se voient plus tard sur un corps encore adolescent. Cela raccourcit d'autant les délais en vigueur en France (12 semaines après la conception) pour prendre une décision d'interruption volontaire de grossesse (I.V.G.) Or la « pilule du lendemain », ou Norlevo, distribuée gratuitement dans les infirmeries des établissements scolaires, les pharmacies et les centres de planning familial, est moins traumatisante qu'une I.V.G.

Comment réagir

Il faut évidemment, dès les premiers doutes, inciter la jeune fille à consulter un gynécologue ou un centre de planning familial. Elle est la plupart du temps dans un état de solitude et de vulnérabilité extrême : à ce moment-là, toute rupture familiale viendrait encore la fragiliser et entraînerait de nouvelles difficultés. L'idéal, pour lui permettre de prendre la moins mauvaise décision, est de l'aider à trouver la personne de confiance, autre que les parents, avec qui parler. Aucune décision ne doit lui être imposée. Une I.V.G. imposée risque d'être vécue comme une entrave à sa sexualité et aboutir très vite à une nouvelle grossesse. Même chose si cette grossesse est liée à un « oubli de pilule » pour vérifier que « ça marche ».

À l'inverse, imposer à une adolescente de garder un bébé dont elle ne veut pas, pour des raisons morales ou pour permettre à sa mère de pouponner, n'est pas plus le rôle des parents.

Un entretien pré-I.V.G. doit de toute façon avoir lieu, hors de la présence des parents. Les suites psychologiques dépendent de la manière dont l'I.V.G. est acceptée. Une I.V.G. assumée pourra être surmontée.

La grossesse ou l'I.V.G. appartiennent à la vie intime de la jeune fille, qui doit être protégée : un mot d'excuse pour absence à l'administration du lycée suffit ; inutile d'entrer dans les détails.

Que la grossesse ait été interrompue ou poursuivie, le fait qu'elle soit survenue indique le plus souvent un défaut de communication entre la jeune fille et ses parents. Il faut que ce soit l'occasion de se donner les moyens de la rétablir, avec l'aide d'une personne extérieure, éventuellement grâce à quelques entretiens thérapeutiques.

IV.

VIE DE FAMILLE

34

Il laisse traîner ses affaires partout, elle ne veut plus rien faire dans la maison

« Fais ton lit ! » « Ramasse tes rollers qui sont au milieu de l'entrée ! » « C'est toi qui as étalé tous ces produits de beauté dans la salle de bains ? » « Pense aux autres, qui peuvent avoir besoin de nous appeler... » Les parents, face à leur enfant de 10 ans, pensaient avoir réussi à lui inculquer quelques principes de base. À l'adolescence, ils assistent à une régression, ou à une rébellion... Les injonctions parentales semblent ne plus avoir d'effet.

Puisque ses centres d'intérêt se déplacent vers l'extérieur de la sphère familiale, l'adolescent est, logiquement, moins souvent là au moment de descendre la poubelle ou de mettre le couvert. Et même s'il est là, il n'y pense pas. Ses préoccupations sont ailleurs. Mais surtout, il lui devient insupportable de se plier aux règles de la vie de famille, en rendant des services qui lui semblaient jusqu'alors naturels. Il se sent ravalé au rang de l'enfant qu'il n'est plus, surtout si ces règles s'appliquent aussi à des frères ou sœurs plus jeunes.
Les parents considèrent à juste titre que la maison leur appartient, qu'ils y fixent les règles de vie ; les enfants aussi se sentent chez eux, et c'est tant mieux. Mais la tendance naturelle d'un groupe, constitué de plusieurs personnes vivant ensemble sous un même toit, est de sécréter du désordre. Les adolescents envahissent donc « naturellement » l'espace familial (tout en supportant mal que l'on fasse de même dans leur chambre). Mais on ne peut juger du degré de leur désordre qu'à l'aune du style de la famille. Des parents très ordonnés auront pu transmettre des réflexes dès la petite enfance et seront en mesure d'exiger plus que s'ils ne respectent pas eux-mêmes l'ordre des choses. À chacun de fixer les normes de l'environnement dans lequel il veut vivre agréablement.

Ensuite, ce sera seulement affaire de négociation, d'autorité, de ténacité...
La chambre de l'adolescent, ordonnée de façon maniaque comme pour repousser tout changement, ou au contraire en perpétuelle révolution, submergée par les différentes strates de sa vie, doudous de l'enfance et CD de rap mélangés, est le reflet de la manière dont il se sent lui-même dans sa tête. La manière dont il l'entretient est un bon indice du respect qu'il porte à lui-même, à sa famille et à la maison.

Comment réagir

Il est normal que l'adolescent continue à participer aux corvées matérielles de la maison où il vit. Il faut donc maintenir des exigences, même si l'on est parfois tenté de faire soi-même, ou de solliciter les frères et sœurs plus serviables, plutôt que de lutter. Avec humour si possible, il faut lui demander et redemander encore, même si cela l'ennuie ou provoque sa colère. Et résister à la tentation de se dire (et de lui dire !) qu'on était pareil au même âge. Car le rôle des parents est de lui donner un exemple adulte, avec ses responsabilités et ses savoir-faire, de le hisser vers ce modèle plutôt que de le cantonner à celui des adolescents qu'ils étaient.
Cependant, s'il est moins présent, il est normal qu'il soit moins sollicité pour « faire tourner » la maison : il ne faut pas non plus prendre ce prétexte pour le retenir à la maison. On peut alors définir des exigences au préalable, afin qu'il n'ait pas le sentiment d'être taillable et corvéable à merci. Et réaménager à ce moment-là les rôles de chacun, ce qui est une façon de reconnaître que son statut a changé. « Tu es plus souvent dehors ? Tu pourrais te charger de rapporter le pain en rentrant le soir ! » « Tu es le plus grand de la maison ? À toi maintenant de changer les ampoules cassées. » Et la petite sœur desservira la table.
Pour ce qui concerne sa chambre personnelle, si le père, la mère ou la femme de ménage de la famille a l'habitude de passer un jour donné de la semaine pour nettoyer, l'adolescent doit se plier à la règle. Prévenu à l'avance, il sait qu'il devra ranger ce à quoi il tient. Si, contrairement aux autres membres de la famille, il n'entretient pas sa chambre, on peut par exemple fixer un délai avec lui : « Samedi prochain, on fait ensemble un grand ménage de ta chambre. » Enfin, si cela ne marche pas, on peut lancer un ultimatum, et s'y tenir : « Samedi, je passe dans ta chambre. Si tout ce qui traîne par terre n'est pas rangé, je jette... » En considérant que ce qui est laissé en vrac l'a été en connaissance de cause ! Après 15 ou 16 ans, l'adolescent devrait avoir appris à gérer lui-même le rangement de sa chambre.

Si la tendance au désordre, nouvelle, s'accentue, cela peut être une provocation : un comportement d'essai, au moment où se réorganise toute sa manière de vivre. Alors, rappeler les règles, ou mieux, en créer de nouvelles, adaptées à son nouveau statut, suffit à faire à peu près rentrer les choses... dans l'ordre. Mais cela peut aussi servir de terrain d'opposition sur lequel s'installe l'adolescent qui a besoin de se différencier. Cet âge-là sait si bien repérer et « attaquer » les points de fragilité des parents ! Une mère un peu obsédée par l'ordre et la propreté, par exemple, risque de susciter ce genre de comportement d'opposition, précisément parce qu'elle le supporte mal. Les parents ne sont pas coupables de leur personnalité et ont le droit d'être respectés tels qu'ils sont. Mais ils s'avèrent parfois d'autant plus maladroits qu'ils sont sensibles au sujet, alors qu'ils auraient tout intérêt à développer leur souplesse et leur sens de l'humour, pour ne pas focaliser là les conflits.

Pour aller plus loin

B. Cyrulnik, *Les Nourritures affectives*, O. Jacob, 2000.
A. Alaméda, *Les Sept Péchés familiaux*, O. Jacob, 1998.

35

Il s'enferme dans sa chambre

Vient un jour où, en apportant simplement du linge propre, ou bien pour vider une corbeille à papier, une mère trouve porte close. L'adolescent a tourné la clé « pour être tranquille », ou posé lui-même un loquet sur la porte de sa chambre, sans en référer à personne.

Jusqu'à 12 ou 13 ans, la chambre de l'enfant est territoire familial, au sens où les parents l'organisent, la décorent, la rangent à leur guise ou presque, y entrent et en sortent « comme chez eux ». Vient un moment où l'adolescent la revendique comme son domaine propre : il veut la repeindre, changer sa disposition, afficher aux murs ses posters de motos ou de stars, par exemple. C'est une manière de s'approprier son espace personnel, comme il est en train de s'approprier sa personnalité. Il a en effet besoin de temps et d'intimité pour se construire : pour rêver, téléphoner, éventuellement se masturber... Mais sa chambre appartient pourtant à l'espace familial, qui respecte l'intimité de chacun. S'il redoute des intrusions, de la part de ses parents ou de ses frères et sœurs, l'adolescent se met à l'abri en fermant sa porte à clé.
À l'inverse, s'il ferme aussi sa porte à clé quand il n'est pas là et emporte la clé avec lui, il signifie ainsi que sa chambre a un « statut d'extra-territorialité » dans le domaine familial, ou qu'il ne fait pas confiance à sa famille pour respecter son domaine propre, les distances entre chacun. Peut-être a-t-il raison ? Ou peut-être aussi est-ce un mode de fonctionnement familial, où l'on a besoin de contraintes matérielles pour imposer l'autorité, et où la télévision, le frigidaire, les placards sont aussi fermés à clé...

Comment réagir

Avoir un domaine personnel, assumer la responsabilité totale de son rangement, de son entretien et de son financement est l'objectif de l'âge adulte vers lequel tend l'adolescent. Mais il ne l'a pas encore atteint. Il faut donc gérer ce passage en douceur vers l'autonomie, et respecter les besoins et les désirs de chacun. La chambre appartient au territoire familial, mais elle est dévolue à l'usage de l'adolescent : il est donc normal qu'il obéisse aux normes familiales d'organisation et de ménage (différentes dans chaque famille). De même que l'adolescent ne rentre pas dans la chambre de ses parents sans frapper et attendre la réponse, il faut respecter et faire respecter la même règle à tout le monde envers lui. S'il est assuré du respect de cette règle, la clé ne sera plus nécessaire. Il faut s'interdire d'aller fouiller dans ses affaires, sous prétexte de rangement ou pour mieux le comprendre, au risque de tomber « par hasard » sur le journal intime d'une jeune fille, de chercher les cigarettes ou les revues porno qu'il pourrait avoir caché sous son lit, de découvrir les plants de cannabis qu'il cultive dans son armoire... C'est le risque pour les parents de se mettre en porte-à-faux en ne pouvant utiliser les informations « volées » et de se sentir coupables et inquiets, sans avoir de moyen d'intervenir.

36

Elle ne veut plus partager sa chambre avec son frère

Alors qu'elle s'entendait très bien avec son petit frère jusque-là, elle réclame avec insistance une chambre pour elle toute seule, en fait même un point de fixation. Le ton monte entre les deux cohabitants, les incidents de frontière se multiplient… Que se passe-t-il ?

C'est une habitude française de donner à chaque enfant une chambre individuelle, parfois si petite qu'il ne peut rien y faire. Par ailleurs, du fait de la démographie nationale (1,8 enfant par femme en moyenne) et du grand nombre d'enfants uniques, la plupart des enfants bénéficient actuellement d'un territoire personnel… qu'ils n'ont jamais demandé ! Au contraire, beaucoup d'enfants ayant partagé leur chambre avec des frères et sœurs ont connu une grande complicité, des échanges plus forts, et se sont mutuellement rassurés ou aidés.

Mais une chambre partagée par deux enfants de sexes différents, lorsque l'un des deux entre dans la puberté, peut provoquer une gêne, ou une excitation qui les inquiète. Par exemple, si le garçon éprouve ses premières érections à la vue de sa sœur qui se déshabille, il en ressentira de la honte, comme dans une sorte d'inceste. De même pour la jeune fille, dont les seins commencent à pousser, et qui subit les remarques moqueuses de son petit frère. L'un et l'autre traduiront leur gêne auprès de leurs parents par la revendication d'une chambre pour eux tout seuls.

Comment réagir

Dans le cas de deux adolescents de sexes différents, s'il n'est pas possible de donner à chacun une chambre, il faut trouver des manières de préserver l'intimité de chacun, de lui aménager un coin personnel :

en partageant la chambre avec des étagères qui font cloison, en installant des rideaux ou des paravents, et surtout en instaurant pour ces frontières symboliques les mêmes règles que devant une véritable porte (frapper avant d'entrer, ne pas entrer sans autorisation...). Ou bien encore en créant pour l'un des deux cohabitants un espace personnel (dans un sous-sol, un grenier...), qui ne sera pas forcément sa chambre, mais qui lui appartiendra en propre.
Cette réorganisation de l'espace n'aura de toute façon qu'un temps, puisque les besoins et les occasions feront évoluer très vite la situation, et que l'un des oiseaux quittera le nid tôt ou tard.

37

Elle s'enferme dans la salle de bains

La salle de bains familiale est devenue le lieu de prédilection de mademoiselle, qui y passe des heures, n'y tolère personne, qu'elle ferme à clé malgré les revendications derrière la porte et dont elle ressort chaque fois avec une nouvelle tenue, et ce, plusieurs fois par jour, faisant déborder la corbeille à linge sale de vêtements à peine portés.

Entre 12 et 15 ans, en pleine puberté, les bouleversements qu'elle subit l'occupent complètement, cœur, corps et tête. Alors, dans la salle de bains, où il y a des miroirs partout et une porte qui ferme à clé, elle peut longuement s'observer. Pour tenter d'apprivoiser ses changements, elle se regarde de face, de profil, de loin, de très près, bombe la poitrine, scrute sa peau, essaie des vêtements… La salle de bains est le lieu où les adolescents peuvent « se reconnaître », faire connaissance avec leur corps nouveau, se chercher un nouveau look, en toute intimité.
Même si certains parents avaient l'habitude de ne pas fermer les portes, de se promener dénudés dans la maison, même si cela semblait tout naturel à leurs enfants, cela devient soudain troublant pour ces derniers à l'adolescence. Ils ne sont plus seulement curieux de la nudité et de la sexualité de leurs parents. Ils ont envie d'observer ces adultes qui sont à l'image de ce qu'eux-mêmes deviennent. Mais, en même temps, ils en sont gênés, importunés : ils savent que cela ne les regarde pas, ce qui soulève en eux des émotions difficiles à contrôler (sauf dans le cas d'une culture naturiste, où la nudité n'a pas la même signification).

Comment réagir

Quelles que soient les habitudes des parents, les enfants, eux, ont droit à

une intimité corporelle, dès qu'ils franchissent leur dixième année. Il faut même explicitement la préserver, la favoriser. Cela veut dire accepter que les portes, en particulier celles de la salle de bains et de la chambre, se ferment, même si elles étaient jusqu'alors toujours ouvertes. Comme la salle de bains est aussi un lieu où toute la famille défile aux heures stratégiques pour se laver les dents, il y a un *modus vivendi* à trouver. La vie de famille ne doit pas tourner uniquement autour des émois d'une adolescente (surtout pas de commentaires moqueurs sur sa manie de se regarder tout le temps dans la glace !). Mais il faut lui donner le sentiment que l'on reconnaît bien ses nouveaux besoins et ses souhaits personnels, que l'on est prêt à faire évoluer les règles familiales en fonction d'elle. Par exemple, si elle a une chambre personnelle, on peut lui proposer un « coin toilette » dans sa chambre, avec un grand miroir bien entendu, et la certitude qu'elle n'y sera pas dérangée. Et fixer à l'avance les quotas d'occupation des lieux communs en fonction des horaires de chacun !
Enfin, il serait maladroit de se moquer de la jeune fille qui, par exemple, refuse de se déshabiller au milieu d'un magasin pour essayer un vêtement, alors que cela ne dérange pas sa mère d'en faire autant et qu'on a l'impression qu'elle n'a « rien à cacher » !

38

Elle monopolise le téléphone, il bloque la ligne avec Internet

Les parents avaient commencé par installer des téléphones fixes un peu partout dans la maison, histoire de préserver l'intimité des conversations de chacun. Puis sont venus les « sans fil », qui permettent d'emporter le combiné pour téléphoner vautré sur son lit. Ensuite est apparu l'ordinateur familial, souvent acheté pour le bien des enfants, pour leur permettre de travailler avec des logiciels pédagogiques ou de faire des recherches sur Internet (même s'il sert surtout à jouer en réseau, ou à « chatter » avec des copines). Après, les adolescents ont emprunté le téléphone portable de leurs parents ; ceux-ci ont accepté, soulagés de pouvoir suivre leurs rejetons à la trace. Puis chacun, vieux ou jeune, a eu son portable personnel, toujours au nom de la sécurité… Où faut-il s'arrêter ?

Les nouvelles techniques de communication se sont si vite développées ces dernières années que les parents ont dû apprendre à les utiliser en même temps que leurs enfants, souvent avec plus de difficultés. Ils doivent en comprendre les enjeux, en maîtriser les techniques, et en même temps inventer leurs propres règles d'utilisation.
Les jeunes auront de toute façon à utiliser ces nouvelles techniques et doivent donc se familiariser avec elles : cela fait partie d'une éducation d'aujourd'hui. Ils y exercent largement leur créativité et en ont fait des instruments étonnants ou astucieux (les symboles, les raccourcis de langage inventés pour les messages Internet, les compilations de musique réalisées à travers les sites plus ou moins gratuits, etc.).
Tous ces moyens de communication donnent l'impression factice que le contact n'est jamais rompu entre les enfants et leurs amis, entre les enfants et les parents (ce qui est faux, puisque la voix ou le message Internet ne disent pas leur provenance…) et entretiennent l'habitude de

ne jamais se séparer réellement, puisqu'on peut toujours se parler, d'un bout à l'autre du monde. Enfin, ils proposent une multitude de formules (forfaits de connexion Internet, cartes téléphoniques prépayées...) en cultivant soigneusement l'illusion qu'elles sont gratuites, puisque le paiement se fait par virements bancaires automatiques et électroniques, sans que l'adolescent n'en connaisse le prix réel. Le marketing de ces services est justement conçu pour pousser à la consommation, les adolescents en priorité !

Comment réagir

Il est inutile d'interdire ces techniques qui font de toute façon partie de la vie, et il serait dommage de maintenir ainsi les adolescents hors du monde réel. Mais il est absolument indispensable de fabriquer sa pédagogie sur le sujet, et de prévoir des règles d'utilisation (appelées à évoluer sans cesse...).

On peut rappeler par exemple que les règles de vie commune s'appliquent à l'usage du téléphone familial et que l'on ne bloque pas la ligne pour son usage personnel au-delà d'une durée à définir... et à respecter. Pourquoi ne pas envisager une deuxième ligne téléphonique si cela arrange tout le monde, à condition que l'adolescent qui l'utilise en connaisse le prix et obéisse à des règles fixées à l'avance : par exemple, qu'il en « paie » au moins une partie, réellement sur son budget, ou en étant contraint à un cadre strict d'utilisation.

Même chose pour les connexions Internet : l'usager doit connaître le prix des services qu'il utilise et apprendre à s'en servir en temps limité. Ne serait-ce que pour prendre conscience que son temps est précieux et peut être utilisé à bien d'autres choses qu'à « surfer » ou « chatter » sans but. Il doit également connaître les règles d'utilisation : ne jamais donner son adresse sur Internet, ne pas s'immiscer dans des conversations ou sur des sites qui pourraient lui faire du mal...

Quant au téléphone portable, dont la possession a explosé chez les moins de 18 ans depuis cinq ans, on peut commencer par leur en prêter un en cas de besoin, lors d'une soirée par exemple (portable dont ils ne se serviront que pour les appels indispensables, pas pour s'envoyer des messages en classe ou pour bavarder avec des copines). On peut ensuite leur en offrir un à un âge symbolique, comme un cadeau très attendu. Ou encore inclure dans leur argent de poche un budget téléphone limité, qu'ils devront apprendre à gérer et avec lequel ils devront se débrouiller.

Il n'est peut-être pas inutile, non plus, de leur proposer une pédagogie de la relation : si ces communications à distance sont pratiques, ont-elles la même valeur que les relations où chacun est présent physiquement ? Ne risque-t-on pas de s'enfermer, de s'isoler, en abusant de ces nouveaux moyens de communication ?

39

Il ne veut pas venir à table avec toute la famille

« À table ! » En général, à la troisième injonction, ou supplication, grands et petits finissent par se rassembler. Mais l'adolescent, lui, renâcle : il n'a pas faim, il déteste ce qui est servi, ou bien il a trop de travail, trop sommeil... Pas envie, en somme, de se retrouver dans un cadre familial.

En France, la tradition des repas rituels est bien ancrée, avec ses recettes culinaires variées et recherchées, et l'habitude de se retrouver pour les partager. C'est une vraie culture à transmettre, en plus d'une bonne prévention contre l'obésité qui menace cette génération. Mais tout ce qui touche de près ou de loin à l'organisation familiale et à l'alimentation est un terrain privilégié pour un adolescent en mal de contestation et atteint son summum en matière de conflits entre 13 et 15 ans. L'enjeu pour lui est à la fois de déposséder sa mère de son rôle, d'affirmer sa différence et de montrer que lui « ne mange pas de ce pain-là ». Soit les repas familiaux sont une institution familiale, et c'est cela qu'il attaque, soit ce sont des lieux d'échanges, et il cherche justement à s'en éloigner.
Cela peut prendre la forme de toutes les fantaisies alimentaires possibles : refus de petit déjeuner pour ne pas perdre du temps de sommeil, décision de devenir végétarien, provisions personnelles de confiseries qui lui coupent l'appétit, révisions urgentes l'obligeant à grignoter seul dans sa chambre...
Il y a aussi parfois une façon, de la part de certains, de réclamer à leur mère un régime à part, avec les « bons petits plats » de leur enfance, qui signifie en fait un refus de grandir, un moyen de maintenir avec elle un lien infantile. Pour les filles, au-delà des tensions familiales que suscitent les caprices en matière de nourriture, le principal risque est l'installation de troubles alimentaires, comme l'anorexie et la boulimie.

Comment réagir

Il est objectivement difficile pour celui ou celle qui prévoit les repas de satisfaire des convives dont les besoins et les goûts évoluent très vite, d'autant que l'on se rend compte seulement a posteriori de cette évolution : « Tiens, il a pris cinq centimètres ce mois-ci, pas étonnant qu'il mange comme quatre ! » Parfois aussi, les rythmes des uns et des autres ont du mal à coïncider : lorsque les parents rentrent trop tard le soir, il n'est pas étonnant que l'adolescent affamé ait déjà dévalisé le frigidaire....

Il est pourtant important de maintenir le cadre général des repas familiaux, sinon au quotidien, du moins régulièrement, tout en faisant en sorte que ce soit un plaisir réel pour tout le monde. En montrant que les contraintes imposées pour y parvenir ne sont pas des brimades, mais l'expression du désir de partager ensemble un bon moment : il serait dommage de supprimer ces rendez-vous réguliers d'échanges et de rencontre, justement lorsque le dialogue se fait difficile. On peut par exemple dire : « Ce serait bien de manger ensemble de temps en temps », ou : « Si tu n'as pas faim, viens quand même à table, tu ne prendras qu'un dessert… »

Tout principe vaut par ses exceptions. Mieux vaut donc assouplir les règles, permettre et organiser des encas, par exemple en consacrant dans le réfrigérateur un rayon aux laitages, aux restes à finir, aux fringales, plutôt que de laisser l'adolescent se bourrer de confiseries, ces sucres rapides qui n'apportent la satiété que peu de temps. À côté des exigences, il faut lui reconnaître le souhait d'une nouvelle liberté, en tolérant des écarts. Il peut arriver qu'il se couche sans dîner parce qu'il est épuisé, qu'il ne s'interrompe pas dans la révision d'un contrôle important ; on peut encore lui proposer de remplacer de temps en temps les repas familiaux par une soirée-pizza avec des amis qu'il organiserait lui-même.

Par contre, il faut éviter de le laisser s'enfermer et grignoter seul, en lieu et place de tous les repas familiaux.

Lorsqu'une jeune fille a des velléités de régime, la meilleure manière de l'aider à équilibrer son alimentation est de lui apprendre à cuisiner elle-même, en dosant sa nourriture et en choisissant ce qu'elle aime (voir question 23, p. 68).

Pour les filles comme pour les garçons, on peut aussi permettre qu'ils composent eux-mêmes leur petit déjeuner, avec toutes les variations possibles : ils pourront ainsi apprécier les quantités dont ils ont besoin, et en même temps affirmer leurs goûts, personnaliser leurs menus sans dommage pour le rythme familial.

Comme souvent, le sujet sera d'autant plus sensible que la mère concernée y attache beaucoup d'importance et fait preuve d'une attitude un peu rigide. L'exigence de la présence à table peut-elle alors être édictée par le père ?

40

Il est odieux avec ses frères et sœurs

« C'est incroyable ! Jamais vous m'auriez permis ça... » « Allez, lève-toi, va remplir la carafe d'eau ! Immédiatement ! » Avec leurs frères ou sœurs plus jeunes, les adolescents se mettent parfois à jouer les éducateurs pétris de bons principes, mais aussi intransigeants que dépourvus de tout humour. Des velléités pas toujours bien acceptées par les intéressés, qui y voient plutôt comme des règlements de comptes...

L'adolescence est une période de sensibilité extrême à l'égard des parents. Même s'ils ne le montrent pas, les adolescents sont extraordinairement sensibles aux différences de traitement, de place, d'amour, accordés aux uns et aux autres. Et leur jalousie peut s'exprimer vers 12 ou 13 ans de manière aussi primaire, aussi violente que lorsqu'ils avaient 3 ou 4 ans. Ce qui peut décontenancer de la part de ces enfants déjà grands, qui devraient être « raisonnables »... et ne le peuvent pas ! La rivalité est d'autant plus grande que la différence d'âge est mince, en particulier si elle est inférieure à trois années. Et d'autant plus grande aussi qu'ils ou elles sont tous deux du même sexe. Envers les tout-petits, les adolescents sont capables de beaucoup de tendresse et de patience ; ils le sont beaucoup moins envers les enfants de 5 à 10 ans, surtout quand ils vivent avec eux au quotidien. Car, tout en partageant bien des ressemblances, les petits représentent tout ce que les adolescents ne veulent plus être. Tout ce dont ils veulent se démarquer. Alors, ils se mettent à la place de leurs parents, se posent en « éducateurs » bien plus féroces et plus rigides qu'eux. Les plus jeunes ne le supportent évidemment pas, ce qui provoque l'escalade des conflits fraternels. C'est quand le lien infantile vis-à-vis des parents se dénouera que de nouvelles relations pourront se créer avec les frères et sœurs plus jeunes. Quand les conflits s'éteindront peu à peu, ce sera signe que la fin de l'adolescence se profile...

Comment réagir

D'abord, regarder ce qui se passe vraiment : se disputent-ils seulement sous le regard des parents et se retrouvent-ils solidaires dès que ceux-ci ont le dos tourné ? Ou, mieux encore, s'entendent-ils à leurs dépens ? Alors, c'est un signe de l'enjeu que représentent l'affection et l'attention des parents, sans que ceux-ci en aient toujours conscience. D'autant plus que les adolescents font mine de ne plus s'en soucier ! Cette complicité entre enfants sera un atout dans la vie.

Les parents doivent accepter eux-mêmes l'idée qu'ils ne peuvent pas aimer leurs différents enfants de la même manière, ni les traiter d'une façon qui soit toujours rigoureusement identique, du fait que les enfants sont eux aussi différents les uns des autres et demandent des choses différentes à leurs parents. Les pires conflits surviennent dans les familles où l'on cherche toujours une stricte égalité. Les parents ont intérêt à se mêler le moins possible des disputes entre frères et sœurs. Plus ils veulent y trouver eux-mêmes des solutions, plus les conflits risquent de s'envenimer. Mieux vaut éviter d'affronter ces difficultés de manière directe et, si possible, les traiter avec humour... Comme dans le cas, ô combien classique, où l'aîné reproche à son frère d'être trop gâté...

Il faut cependant discerner ce qui relève des chamailleries fraternelles et du véritable harcèlement. Quand c'est toujours le ou la même qui « pourrit la vie » de son cadet jusqu'au sadisme, ne perdant pas une occasion de l'écraser, ou quand l'escalade de la violence verbale atteint un niveau insupportable pour l'entourage..., il faut intervenir, marquer les limites de ce qui est acceptable. Parfois, il n'y a pas d'autre solution que la séparation (un séjour en internat par exemple) ou le soin par une psychothérapie.

Par exemple, il n'est pas normal que les parents aient si peu confiance dans les relations entre frères et sœurs, au point qu'ils ne puissent les laisser seuls à la maison pour une journée, voire quelques heures. Cela signifie que quelque chose ne fonctionne pas dans les relations familiales et cela doit être analysé.

41

Il écoute des âneries à la radio ou de la musique à fond : en plus de l'abêtir, cela ne risque-t-il pas de le rendre sourd ?

Dès qu'il arrive dans sa chambre, dès qu'il monte en voiture, il passe des CD qui déchirent les tympans. Dans la rue, il marche avec les écouteurs de son walkman scotchés aux oreilles. Il « travaille » avec la radio en fond sonore et, tard dans la nuit, il écoute des émissions « pour les jeunes », qu'il arrête d'un air gêné à l'arrivée de ses parents. Lesquels parents, lorsqu'ils écoutent ce qui se dit sur Fun, NRJ ou Skyrock, sont scandalisés ou effondrés.

Les adolescents ont du mal à se confronter au silence. Les bruits de fond de radio ou de musique, avec leurs rythmes binaires et violents qui rappellent les battements d'un cœur, leur servent à masquer ou domestiquer la tension intérieure qu'ils ressentent, à s'isoler du reste du monde. Écouter des décibels leur permet de créer la bulle de solitude et de sécurité dont ils ont besoin pour rêver ou réfléchir. Peut-être est-ce pour cela que la musique est la culture jeune par excellence, une culture commune qui permet aux adolescents de se reconnaître entre eux. Par principe, les adultes en sont donc exclus, ne peuvent la comprendre ni l'apprécier.

Reste que l'exposition à une trop grande densité de décibels (avec un walkman, par exemple, ou lors d'un concert, dans une boîte de nuit...) peut entraîner une atteinte de l'oreille interne : on estime qu'un jeune sur quatre actuellement a déjà perdu vingt décibels d'audition, ce qui correspond à l'oreille de personnes de soixante ans... Comme cette génération devrait vivre très longtemps, on n'ose imaginer quel sera leur degré de surdité au moment d'atteindre leur centenaire !

Depuis 1998, une loi limite la puissance sonore à 105 dB, bride les walkmans à 100 dB, ce qui est encore trop, car le seuil sous lequel il n'y a pas de danger pour l'oreille se situe à 90 dB.

Comment réagir

Même si sa chambre est son domaine personnel, la musique traverse les murs et peut venir « polluer » l'atmosphère des autres membres de la famille. On a le droit de lui en faire prendre conscience et de demander des heures de silence ou une réduction du volume !

Le port des écouteurs, s'il résout le problème des autres, peut être un danger pour lui. Là comme dans les autres domaines, il est difficile de contraindre ou de soumettre l'adolescent, sous peine de faire du bruit un terrain d'opposition privilégié. Mais il n'est jamais mauvais d'informer : on peut le faire de manière claire et pondérée, sans matraquage excessif. Par exemple en laissant traîner des articles, en commentant des informations entendues à la télévision, en lui recommandant de se tenir à distance des baffles lorsqu'il part pour un concert... Inutile d'espérer une obtempération immédiate, mais plutôt une attention dérobée et des résultats à long terme.

Par contre, en cas d'acouphènes, il faut réagir immédiatement : si, après un choc auditif brutal et violent (des pétards qui explosent à proximité) ou une exposition prolongée à un niveau sonore très élevé, l'adolescent souffre de sifflements et de bourdonnements dans les oreilles, il faut consulter et traiter dans les 48 heures, sinon la lésion risque d'être irréversible.

Les « radios jeunes »

Ces émissions diffusées aux heures d'écoute des adolescents (retour de classe, début de la nuit) affichent un public de jeunes adultes, mais touchent en fait les jeunes adolescents, de manière délibérée, puisqu'elles servent de support à la publicité de marques qui leur sont destinées. La formule est souvent la même : un animateur lance un thème, appelle les auditeurs à témoigner ou à poser leurs questions sur le sujet abordé (au tarif téléphonique le plus fort), et entrelarde les réponses d'un invité, plus ou moins spécialiste, de remarques personnelles et de musique.
Ces émissions ont une qualité : elles permettent aux jeunes de poser les questions qui les tarabustent sous couvert de l'anonymat. Mais elles véhiculent la culture de la dérision : violence et scatologie dans les mots, escalade dans les humiliations infligées aux intervenants, de façon brutale et directe, sans la médiation de l'humour. Et surtout, elles pratiquent un exhibitionnisme-voyeurisme sans limites, dans le but d'augmenter leur taux d'écoute. Pour les adolescents, c'est une source d'excitation, d'incitation, de provocation..., qui n'est régulée par aucun interdit, aucun principe de réalité. C'est à qui en rajoutera dans le sadisme, le masochisme, la zoophilie, etc. Ces fantasmes, en « passant à la radio », sortent du domaine des scénarios intérieurs pour devenir possibles ; leur diffusion sur les ondes peut même inciter au passage à l'acte.
Les parents ne peuvent pas empêcher les adolescents qui en ont envie de se brancher sur ces émissions, walkman sur les oreilles dans le secret de leur chambre. Ils ont néanmoins la possibilité de les aider à porter sur elles un regard critique, à repérer le permis et l'interdit, à décoder comment ils sont manipulés et peu respectés par les animateurs, à comprendre que l'argent est le seul nerf de la guerre des radios entre elles. Car, bien sûr, ce sont les plus fragiles des adolescents qui écoutent le plus souvent ces émissions et se font le plus de mal à travers elles.

42

Il ne veut plus partir en vacances avec nous

Fini le temps des vacances familiales, où parents et enfants étaient heureux, au même diapason ! Une brisure se produit, au moment même où les parents commencent à « profiter » de leurs enfants autonomes, sans la fatigue et les contraintes des rythmes des petits.

Il y a parfois un « été loupé », autour de 12 ou 13 ans, transition entre l'enfance et l'adolescence, qui permet à tout le monde de se rendre compte que les choses ne sont plus comme avant, au temps de l'enfance, et oblige à imaginer autre chose.
Les préadolescents font l'expérience de l'ennui, sont passifs ou désagréables.... C'est signe qu'ils sont en train de passer un cap et qu'il faut réaménager leurs vacances. Ce n'est pas qu'ils aiment moins leurs parents, même si leur attitude semble exprimer cela, c'est qu'en eux se fait jour le besoin de vivre des expériences avec des jeunes de leur âge. Il faut le prendre en compte, et faire confiance à leur intuition. Grandir, c'est passer par des paliers d'autonomie progressive, et ce, à l'âge « normal », c'est-à-dire en même temps que ses pairs. Plus on retarde l'autonomie d'un adolescent, parce qu'on le suspecte d'être capable de faire des bêtises, plus on court le risque de le voir faire ces bêtises. À l'inverse, plus on lui accorde de confiance raisonnée, meilleures sont ses chances de se comporter de manière paisible.
Un adolescent qui n'a jamais eu l'espace de liberté nécessaire pour faire ses propres expériences court un danger le jour où il est « lâché » tout seul, sans encadrement. Exactement comme le petit bonhomme qui réussit à fausser compagnie à sa mère et traverse la rue sans regarder, parce qu'il n'a jamais appris à faire attention. Peu à peu, au cours de l'enfance et de l'adolescence, le rôle des parents est de déléguer à leur

enfant ce regard protecteur sur lui-même, ce jugement sur les dangers, qu'ils avaient pour lui quand il était petit, et non pas de maintenir un cocon autour de lui « pour qu'il ne lui arrive rien » : dans ces conditions, l'enfant, puis l'adolescent, le futur adulte, n'apprend pas à veiller sur lui-même et risque de s'en remettre aux autres, voire au hasard, pour ce qui concerne sa sécurité.

Comment réagir

Toutes les familles n'accordent pas en même temps le même degré de liberté à leurs enfants. C'est normal : les conditions de vie, les histoires, les cultures sont différentes. Cependant, pour permettre à de futurs adultes de s'intégrer dans la société où ils vivent, il faut tenir compte de l'environnement et apprendre à ses enfants comment s'y débrouiller, le mieux possible. Si des parents se rendent compte que leurs prises de position, en matière de liberté donnée ou non aux adolescents, sont systématiquement très différentes de celles des autres, ou de leur conjoint, ils ont intérêt à s'interroger sur leur attitude. Et, si nécessaire, à trouver le courage d'évoluer, car il en va de l'autonomie et de la bonne insertion sociale de leurs enfants.

En matière de rythme de vacances, les changements peuvent demander un vrai effort aux parents d'adolescents. Il faut bousculer des habitudes bien établies, composer avec les désirs des uns et des autres, réaménager, négocier, pour accompagner le mouvement dans de bonnes conditions, progressivement. Dans l'organisation des vacances familiales, il faudra inventer des projets qui peuvent plaire à l'adolescent et lui apporter ce dont il a besoin. À chaque famille selon ses goûts et ses possibilités : inviter un copain, partir avec des amis qui ont des enfants de son âge (avec qui il s'entend bien si possible !), choisir un lieu de vacances où il peut rencontrer d'autres jeunes, en inviter, lui proposer des activités avec d'autres, équilibrer ses vacances entre famille et amis. Et, si c'est possible, organiser des voyages familiaux. C'est l'occasion de découvertes et rencontres communes, et l'apprentissage pour l'adolescent de comportements sociaux différents. Quand il aura vu par exemple ses parents réagir dans des circonstances diverses, au détour des péripéties de vacances, il saura à son tour faire de même quand il se retrouvera seul.

L'adolescent lui-même, après l'expérience de quelques « ratés » dans ses plans, apprend à prévoir ses vacances et à les organiser à l'avance, avec d'autres jeunes. Ce qui donne lieu à un autre type d'exercice : la négociation, entre ce qui est projeté et ce qui est souhaitable....

Un adolescent ne cherche pas systématiquement à rendre fous d'inquiétude ses parents. Avec de la bonne volonté et de l'humour, on peut trouver des moyens de progresser en douceur sur la voie de l'autonomie réciproque : les parents peuvent reconnaître que leur angoisse n'est pas fondée, et l'adolescent parti seul en vacances promettre de téléphoner régulièrement pour les rassurer.

43

Il ne veut plus aller déjeuner chez ses grands-parents le dimanche

Alors que, jusqu'à présent, il se faisait une fête de chaque réunion de famille, de chaque projet de départ en vacances « chez mamie », voilà qu'il déclare le dimanche matin : « Je viens pas, j'ai autre chose... », ou refuse tout net de passer, comme d'habitude, le mois de juillet à se faire dorloter chez ses grands-parents, en attendant que ses parents soient à leur tour en vacances...

Cela participe bien sûr du besoin qu'ont les adolescents de remettre en question les rites familiaux et de construire leur vie en dehors du cocon d'origine. Rien que de très normal. Les grands-parents, qui ont sans doute essuyé le même refus de la part de leurs propres enfants autrefois, peuvent le comprendre. Un adolescent a pourtant beaucoup à gagner à la fréquentation des générations plus anciennes, de réseaux plus larges. À l'heure des familles de plus en plus étroites, une large parentèle est une immense richesse : c'est un réservoir de modèles et d'ouverture à des trajectoires de vie différentes. L'expérience montre qu'à l'adolescence, une bonne relation avec les grands-parents, les oncles et tantes, etc., est un facteur d'équilibre et de protection. Cela permet de se détacher de ses parents sans pour autant s'éloigner de sa famille. Cela aide à se situer dans le temps, à relativiser les difficultés qui surviennent, à prendre de la distance sur les événements. Et encore plus si, en écoutant des histoires d'autrefois, l'adolescent comprend que ses parents, à son âge, n'étaient pas parfaits, ne le sont pas plus aujourd'hui, et ont vécu des expériences comparables aux siennes... De leur côté, les grands-parents, libérés de la fonction d'autorité, peuvent permettre des relations avec une plus grande distance, une plus grande liberté, une parole plus facile.
Lorsque les rapports prennent des allures de conflit, c'est souvent pour

des raisons extérieures à l'adolescent, liées aux adultes des deux générations. Soit les parents n'ont pas pu eux-mêmes se séparer de leurs propres parents, lesquels ne supportent pas davantage la tentative d'indépendance des petits-enfants. Soit il y a entre eux un conflit, ouvert ou latent, dont l'adolescent est un enjeu. Alors que, dans son enfance, il se rangeait naturellement derrière la position de ses parents sans se poser de questions, il se sent obligé maintenant de prendre parti, ou de faire acte d'allégeance à l'un des deux camps. Et il préfère fuir.

En effet, on voit parfois les grands-parents se servir de leurs petits-enfants pour régler leurs comptes avec leurs propres enfants. Par exemple, ils se comportent en grands-parents gâteaux-gâteux alors qu'ils ont été des parents très sévères, exacerbant la colère de leurs enfants ou disqualifiant leur autorité.

Quant aux vacances, lorsque les petits peuvent les passer chez leurs grands-parents, pendant que les parents travaillent, par exemple, ou parce que ceux-ci ont besoin de se retrouver en couple, c'est une solution qui arrange tout le monde. Les parents sont dégagés des problèmes de garde, les grands-parents ont le sentiment de servir encore à quelque chose et « profitent » de leurs petits-enfants qui tissent avec eux des liens précieux et apprennent à vivre un peu autrement que dans leur maison habituelle. Mais vient un été où « ça se passe mal ». Le jeune adolescent découvre tout d'un coup que les activités qui faisaient la vie quotidienne jusque-là (la pêche avec grand-père, les jeux de plage avec les petits cousins…) ne lui suffisent plus. Pour marquer cette rupture, il en rend responsables ses grands-parents : « Ils sont comme ci, ou comme ça, ils ne me donnent pas assez de liberté », etc. Et cela débouche parfois sur un refus clair et net : « Je ne veux plus aller chez mamie pour les vacances ! »

Comment réagir

Tout dépend de la qualité des relations entre les générations d'adultes et de la capacité de tous à évoluer. Les parents doivent veiller à privilégier avant tout l'intérêt de leur enfant, et à ne pas le « donner en gage » de fidélité à leurs propres parents, pour les « occuper » agréablement, le temps d'un déjeuner dominical ou des vacances, contre le gré de l'adolescent.

Dès la petite enfance, les relations entre grands-parents et petits-enfants ont intérêt à se nouer en dehors des parents. C'est aussi l'intérêt de ces derniers, pour lesquels il n'est pas non plus facile d'être parents sous le regard de leurs propres parents. Il faut donc reconnaître d'autant plus à l'adolescent le droit de trouver d'autres modes de relations avec sa famille élargie, hors même des conflits qui brouillent ces rapports. Si les déjeuners dominicaux l'insupportent, on peut par exemple favoriser la communication directe avec les grands-parents, en suggérant des visites plus courtes et plus personnelles, ou bien des (petits) séjours seul chez eux en vacances, avec des relations plus individuelles. Il est vrai qu'il ne se dit pas grand-chose dans les réunions de famille, et l'adolescent peut souhaiter des relations moins ritualisées, mais plus vraies !

Pour les vacances, une bonne solution, quand c'est possible, consiste à proposer à l'adolescent d'inviter avec lui un ami, avec elle une amie, pour partager les vacances chez les grands-parents. Cela permet aux jeunes de se retrouver entre eux, avec leurs préoccupations communes, et d'élargir le champ des activités possibles. Il est plus facile par exemple d'aller à deux à la piscine ou de faire une randonnée d'une journée, que seul ou avec une petite sœur. Cela suppose simplement de se mettre d'accord avec les parents de l'ami pour accorder l'autonomie et le budget nécessaires, et de dégager la responsabilité des grands-parents pour ces projets. On peut aussi varier les plaisirs : peut-être la famille de l'ami(e) en question aura-t-elle la bonne idée de l'inviter à son tour ? Le mois peut ainsi être partagé entre plusieurs lieux de vacances, avec la découverte pour l'un et l'autre d'une famille aux habitudes différentes, un changement d'environnement, d'ambiance et d'activités. Peut-être aussi y a-t-il sur place des possibilités de stages (voile, tennis ou foot), ce qui est à la fois l'occasion de sortir de l'univers grand-parental et celle de rencontrer d'autres jeunes.

Le temps des vacances chez les grands-parents, de toute façon, se réduira peu à peu au cours de l'adolescence, au fur et à mesure que s'élaborent des projets nouveaux et divers.

Et si les relations avec les grands-parents sont décidément impossibles, il ne faut pas hésiter à créer, ou à laisser l'adolescent se créer, une famille d'élection, qui pourra remplir ce rôle en substitution.

Pour aller plus loin

C. Attias-Donfut, M. Segalen, *Grands-parents, La famille à travers les générations*, O. Jacob, 1998.

44

Comment lui inculquer la valeur de l'argent ?

« Toutes mes copines, elles ont des baskets comme ça ! T'es la seule à pas vouloir me les acheter... » « Ah non, viens pas me chercher avec ta vieille caisse pourrie à la sortie du lycée : la honte ! » L'argent le fascine, lui file entre les doigts, il réclame toujours plus, sans conscience de ce que tout cela coûte. Comment mettre l'argent à sa juste place dans l'éducation de tous les jours, faut-il tout leur dire de nos revenus, de nos éventuelles difficultés financières ?

Des enfants issus des mêmes parents, ayant reçu la même éducation, peuvent avoir des attitudes très différentes dans leur manière de gérer l'argent. Comme pour la sexualité, le rapport à l'argent s'organise très tôt, dans la petite enfance, en même temps que les autres piliers de la personnalité. Il est le résultat de nombreux éléments : interactions familiales, place dans la fratrie, identification aux parents. Par exemple, selon un cliché bien connu, si papa gagne de l'argent tandis que maman le dépense, un petit garçon se fera thésaurisateur pour devenir un homme, un vrai... L'attitude d'un enfant est aussi souvent « calée » sur les relations fraternelles : si l'aîné est un grand dépensier, en conflit pour cela avec ses parents, le cadet sera économe au-delà du raisonnable pour montrer sa différence et plaire à ses parents. Il peut y avoir autant de plaisir à dépenser, « laisser filer » l'argent, qu'à économiser, vouloir « tout retenir » pour soi.

L'argent fait partie de la vie. Il a une place importante, et on ne peut pas faire comme s'il n'existait pas : s'il n'est ni sale ni honteux, il n'y a pas de raison non plus de le sacraliser. Les adolescents doivent apprendre à l'utiliser. Ne serait-ce que parce que certains métiers, comme les professions libérales, nécessitent que l'on sache parler d'argent, négocier, réclamer son dû. Les écueils à éviter sont les deux extrêmes : ne penser qu'à travers l'argent ou, à l'inverse, le rationner plus que nécessaire. Ces deux attitudes donnent une valeur excessive à l'argent.

Parler de ses revenus, qu'ils soient importants ou modestes, n'a rien de malsain en soi. Cependant, citer des montants, surtout élevés, n'a guère de sens avant un certain âge. Le jeune adolescent qui répète parce qu'il l'a entendu dire : « Mon père gagne tant de milliers ou de millions » n'a pas de repères ; ces sommes importantes ne représentent rien pour lui. Il est donc inutile d'être si précis.

Comment réagir

Sur l'attitude générale d'une personnalité face à l'argent, il n'y a aucune intervention possible, ni aucune éducation qui donne à coup sûr les résultats escomptés. Comment prévoir à l'avance quels éléments entreront en ligne de compte et façonneront un caractère ? Cependant, les parents peuvent tempérer chaque attitude, pour éviter les extrêmes et les difficultés qui en découlent. Il s'agit d'aider celui pour qui l'argent file entre les doigts à savoir attendre. Par exemple, lui permettre de faire l'expérience d'un plaisir : réussir, en renonçant à des petites satisfactions immédiates, à s'offrir une guitare avec l'argent cumulé de plusieurs anniversaires. Et à l'inverse, donner l'occasion aux jeunes Harpagon d'éprouver qu'il y a aussi du plaisir à se faire plaisir. Et qu'un bon moment passé au cinéma avec des amis constitue aussi un bout de bonheur engrangé... Chacun, ensuite, forgera sa liberté et ses choix à partir de ces différentes expériences.

Il serait anormal qu'un adolescent n'entende jamais parler d'argent par ses parents. Sans étaler en permanence leurs revenus ou leurs difficultés, ceux-ci devraient mentionner le prix des choses de la vie quotidienne, le tenir au courant de leurs choix financiers et des limites rencontrées. Ainsi, par exemple, quand les parents renoncent à un achat à cause de son prix trop élevé, ils peuvent avoir la simplicité de le dire. Cela servira à leurs enfants de repère, d'étalon de ce qui est possible et de ce qui ne l'est pas. C'est évidemment surtout dans les actes de leurs parents que les adolescents puiseront de quoi fabriquer leur propre attitude face à l'argent : par exemple, une mère qui se plaint toujours du manque d'argent, mais court les magasins et empile des monceaux de vêtements, aura du mal à prôner la modération dans ce domaine, et à refuser à sa fille d'accumuler les gadgets.

Il n'y a pas de raison de cacher les difficultés éventuelles, ni de chercher à faire comme si tout était possible. Mais il faut éviter de faire constamment peser les soucis d'argent sur l'adolescent, qui intègre très vite ce genre de problème.

V.

AMITIÉS ET AMOURS

45

Il passe sa vie avec ses copains, elle est tout le temps fourrée avec sa meilleure amie

On ne les voit plus : il passe en coup de vent, flanqué d'un copain pour éviter les explications, et repart. Elle appelle juste pour prévenir qu'elle reste dormir chez sa meilleure amie, ou bien rentre, mais se précipite aussitôt sur le téléphone pour reprendre la conversation qu'elle vient juste d'interrompre à la sortie des cours.

Au début de l'adolescence, les jeunes ont besoin de passer du temps entre eux, filles et garçons séparés bien souvent. C'est ce qui leur permet de s'identifier à leur sexe, de se reconnaître comme hommes ou femmes en devenir, de construire leur personnalité. Entre travail scolaire et autres obligations, ils n'ont cependant pas toujours le temps nécessaire pour cette « activité » essentielle. Ces relations de groupe s'individualiseront ensuite, au fur et à mesure qu'ils grandiront. C'est aussi pour eux une ouverture à la vie sociale, l'apprentissage de leur capacité à supporter le regard d'autrui sur leurs actes et sur leur vie en général.

Les filles ont plutôt des amies de cœur, sorte de doubles d'elles-mêmes idéalisées, comme un miroir à qui on peut tout raconter. C'est une manière pour elles de se dégager doucement de l'emprise de leur mère, qui était leur référence féminine principale jusque-là. Ainsi, vers 12 ou 13 ans, pour la première fois elles confient des choses importantes à quelqu'un d'autre que maman. Dans ces interminables conciliabules entre elles, les jeunes filles apprennent à parler en profondeur, à creuser le sens de leurs émotions. Le plus souvent, des groupes de trois ou quatre filles se constituent alors, dans lesquels se joue ce même type de relation, alternativement les unes avec les autres. Puis une « meilleure amie » se dégage, pour quelques mois ou pour les années à venir.

Chez les garçons, c'est un peu différent : leurs relations s'organisent en

« bande » de plusieurs copains, où chacun a son rôle. Il y a par exemple le dragueur, le sportif, le rigolo... Chaque membre puise dans ce groupe une force qu'il n'aurait pas tout seul, ainsi que le sentiment que toute la bande représente un peu de lui-même. On n'y parle surtout pas de ses émotions, les relations se jouent plutôt sur le registre de la frime et de la rigolade. Mais elles permettent la construction de la personnalité comme chez les filles. Entre garçons, il y a rarement de relation d'amitié exclusive, car toujours rôde le spectre de l'homosexualité, avec le risque de se faire vite traiter de « pédé »...

Le temps de la mixité viendra plus tard, vers 16 ou 18 ans. Une fois accompli ce travail d'identification aux autres entre jeunes du même sexe, la confrontation à l'autre sexe devient moins difficile. C'est alors le temps des groupes de jeunes, à l'intérieur desquels se jouent des rapports de séduction, puis de sexualité. Des couples s'y forment, les premières amours s'y éprouvent.

Au-delà des relations avec les amis, au moment de la puberté, les adolescents ressentent ce besoin d'« ailleurs ». Besoin de trouver leurs plaisirs en dehors des parents, de la maison, de l'environnement d'enfance. Besoin d'explorer le monde au-delà des frontières habituelles, de repousser les limites de leur territoire. Ils cherchent aussi à rencontrer d'autres modèles familiaux, d'autres personnalités auxquelles s'identifier. C'est ainsi qu'ils peuvent confronter les valeurs reçues, choisir les leurs, pour se construire différents de leurs parents. Il est par conséquent normal qu'ils s'éloignent de la maison, investissent la rue juchés sur leurs rollers, les cafés pour aller prendre un pot comme les grands, et même les boîtes de nuit.

Comment réagir

Les parents se sentent quelquefois un peu abandonnés par leurs enfants, et réduits au rôle peu gratifiant d'hôteliers et de financiers ! Il ne faudrait pourtant pas se montrer jaloux de ces nouvelles relations et de l'importance qu'elles prennent, même si, depuis leur naissance, a été prise l'habitude de vivre et de se détendre ensemble. Accepter cette étape nouvelle suppose que les parents soient suffisamment à l'aise dans leur vie personnelle pour ne pas essayer de retenir leurs enfants auprès d'eux, ni leur en vouloir de s'éloigner. Cette convivialité nouvelle est nécessaire, ces désirs d'indépendance et de rencontres nouvelles sont légitimes, même si, au début de l'adolescence, les jeunes doivent être encadrés. Mieux vaut qu'ils se voient entre eux chez les uns et les autres, ou dans des lieux conçus pour eux (clubs de sport, mouvements de jeunesse, fêtes organisées, etc.). À partir de ces bases, il faut aussi qu'ils puissent expérimenter des escapades en liberté surveillée, tout en veillant à ne pas créer de coupure trop importante entre l'univers familial et l'univers amical. Les jeunes, même s'ils ne le montrent pas, sont terriblement sensibles au regard de leurs parents sur leurs amis, qui sont un peu une part d'eux-mêmes, ainsi qu'au jugement de leurs amis sur leurs parents, pour la même raison. Il est donc important d'admettre d'emblée les amitiés des adolescents, de respecter leurs amis et de bien les accueillir, quand ils passent ou téléphonent. Cela suppose de faire l'effort d'ouvrir sa maison, afin que les adolescents s'y sentent bien, en aménageant, par exemple, un lieu (le garage avec une table de ping-pong, la chambre débarrassée de son papier peint à nounours...), ou en permettant l'organisation d'une soirée-pizza de temps en temps. À mesure qu'ils grandiront, on pourra leur laisser peu à peu la gestion de la maison dans ces moments-là. De leur côté, les adolescents savent faire eux-mêmes le choix des amis qu'ils invitent : les uns disparaissent, tandis que d'autres deviennent des habitués...

Il y a un subtil équilibre à trouver : il faut à la fois montrer de l'intérêt pour la vie des adolescents, sans s'immiscer dans leurs relations, tout en marquant bien la différence des générations. D'autant que, si les jeunes éprouvent le besoin de vivre avec leurs contemporains, ils ont aussi celui de développer des relations avec d'autres adultes que leurs parents. Les familles peuvent jouer ce rôle les unes pour les autres, par exemple en partageant avec les amis de leurs enfants, de manière simple et impromptue, des repas au cours desquels les adultes leur donneront parole et attention. Ces moments, souvent drôles et agréables, sont aussi une bonne manière de mieux connaître ses propres enfants, qui eux-mêmes s'écoutent différemment entre eux en présence des adultes.

46

Elle est trop timide, il n'a pas d'amis

Le téléphone ne sonne que trop rarement pour elle, jamais il ne fait de projets de week-end avec d'autres. Dans sa conversation, aucun nom d'amis ne revient, ni aucun récit des événements qui jalonnent la vie adolescente au collège ou au lycée.

Il est essentiel pour un adolescent d'avoir des relations fortes et suivies avec des jeunes de son âge, pour se construire et apprendre à vivre en société. À chacun son mode de relations : les personnalités plus solitaires sont moins entourées que celles qui ont le don ou le besoin de susciter une ruche bourdonnante à leurs côtés. Peu importe aussi ce que les parents pensent de la qualité de ces relations. Elles peuvent apparaître superficielles ou vides d'activités, elles peuvent fonctionner sur le mode des confidences, des disputes et des réconciliations, du brouhaha perpétuel ou même de l'ennui partagé.
Si un adolescent ne vit pas cette dimension de l'adolescence, c'est qu'il y a une raison. Que l'on nomme souvent timidité. Cette timidité est pourtant le signe même de l'adolescence. Elle traduit le fait que l'enfant a commencé à percevoir des différences entre lui et le reste du monde. Jusque-là, il vivait avec ses parents dans une complémentarité simple et directe entre ses désirs et les leurs : il aimait ses parents et savait que ses parents l'aimaient, sans s'interroger davantage. Mais, lorsque sa pensée s'élargit au-delà de ce cocon rassurant, surgissent de nouvelles questions : qu'est-ce que mon amie pense de moi ? Est-ce qu'on ne me trouve pas ridicule ? Autant de questions qui prendront encore plus de force dans les relations amoureuses.
Si ces doutes sur soi-même sont trop grands, si la confiance en soi acquise dans la petite enfance n'est pas assez solide, si les parents ont été

ou sont trop exigeants, ne donnent pas assez de tendresse, sont trop souvent dévalorisants et sceptiques (« Tu n'es bon à rien », « Tu n'y arriveras jamais »), l'adolescent risque d'éprouver un tel malaise qu'il se replie sur lui-même, se méfie des autres, se juge indigne d'être aimé : c'est ce qui apparaît dans la timidité. Celle-ci peut être circonscrite à certains domaines de la vie (scolarité, relation), ou se traduire par l'inhibition.
Être un peu timide, éprouver des doutes sur soi, est donc normal à l'adolescence, mais plus on doute de soi, plus la timidité augmente. Parfois, certains s'en défendent, tâchent de la cacher sous une « attitude de prestance », affichent d'autant plus de certitudes qu'ils en éprouvent peu au fond d'eux-mêmes.

Comment réagir

L'absence d'amitiés adolescentes, ou leur interruption brutale, est un vrai signal de malaise. D'ailleurs, lorsque les parents perçoivent le problème, c'est qu'ils ressentent un manque et un déséquilibre dans la vie de leur adolescent.
On peut essayer d' « amorcer la pompe », de susciter et proposer des occasions de rencontres avec des jeunes de son âge, lors d'activités de loisirs. Ces propositions seront sans doute rejetées, parce que venant des parents, mais en rendront d'autres possibles. Il faut aussi se demander si le mode de vie familial n'est pas une entrave aux relations : lorsqu'on n'a jamais accueilli d'amis chez soi, qu'on se méfie de tout ce qui vient de l'extérieur, qu'on ne souhaite ni montrer ni donner quelque chose de soi-même, ni recevoir des autres, on ne transmet pas le désir d'échanges, ni son mode d'emploi, à ses enfants. Or cela fait partie de l'éducation sociale.
Si ces efforts d'ouverture familiale ne suffisent pas, c'est que l'adolescent a sans doute des difficultés personnelles à nouer des relations. Il faut observer d'abord pourquoi. Est-ce un état de fait chronique ? S'agit-il d'une rupture avec un groupe ? L'éloignement de ses amis a-t-il une cause précise, qu'il faudra dans ce cas élucider ? Éprouve-t-il/elle un décalage de maturité avec ceux qui l'entourent au collège, au lycée ? Manifeste-t-il/elle une agressivité qui fait fuir les autres ? Exprime-t-il/elle un mal-être si grand qu'il l'empêche de communiquer avec d'autres ? Ce sont ces difficultés-là qu'il faut repérer et soigner ; les amis, tout naturellement, viendront ensuite. Un accompagnement psychologique, voire une psychothérapie peuvent l'aider.

47

Il veut faire une « teuf » à la maison

« Vous êtes là samedi soir ? Non ? Alors ça vous ennuierait si on squatte avec des copains pour faire la teuf ? Vous vous occupez de rien, juste un peu de bouffe ; y aura une sono... » C'est en général comme cela que commencent l'affaire, et les négociations qui s'ensuivent...

C'est bon signe d'avoir envie de faire la fête ! Cela signifie que l'adolescent se sent bien chez lui, puisqu'il a envie d'y accueillir ses amis et qu'en même temps il est assez fier et sûr de ceux-ci pour les présenter à ses parents : les différents univers dans lesquels il vit ne sont pas trop opposés.

Pour les parents, voir chez eux les amis de leurs enfants permet de mieux comprendre leur monde, quels types de relations ils nouent, quelle image ils ont auprès de leurs amis. Ce sont des occasions à saisir.

Mais la demande de soirées, fêtes, « teufs » et autres « boums » arrive de plus en plus tôt : on passe directement des goûters d'anniversaire en après-midi à des soirées-crêpes ou autres dès le début du collège. En tirant sur la ficelle au maximum pour les horaires, jusqu'à dix heures, onze, parfois plus tard...

Donc, il faut mesurer le nombre de ces sorties et en réglementer les horaires, pour que les opérations se déroulent dans le respect mutuel et avec une juste répartition des rôles ; et que tout le monde ait envie de recommencer. Tant que les jeunes concernés ont moins de 18 ans, ils sont sous la responsabilité des propriétaires des lieux, ou d'une autre personne majeure. Car la réunion d'un groupe, associée à l'excitation, peut toujours conduire à des débordements qu'un adolescent ne saura pas maîtriser. Ce serait trop lourd, voire traumatisant pour lui d'en être responsable.

Comment réagir

Il ne faut pas abandonner le terrain, ni en laissant au jeune organisateur décider lui-même des horaires et des invitations, ni en allant au cinéma le temps de la soirée ! Le rôle est pourtant ingrat : il s'agit de manifester sa présence dans l'appartement ou la maison ; elle seule permet de contenir les idées qui pourraient germer dans certaines têtes, d'intervenir en cas de problème et d'arrêter la sono à l'heure fixée.
Mais il faut aussi rester discret, pour permettre aux invités de s'amuser librement. Classiquement, les parents se retranchent donc dans une chambre, ou chez de proches voisins.
Si l'adolescent ne supporte vraiment pas la présence de ses parents, on peut trouver un compromis : déléguer à un jeune adulte, grand frère ou cousin, la responsabilité de gérer la fête. L'ombre sera moins pesante, et la corvée moins lourde...
Les plus jeunes, influencés par les images de séries télé, ont très vite envie de reproduire l'ambiance de flirt, de drague, de danses langoureuses qui les fascinent. C'est un leurre, car les filles, et encore moins les garçons de 12 ou 13 ans, n'en sont pas à ce stade, et la fête ainsi programmée risque de devenir vite ennuyeuse ! On peut suggérer en renfort des activités, danses ou jeux plus dynamiques...
De toute manière, il faut fixer des règles claires avant le jour J : limiter le nombre d'invités en fonction des âges et des lieux. Éviter l'accueil des « amis d'amis », que finalement personne ne connaît, interdire ou limiter l'alcool en fonction des âges (en sachant que pour les adolescents à partir d'une quinzaine d'années, il est le symbole même de la fête, donc d'une sorte de transgression quasi obligatoire ; s'il n'y en a pas sur place, certains se chargeront d'en apporter). Un bon truc : prévoir une sangria dont on dose soi-même le degré d'alcool !
Matériellement, on peut interdire certaines pièces (par exemple, en bricolant un panneau sens interdit à afficher à l'entrée), demander que bibelots ou meubles fragiles soient mis à l'abri, prévoir des draps pour recouvrir les canapés et les fauteuils, des cendriers pour que les mégots n'atterrissent pas sur les tapis, et indiquer la direction des toilettes. Et surtout, prévenir les voisins, par un petit mot déposé à l'avance dans les boîtes aux lettres. Après minuit, la sono doit être baissée, sinon on risque de recevoir la visite des représentants de l'ordre...
Si les fêtes se multiplient (parce que le lieu est accueillant...), il est conseillé d'investir dans un métrage de moquette bon marché pour protéger les sols.

48

Elle est amoureuse

Il est d'humeur charmante, elle a en permanence la tête dans les étoiles, il se précipite dans sa chambre quand sonne son portable pour répondre tranquillement, ou bien elle chante sur tous les tons les louanges de son cher et tendre, roucoule son prénom à propos de tout ou rien...

Tomber amoureux, ou amoureuse, c'est une des grandes découvertes de l'adolescence, qui vient après celle de soi-même à travers ses pairs. Une de ces expériences humaines qu'on ne peut comprendre sans l'avoir vécue, qu'on attend souvent avec autant d'impatience que de romantisme, mais qui vous « tombe dessus » quand même, car les émotions prennent toujours au dépourvu. Cette découverte de la différence des sexes, et de « l'autre », commence à l'adolescence et se prolonge jusqu'à l'âge adulte. Découvrir l'autre dans sa différence, c'est s'affronter au grand mystère de l'altérité des désirs, d'une solitude relative comme du partage émotionnel. Pour s'y engager, le jeune doit s'être libéré de relations trop intenses avec ses parents et croire en la promesse que ce qu'il recevra de ce nouveau type de relation dépassera encore en bien ce que lui offrait jusque-là l'amour parental.
Vers 15 ou 16 ans donc, surviennent les premiers émois amoureux. D'un seul coup, il/elle semble possédé(e) par un autre, étranger, qui devient tout pour lui, pour elle. Il n'est plus rien sans elle, elle ne pense qu'à lui, délaisse tout le reste. Tomber amoureux met en situation de vulnérabilité, de fragilité, de passivité aussi, puisqu'on dépend totalement d'un autre que soi-même. C'est un état différent de celui qu'il a peut-être déjà connu, lors des premiers baisers et des mains frôlées. Mais ces expériences-là, les adolescents les recherchent et les provoquent eux-mêmes ; ils se sentent donc plus libres par rapport à elles.

L'état amoureux, c'est autre chose. Il décline toutes les étapes, des premiers baisers, vers 14 ou 15 ans, à celle des premières expériences sexuelles, vers 17 ans, et aux projets d'avenir, plus tard encore.
Les adolescents sont en général plus fidèles que les adultes : ils ont un seul partenaire amoureux en même temps, même si cette fidélité ne dure que quelques mois, voire un ou deux ans. Ils ont une image idéale de leur amour, même s'ils ont conscience qu'il ne durera peut-être pas toute l'éternité. Certains présentent très vite leur petit(e) ami(e) à leurs parents, d'autres attendent plus longtemps, ou protègent jalousement leur vie privée. La présentation est importante, car c'est une manière de dire officiellement : « Papa, Maman, j'ai quelqu'un d'autre que vous dans ma vie » ; or il faut se rappeler que l'adolescent est de toute façon aux aguets du jugement de ses parents.

Comment réagir

Même s'ils l'attendaient, le moment où les parents réalisent qu'ils ne sont plus l'unique objet d'amour de leur fils, de leur fille, est toujours une déception, un bouleversement, même ! Ce moment sera bien sûr plus facile à vivre pour les parents qui ont dans l'existence plus de motifs de satisfaction que de frustration, et sont aimés par d'autres que leurs enfants.
Il faut résister à la tentation de vouloir regarder « par le trou de la serrure », sous prétexte de voir comment se passent les choses et d'éviter à ses enfants des risques et des souffrances. Il est difficile pour les parents de rester sereins, car ils se projettent naturellement dans leurs enfants, revivent à travers eux leurs propres émotions et expériences fondatrices. Mieux vaut avoir donné les informations et consignes de protection concernant la sexualité avant ce moment-là, car rien n'est plus difficile que d'en parler avec des adolescents qui sont en train d'en faire l'expérience passionnée et troublante. Dans le cas contraire, on peut s'en remettre à un médecin ou à un autre adulte de confiance, par une petite phrase : « Tu es en train de vivre des choses importantes. Peut-être serait-ce bien que tu puisses en parler avec..., si tu as des questions à poser. »
Le rôle des parents doit se borner à accueillir aimablement le petit ami ou la petite amie, sur le registre habituel de la culture familiale. Et rester disponible si le jeune, envahi par son histoire et ses émotions, a besoin d'en parler. L'adolescent doit sentir qu'il a le droit d'être amoureux, de nouer des relations en dehors de sa famille et que son choix n'est pas réprouvé. Sans en faire plus : souvent, les parents, pour que les tourtereaux ne fassent pas de bêtises à l'extérieur, et pour les garder aussi dans le giron familial, en font « trop ». Ils accueillent l'amoureux ou l'amou-

reuse comme un autre enfant, interviennent même dans les relations entre les deux adolescents, au nom de leur expérience. En agissant ainsi, ils empêchent l'histoire d'amour de suivre son cours naturel, en dehors d'eux. Ainsi, certains adolescents n'osent pas rompre, le jour où ils sentent que leur histoire se termine, de peur de casser en même temps l'équilibre familial, d'avoir trop à s'expliquer, de faire de la peine à leurs parents !

Pour aller plus loin

Pour les ados

C. Laroussinie, P. Gauffre, *Le coup de foudre, ça existe ?*, La Martinière, 2002.

49

Il n'a pas de petite amie, ou au contraire les multiplie...

S'il n'y a pas de petite copine à l'horizon, s'il n'arrive pas à nouer la relation avec elle, il souffre en général en silence, se sent « pas comme les autres », seul à ne jamais avoir été aimé, ou à ne jamais avoir embrassé une fille... Si, au contraire, il multiplie les histoires « T.G.V. », les coups de foudre et les ruptures, ce sont ses parents qui s'inquiètent : serait-il incapable de fidélité, de bonheur ?

En matière de vie amoureuse, toute obligation de s'aligner sur une norme est une forme de terrorisme. Autrefois, il était interdit d'avoir des relations amoureuses et sexuelles avant le mariage. Aujourd'hui, il serait plutôt devenu obligatoire d'en afficher dès la première adolescence, pour se sentir « normal ». Or on constate que l'âge réel des premières relations sexuelles, depuis plusieurs générations, n'a pas baissé. Il se situe autour de 17 ans pour les filles comme pour les garçons. Encore s'agit-il d'une moyenne qui recouvre de grandes disparités. La première adolescence est plutôt le temps de l'imagination que celui de la réalisation. Cela n'a rien de pathologique de ne pas encore avoir connu le grand amour à 20 ans, et des relations sexuelles très précoces sont davantage source de risques que preuve d'épanouissement. La vraie question est de savoir si l'adolescent, au-delà de cette « obligation de jouir » édictée, est capable de nouer des relations avec ses contemporains, qui pourront déboucher en leur temps sur l'amitié et l'amour.

Si, au contraire, on assiste à une perpétuelle ronde de soupirants, on peut trouver plusieurs explications : soit l'intéressé est en permanence à la recherche du grand amour, d'une manière si exclusive que les premières difficultés lui font aussitôt renoncer à poursuivre l'apprivoisement mutuel nécessaire et patient ; soit il cherche avant tout à travers ces « aventures » à se décharger d'une excitation intérieure, sans jamais y parvenir. Et il trouve alors une issue dans la fuite en avant, avec un autre partenaire. Il est possible aussi que l'un des deux partenaires recherche dans la relation avec son amoureux ou son amoureuse quelque chose (la confiance en soi, un statut...) qu'il ou elle ne peut pas trouver. Et, abandonnant chaque fois dès qu'il s'en rend compte, il est renvoyé à sa solitude.

Comment réagir

Les parents peuvent observer leur adolescent pour comprendre si la situation qu'il vit est source de souffrance ou non. En l'aidant à se débarrasser des idées reçues comme : « Je suis le seul à ne jamais avoir eu de petite amie », ou bien : « Toutes mes copines plaisent aux garçons sauf moi », il pourra se préparer sans angoisse au moment où se fera la rencontre. Ou bien est-ce la crainte de s'engager, d'être déçu, qui l'empêche de prendre des risques ? Est-ce la difficulté de s'ouvrir à l'autre qui le prive d'entrer en relation et de tomber amoureux ? Ou celle de renoncer à son enfance et aux modes de relations qu'il entretenait alors ? Un autre type de malaise encore ? S'il y a véritable souffrance, une psychothérapie peut aider l'adolescent, en lui permettant de s'assouplir intérieurement, de progresser dans son aisance avec les autres. Les relations amicales ou amoureuses se créeront alors de surcroît.
À l'inverse, si les liaisons sont trop nombreuses, inutile d'essayer de tarir le « recrutement » par des interdictions de sorties. Cela ne ferait que renforcer le besoin de l'adolescent. Mais les parents peuvent redire, et montrer à travers leurs propres choix, qu'une relation amoureuse et sexuelle engage beaucoup de soi-même et ne doit donc pas se vivre à la légère. Qu'elle demande du temps, de l'attention à l'autre, et n'a de sens que dans le respect du partenaire. Qu'il y a risque d'abîmer en soi la capacité d'aimer lorsqu'on en fait trop peu de cas, et qu'au besoin il serait bon de comprendre ce qui entraîne cette incapacité à se fixer, peut-être plus générale.

50

Il a un chagrin d'amour

Plus de sorties prévues, plus de coups de téléphone interminables, des yeux rouges ou une humeur de dogue. « C'est fini avec Camille », lâche-t-il comme par inadvertance. Ou bien elle s'enferme dans sa chambre, ne parle plus, ne mange plus, semble inconsolable... Quelle attitude adopter ?

La rupture confronte l'adolescent à la solitude, lui fait éprouver toute une palette de sentiments, souvent pour la première fois, qui vont de la tristesse aux limites de la dépression. Personne ne peut les vivre à sa place. Elle fait toucher du doigt le sentiment de manque, du besoin de l'autre, conduit à se poser des questions sur soi (pourquoi n'ai-je pas su le retenir ?), surtout quand c'est lui ou elle qui a été abandonné(e). Au-delà du choc, cela peut l'aider à prendre conscience de sa personnalité, de ses sentiments, de la nature de ses liens, à mettre en question sa passion. L'expérience peut aussi l'inciter à mieux respecter les autres, à mieux prendre en compte ce qu'ils ressentent.

Comment réagir

C'est là, souvent, l'une des premières fois que les parents prennent douloureusement conscience qu'ils ne peuvent plus apaiser à tous les chagrins de leur enfant, ni l'empêcher de souffrir, comme du temps où un baiser d'eux, une promesse, remettait « le monde à l'endroit » et lui redonnait le sourire. C'est donc aussi pour eux une expérience difficile à vivre. Les parents peuvent montrer une bienveillante compassion, mais il convient surtout de ne pas se montrer aussi effondré devant l'événement que le principal intéressé. Il faut trouver le juste équilibre entre l'indifférence (surtout quand cela se répète plusieurs fois en quelques courtes années !) et la prise en compte de sa tristesse, tout en évitant les sarcasmes, et surtout sans essayer de consoler sur le mode « un de perdu, dix de retrouvés ». Les adultes, par leur expérience, savent qu'il y a un avenir après un chagrin d'amour. Mais l'adolescent, lui, a encore à le découvrir.

Parfois, l'événement semble retentir sur toute la famille, surtout si le petit couple était reconnu comme tel et prenait part à la vie quotidienne, si « l'autre » avait noué des relations personnelles avec les membres de la famille. Il faut que les parents évitent de s'approprier la souffrance due à la rupture sentimentale, car le jeune a précisément besoin de compter sur des parents « solides ».

51

Ses copains ne me plaisent pas, je ne supporte pas son petit ami, elle subit une mauvaise influence

Mais qui est cet olibrius installé dans la cuisine, avec un piercing dans le nez ? Que peut-elle bien lui trouver ? Cette fille avec qui la mienne passe tout son temps depuis quelques semaines ne me plaît pas : elle semble avoir toutes les permissions, elle exprime des revendications permanentes...

Au-delà de l'émotion soulevée par cette nouvelle étape dans la vie de l'adolescent, celle des amitiés exclusives ou celle des amours, il est normal que les parents éprouvent de la nostalgie du passé, mêlée à de l'inquiétude pour l'avenir. Ces sentiments sont d'autant plus développés que l'adolescent choisit un partenaire aux antipodes des normes et valeurs familiales. Les relations des adolescents ne sont pas éternelles et peuvent évoluer en même temps que leur personnalité. Quand un groupe d'adolescents semble « filer un mauvais coton » ensemble ou faire des bêtises, chaque famille a tendance à considérer que l'initiative et la responsabilité n'incombent pas à son propre rejeton, mais à un autre, ou à d'autres. La mauvaise influence vient toujours d'ailleurs, et l'on oublie qu'il y a forcément une part de réciprocité dans les choix amicaux!
Cela dit, quand un adolescent choisit des amis dont l'univers et les valeurs sont diamétralement opposées à celles de ses parents, c'est clairement une manière de s'opposer à ces derniers. Ce choix peut précisément relever de la nécessité de s'affirmer. Peut-être l'adolescent ressent-il un lien de dépendance trop fort envers ses parents et cherche-t-il ainsi à s'en dégager. Afficher une amitié ou un amour que la famille ne peut pas apprécier révèle un malaise d'autant plus grand que l'élu(e) se situe à l'opposé des valeurs et normes familiales. Mais ce malaise peut aussi bien être celui de l'adolescent que celui de sa famille entière : difficulté à

nouer des relations, à accepter les différences, par exemple. L'adolescent exprime en tout cas une part de lui-même et de ses aspirations, inconnues pour ses parents, et à propos desquelles il faut s'interroger. Derrière ce type de relations familiales qui enferment ses membres, on trouve souvent de l'anxiété partagée ou encore la dépression de l'un ou l'autre membre de la famille

Comment réagir

Il s'agit de distinguer entre ce qui est de l'ordre du subjectif (lié à la déception des parents de se voir supplantés dans le cœur de leur « septième merveille du monde » par un freluquet, une jeune écervelée), et ce qui relève de conflits ou de malaises importants. Par leurs remarques, les parents peuvent souligner une difficulté, et les faire souffrir (il aurait l'âge d'être son père, elle profite de lui, etc.). Lorsqu'un adolescent sent que ses parents rejettent ses amis, se voit interdire de les fréquenter, il se débrouillera de toute façon pour les rencontrer. Plus on veut contrôler ses relations, en interdisant des sorties ou en stigmatisant tel ou tel ami, plus on risque d'exacerber la volonté de l'adolescent de n'en faire qu'à sa tête et d'aboutir au contraire de l'effet souhaité.

Si les parents expriment trop leur réprobation, surtout violemment, l'adolescent sera incité à renforcer son opposition. À l'inverse, il est possible pour les parents de pointer un fait, de donner discrètement leur avis devant tel ou tel trait de la personnalité de l'élu(e), de dire ce qu'ils en pensent sans s'y opposer, et d'en parler avec lui, avec elle : « Si tes choix sont si différents des nôtres, si nous les comprenons si mal, c'est qu'il y a un fossé entre nous... » On peut aussi éviter que soient prises des décisions qui engagent trop lourdement l'un envers l'autre, en laissant le temps clarifier les choses.

Les « mauvaises fréquentations » d'un adolescent obligent ses parents à être encore plus attentifs à ses activités, surtout nocturnes, à surveiller l'apparition ou la disparition d'objets dans la maison. S'il paraît enfermé dans un groupe qui semble lui communiquer des valeurs pour le moins contestables, la seule manière de l'en libérer est l'éloignement. Il faut alors envisager un changement d'établissement, l'internat, un séjour chez un autre membre de la famille, ou même un déménagement familial...

Elle sort avec un homme plus âgé qu'elle

Aujourd'hui plus souvent qu'autrefois, les adolescents découvrent l'amour entre jeunes du même âge, et il est plus rare que l'un des deux partenaires soit une femme d'expérience, ou un homme jouant les Pygmalion. On sait cependant que la fraîcheur des jeunes filles séduit et excite toujours les hommes, qui peuvent utiliser leur position d'autorité à des fins de séduction. Ces hommes mûrs avouent que nouer une relation avec elles est une manière de retrouver leur jeunesse. Ils ont ainsi le sentiment de faire leur initiation ; et cela les préserve aussi quelquefois de la tentation de toucher à leurs propres enfants. La jeune fille, de son côté, peut trouver dans la relation avec un homme plus âgé une image rassurante et paternelle qui lui manque.
La loi interdit les relations sexuelles entre enfants de moins de 15 ans et adultes, dans le but de protéger les enfants. Les parents peuvent donc s'opposer à une relation si elle concerne un ou une mineure de moins de 15 ans. S'il y a un rapport d'autorité entre l'adulte et le mineur concerné (s'il est professeur, éducateur...), l'interdiction est valable jusqu'à 18 ans, même si le jeune déclare être consentant. Si le mineur a moins de 15 ans, les parents peuvent porter plainte pour abus sexuel (quel que soit l'âge du partenaire). Si le mineur a plus de 15 ans, est consentant et que le partenaire n'a pas une position d'autorité à son égard, les parents ne peuvent pas porter plainte pour abus sexuel. En revanche, ils peuvent utiliser l'argument que leur enfant est soustrait à l'autorité parentale. Ils peuvent alors prendre des mesures, demander une assistance éducative, voire porter plainte (auprès de la police, de la gendarmerie ou du procureur de la République) pour entrave à l'exercice de l'autorité parentale. Il faudra prendre soin d'informer l'adolescente de la démarche engagée. Elle peut parfois en être soulagée et protester pour la forme.

52

Elle veut passer ses vacances avec son petit copain

« Avec Quentin, on a décidé de partir en vacances tous les deux, sac au dos ! » Premier piège : il faut répondre quelque chose. *« C'est oui ou c'est non ?... Ah, bon, vous êtes pas d'accord ? (Larmes ou claquements de portes.) Mais pourquoi ? Je peux pas passer un mois sans le voir ! Il peut venir avec nous, alors ? »* Deuxième piège : faut-il accepter de les voir s'installer dans le même lit ?

L'habitude s'est prise d'accueillir sous le toit familial un adolescent avec son compagnon ou sa compagne, en leur reconnaissant un statut de couple, c'est-à-dire une vie sexuelle revendiquée, une intimité et une chambre commune. Cette attitude n'aide pas forcément le jeune couple à franchir les étapes de l'intimité à son rythme, et équivaut même à pousser les amoureux dans les bras l'un de l'autre. Surtout si les adolescents sont des jeunes plus près de 15 ans que de 18 ans. Chaque génération a besoin de « conquérir » sa sexualité, de prendre le flambeau des mains de la précédente. Chacune a aussi besoin d'intimité dans sa vie sexuelle : le mélange des générations est toujours difficile à vivre et, lorsqu'il y a confusion, exercice de la sexualité sous le même toit, cela crée une sorte d'excitation généralisée qui n'aide pas à l'épanouissement. Cela engendre en effet un sentiment de dépendance réciproque nuisible à la construction de la personnalité des adolescents.

Bien souvent, les parents se résolvent à accepter la cohabitation pour ne pas avoir l'air « ringard », pour que leurs enfants ne les quittent pas pendant les vacances, et aussi par crainte du sida : ils se disent que mieux vaut le ou la savoir « casé(e) » avec un(e) petit(e) ami(e), sous protection parentale rapprochée.

Avant la majorité de l'adolescent, les parents exercent leur autorité. Ils ont donc parfaitement le droit d'avoir une opinion et de la traduire par une interdiction pure et simple de vacances communes, chez eux ou ailleurs. Mais ils ont aussi le devoir de démêler quelles inquiétudes et quelles raisons les conduisent à leur décision, et de les exprimer clairement.

Bien souvent, c'est la crainte de relations sexuelles qui pourraient avoir lieu loin de leur surveillance qui anime les parents. Or cette surveillance est illusoire : deux jeunes gens trouveront toujours le moyen, s'ils le souhaitent, de faire l'amour. En revanche, l'éducation, depuis l'enfance, permettra que ces relations sexuelles, si elles doivent avoir lieu, se déroulent dans les meilleures conditions. C'est-à-dire qu'elles soient volontaires de part et d'autre, assumées avec assez de maturité, protégées, et qu'elles constituent une expérience la plus heureuse possible. Aux parents d'évaluer si ces conditions sont réunies.

Comment réagir

Les parents ont toujours le droit de dire ce qu'ils pensent, de vivre comme ils l'entendent et d'édicter les règles ayant cours chez eux. Mais comme il n'y a plus de normes valables pour tout le monde, derrière lesquelles les parents de la génération précédente pouvaient s'abriter pour dire : « C'est comme ça », chacun est obligé de réfléchir à ses propres positions, et de les justifier. Ce qui suppose ensuite de les assumer, sans rigidité excessive, et de les faire respecter. On a le droit de dire : « Je ne souhaite pas que ton petit ami couche dans la même chambre que toi », en expliquant pourquoi. Que ce soit parce qu'on les juge trop jeunes, ou parce que c'est contraire à ses convictions religieuses. Les adolescents peuvent l'accepter.

Mais cela suppose de faire un effort de réflexion sur ses propres valeurs et les normes que l'on veut adopter (de préférence avant que la question ne se pose dans l'urgence !) pour fixer la limite entre le permis et l'interdit, en fonction des âges et des circonstances. En sachant qu'il faudra justifier ses choix, justement parce que ceux-ci sont différents selon chaque famille. Les parents peuvent par exemple reconnaître le couple, tout en n'acceptant pas de relations sexuelles sous leur toit. D'ailleurs, si l'on veut que les adolescents quittent un jour le nid familial, il faut qu'ils aient quelque chose à y gagner ! Et ce n'est pas en leur offrant toutes les libertés et tout le confort au domicile parental, sans contrepartie, qu'on les y aidera.

Il y a plusieurs manières d'interdire, ou de ne pas interdire. Mieux vaut ne pas se cacher derrière de fausses raisons, et s'expliquer sur les vraies. Les filles en particulier sont sensibles au soin que l'on prend d'elles, de leur

corps, de leur avenir, car toutes se posent aussi des questions sur ce qui pourrait leur arriver. Cela permet de les inciter à se protéger elles-mêmes.
On peut dire par exemple : « Tu as ta propre personnalité ; tu as le droit de ne pas suivre quelqu'un si tu n'es pas d'accord. Tu as le droit de dire “non”. Si on te demande quelque chose que tu “ne sens pas”, ne le fais pas. »
Cependant, à force de ne penser « qu'à ça », puisqu'on craint tellement les relations sexuelles prématurées, les parents risquent de pousser les adolescents vers celles-ci, parfois même sans qu'ils en aient envie, dans les pires conditions possibles, tant cela paraît inévitable. C'est une forme d'incitation détournée.
Si les parents décident d'interdire les vacances à deux, il serait bon qu'ils prennent le temps de réfléchir avec leur fils, leur fille, pour trouver un autre projet presque aussi séduisant, et qui convienne à tout le monde.

VI.

PASSIONS ET ACTIVITÉS

53

Ils ne pensent qu'à ça...

Passer le plus clair de son temps dans les boxes à soigner les chevaux, jouer en réseau sur ordinateur des dizaines d'heures durant, tenir la batterie d'un groupe de musique et répéter des nuits entières... Cela prend toute la place dans leur vie, dans leur tête, les empêche de travailler... Jusqu'où les laisser faire ?

L'adolescence est justement l'âge des passions : là où les enfants avaient seulement des occupations, les adolescents les déclineront sous forme de passions, ou bien les abandonneront. Ces passions naissent en général au moment de la puberté, vers 13, 14 ou 15 ans. Elles trouvent à s'exercer dans le sport ou la musique, mais s'apparentent par leur nature à la passion amoureuse qu'ils découvriront sans doute un peu plus tard. C'est une « sublimation », c'est-à-dire un décalage vers d'autres domaines des pulsions sexuelles qui les envahissent. En se découvrant une passion, un jeune se retrouve porté par des désirs, un idéal, son imaginaire, ses fantasmes, et il est capable d'aller « jusqu'au bout », dans la quête de limites nouvelles, dans l'exploration des possibles. C'est d'une quête de lui-même qu'il s'agit. Cela lui permet d'ordonner les émotions qui le traversent, c'est une manière de les gérer sans se laisser déborder par elles. Avoir des passions est donc une grande richesse : cela engendre la créativité, mène à des découvertes fantastiques, rend heureux et peut déboucher sur un métier ou des projets de vie...

Mais la passion est dévorante et peut tout brûler sur son passage, si elle n'est pas encadrée. L'adolescent s'abandonne à sa passion, jusqu'au bout de celle-ci. Il ne sait pas encore qu'elle lui échappera toujours pour une part, il risque donc de courir après une illusion.

La passion sera d'autant plus durable que le jeune possède des talents dans le domaine élu, car il rencontrera alors des adultes, professeur de danse, de musique ou de sport, pour l'encourager. Il se sent valorisé, y trouve du plaisir, une motivation pour construire son avenir. Une passion peut aussi s'estomper peu à peu, laisser place à d'autres, tout en restant parfois un passe-temps agréable.

Certains jeunes, pour qui la passion est seulement un exutoire à leur excitation, passent de l'une à l'autre, abandonnant tout lorsqu'ils s'aperçoivent qu'il leur faut fournir un effort pour réussir.

Il n'existe pas de passion qui soit pathologique : par contre, certains adolescents, mal dans leur peau, peuvent s'enfermer dans une activité, comme les jeux sur ordinateur, se coupant ainsi du monde extérieur pour oublier leurs difficultés. Plutôt qu'une passion, c'est alors un refuge, ou une prison, qu'ils construisent.

Comment réagir

La frénésie, l'excitation que montrent les adolescents font peur aux parents, car ils y voient à juste titre une manifestation de la manière dont la passion les envahit. Il faut pourtant la considérer comme une chance et permettre au jeune de s'y mesurer, sans se moquer de lui, ni le suivre dans le même enthousiasme, afin qu'il puisse se frotter à elle, sans se laisser déborder. Pour être heureux dans la vie, il faut se fixer des buts à sa mesure : des idéaux qui ne soient ni trop facilement atteints, ni absolument inatteignables. L'expérience de la passion permettra au jeune de jauger le décalage entre ses objectifs et ses possibilités, lui montrera le chemin semé d'embûches à parcourir entre les deux. En apprenant peu à peu l'effort nécessaire, au-delà des talents et de la motivation, il s'aguerrira.

Inutile d'interdire pour limiter. Par exemple : « Si tu passes ton temps à faire des jeux vidéo, je mets l'ordinateur sous clé. » On entre très vite dans le jeu du chat et de la souris, dont l'adolescent sort toujours vainqueur, car il mettra toute son énergie et sa passion à trouver la faille de l'interdiction. De plus, à vouloir trop brider un adolescent, on l'empêche de décharger l'excitation qu'il ressent et que sa passion lui permet justement d'assouvir. Ou bien on accroît encore celle-ci, provoquant simplement le risque qu'elle se déplace vers un autre domaine. Mieux vaut laisser l'adolescent vivre sa passion, et mettre les limites ailleurs. Par exemple : « Si tu passes ton week-end à l'entraînement, il faut que tu prévoies un autre moment pour faire ton travail scolaire ». Ou bien : « Si tu as tout le temps de mauvaises notes à cause de tes répétitions d'orchestre, tu n'auras pas de cadeau d'anniversaire. » (Voir question 95, p. 264.)

54

Il traîne, semble s'ennuyer tout le temps

Vautré sur le canapé à regarder n'importe quoi à la télé, avachi sur son lit à écouter des sons se heurter sur un CD... Scotchée au téléphone à ricaner avec ses copines... Les parents supportent mal leurs attitudes, alors qu'eux-mêmes souhaiteraient avoir un peu plus de temps libre et qu'il y a tant de choses intéressantes ou utiles à faire dans la vie !

L'ennui est le revers de la passion. C'est lui que tous les jeunes adolescents de 12 à 15 ans ressentent au moment où ils quittent leurs intérêts d'enfance, s'en désinvestissent. (« Ça ne m'intéresse plus, j'ai plus envie d'en faire », découvre-t-elle, comme étonnée, en sortant d'une séance de judo ou de piano...) Mais ils ne savent pas encore très bien qui ils sont, ce dont ils ont vraiment envie, ce qui leur plaît. Cette période peut durer de quelques mois à un ou deux ans. Un jeune qui semble vautré sur son lit à rêvasser investit son monde imaginaire et se trouve peut-être en pleine créativité ! Il est des grands hommes qui racontent comment ils ont eu à cet âge les intuitions majeures de leur vie en rêvassant... Ces moments-là permettent à l'adolescent de construire son espace personnel et, au bout du compte, ce qui fera sa personnalité. En imaginant des choses, en construisant des scénarios pour l'avenir, des rêves grandioses, il prépare le terreau de ses futures passions.

On peut tout à fait s'ennuyer à plusieurs, c'est même encore moins inquiétant. Il peut se passer des choses que les adultes ne perçoivent pas forcément. Les garçons s'ennuient plutôt en groupe, en regardant par exemple une vague émission à la télé, tandis que les filles s'ennuient par deux ou trois, sans cesser de bavarder...

Ne pas savoir s'ennuyer un peu est aussi dangereux : être incapable d'attendre, s'angoisser dès qu'il n'y a pas d'activité organisée par autrui, prévue pour combler le vide, se sentir obligé d'être toujours « plein » d'activités, de projets ou de relations, c'est ne pas faire confiance dans ce qui peut advenir, ne pas être ouvert à l'avenir quel qu'il soit.

Comment réagir

Les parents ont l'impression que l'adolescent perd son temps, au moment où eux-mêmes le voient filer trop vite, de plus en plus vite. Il faut pourtant accepter ce temps non maîtrisé, dont personne ne voit les contours. La difficulté est de faire la part entre l'ennui constructif d'un jeune adolescent qui se cherche, et l'ennui de celui qui ne s'intéresse à rien, ne s'investit dans rien, se replie sur lui-même, et qu'il faut alors aider. La frontière est ténue entre les deux. Une certaine complaisance envers cet ennui constitue aussi un risque qui ouvre la porte à la dévalorisation de soi, à la crise de larmes, au cafard noir, ce qui peut pousser certains jeunes à monter sur leur engin à moteur pour foncer et oublier, ou bien à accepter sans esprit critique la proposition saugrenue d'un copain.

Il faut donc, dans ces périodes difficiles, proposer aux adolescents des occasions d'agir, d'entrer dans de nouveaux réseaux de relations, d'activités, d'avoir des contacts avec d'autres adultes sur lesquels ils pourront s'appuyer quand ils se sentiront prêts à se passionner. Sans leur imposer à tout prix une activité pour remplir à tout prix le vide. Car un petit jeu peut alors se mettre en place, où plus les parents proposent, plus l'ado refuse. Il trouve là matière à se différencier en s'opposant. Il faut alors lui redonner l'initiative, lui permettre d'être plus actif dans sa démarche. Par exemple en disant : « Tu as le choix entre trois ou quatre activités, à charge pour toi de t'en tenir à celle que tu as choisie pendant un minimum de temps. »

Pour aller plus loin

P. Brenot, *Les Passions de vos ados*, Milan, 1999.
H. Montardre, *Mais que lisent-ils ?*, Fleurus-Mame, 2001.
G. Neyrand, *La Culture de vos ados*, Fleurus-Mame, 2002.

55

À partir de quand peut-on les laisser se débrouiller, se déplacer seuls ?

« M'man, j'vais au cinoche avec Guillaume, je peux ? » « Y a Chloé qui m'invite à passer le week-end chez elle, pasqu'elle est toute seule. » « J'sais pas quand je rentrerai, on va prendre un pot à la sortie du lycée avec des copains... » Ces premières affirmations faussement désinvoltes peuvent inquiéter les parents.

Le propre de l'adolescence, c'est ce besoin d'être là où les parents ignorent qu'on est. Cela permet à l'adolescent d'éprouver sa liberté de mouvement, de découvrir des horizons nouveaux, de repousser plus loin ses limites. Selon son âge ou son mode de vie, cette nécessité de s'échapper de son cadre prendra des formes diverses : « traîner en ville » au lieu de rester en salle de permanence au collège, ne pas rentrer directement à la maison le soir, fréquenter les cafés, essayer des vêtements dans les magasins, partir à l'aventure en vélo ou en mobylette...
À partir de 12 ans, le jeune éprouve le besoin d'élargir son territoire, d'explorer l'univers au-delà de celui de ses parents. Le désir de connaître ce qui se passe ailleurs que chez soi est tout simplement humain. L'envie d'échapper au contrôle de ses parents est en fait celle de la séparation qui doit s'opérer pour grandir. Les revendications de sorties et de nouvelles libertés sont donc normales. Elles sont en général plus fortes chez les garçons, qui ont davantage besoin d'explorer l'extérieur, par exemple en traînant dans le quartier, que chez les filles, qui pratiquent plutôt les « découvertes intérieures » en restant ensemble dans leur chambre pour parler. Traditionnellement aussi, les parents laissent plus volontiers sortir les garçons, même si la différence d'éducation est en train de s'atténuer. Il est vrai que les filles risquent plus de se faire embêter dans la rue. Au moment de la puberté, elles ont encore une « tête de petite fille » sur un

corps d'adolescente et ne se rendent pas toujours compte de l'effet qu'elles peuvent produire sur les hommes. C'est peu à peu qu'elles prennent conscience d'être devenues des jeunes filles attirantes. Il leur arrive d'en jouer, par leurs tenues ou leurs attitudes, pour « tester » cette découverte sous le regard des autres, se rassurer ou se convaincre.

Comment réagir

Quelquefois, cela suppose de vrais efforts de la part des parents pour s'adapter à ces besoins nouveaux : assurer les trajets vers les lieux de rendez-vous avec leurs amis, ou même si c'est possible déménager pour permettre une plus grande autonomie de déplacements...
Souvent, au moment où les parents se demandent s'il faut accorder plus de liberté, les enfants y ont généralement déjà goûté, en profitant des interstices dans la surveillance. En effet, l'apprentissage de l'autonomie commence dès la grande enfance : c'est alors qu'il faut nommer les dangers de la route et de la ville, apprendre à y parer, multiplier les expériences accompagnées avant de permettre l'indépendance totale.
À chaque famille, bien sûr, d'évaluer les conditions de sécurité dans lesquelles les jeunes peuvent circuler, selon leur mode de vie et la topographie des lieux. Elles peuvent être très différentes. Mais il n'est pas certain que la ville, en dehors de quartiers et d'heures réputés pour cela, soit plus dangereuse que par le passé. De toute façon, les adolescents passeront leur vie dans cet environnement : ils doivent donc apprendre dès maintenant à s'y repérer, à en connaître les risques, à s'en protéger ou s'en défendre. Il faut trouver des solutions pour légitimer leur désir d'exploration, tout en les encadrant et en les éduquant pour éviter les dangers les plus graves. Par exemple, on peut commencer par accorder une « permission de sortie » pour aller déjeuner, entre midi et deux, avec plusieurs amis en dehors du collège. Puis une autre, pour aller au cinéma le samedi après-midi, avec possibilité de faire les magasins jusqu'à une heure de retour convenue.
Par exemple, pour donner l'habitude des transports en commun dans les grandes villes, on peut commencer par faire avec eux, en reconnaissance, le trajet de l'aller, jusqu'au cinéma ou au centre commercial, et les laisser rentrer seuls. Ainsi, c'est la capacité de rentrer à la maison qui sera valorisée, plutôt que celle d'en partir. Les premières fois, le moment où il sera « lâché dans la nature » sera limité au temps du retour. L'apparition du téléphone portable a bien changé les choses : ce « cordon ombilical », avec ses qualités et ses défauts, permet d'appeler en cas de problème. Comme dans l'enfance, mais avec la dimension nouvelle de la sexualité, il faut rappeler aux adolescents comment évaluer les dangers, selon les

lieux et les heures, comment réagir et se protéger : ne pas suivre n'importe qui dans la rue, repérer les lieux qui peuvent comporter des dangers, savoir où et comment appeler au secours, avoir sur soi une carte de téléphone ou un téléphone portable, connaître les numéros d'appel d'urgence, faire à plusieurs les trajets en cas d'inquiétude, etc. Une attitude déterminée, un refus clair de contact découragent la plupart du temps ceux qui veulent simplement s'amuser ou effaroucher une jeune fille.

Les mères peuvent aussi aider leurs filles à maîtriser les rapports avec les hommes dans la rue. Sans condamner par principe les mini-jupes ou les décolletés plongeants (ce qui pourrait être perçu comme de la jalousie de la part d'une mère qui ne peut plus se les permettre !), mais en les aidant à prendre conscience de la provocation que représente tel ou tel signe dans tel ou tel lieu et des réactions qu'ils peuvent susciter.

Le risque, pour les parents qui refuseraient d'accorder de l'autonomie au nom de la sécurité, est qu'ils se transforment en « taxi » pour leurs enfants durant toute l'adolescence, pour s'éviter l'angoisse de les savoir seuls sur les routes, dans les transports en commun, ou d'ignorer où ils sont. Au début, les jeunes acceptent d'être ainsi pris en charge, car ils savent que c'est le prix à payer pour participer à leurs activités, voir leurs amis. Mais au fur et à mesure qu'ils grandissent, ils le supportent de plus en plus mal, et finissent par se couper de toute vie sociale pour ne pas avoir à demander sans cesse à être accompagnés, ou bien par s'affranchir de force de cette tutelle. Lorsque le problème devient vraiment aigu, il vaut souvent mieux envisager de déménager (si c'est possible) afin que les ados aient des amis à proximité, des cinémas pas loin, plutôt qu'ils soient isolés dans la verdure.

56

À partir de quand peut-on les laisser seuls à la maison plusieurs jours ?

« Génial ! Vous partez ? » « Ah ! non, je ne veux pas venir avec vous passer le week-end chez Mamie. Je reste à la maison. Je suis quand même capable de me débrouiller tout seul ! » Est-ce bien raisonnable, alors qu'il y a tant de bêtises à faire, tant de mauvaises influences possibles ?

Tous les enfants, à partir de 8 ans environ, devraient posséder la clé de chez eux, dès lors qu'ils sont capables de rester seuls un moment, d'aller et de venir, pour faire de petites courses ou se rendre chez un copain. C'est une preuve de défiance de la part des parents que de refuser à un adolescent la clé de la maison. C'est le juger indigne d'utiliser l'espace familial, incapable d'en prendre soin. Pour les jeunes, cela signifie, littéralement, être à la porte de chez soi. Certains parents attachent tant d'importance à l'ordre et à la propreté de la maison qu'ils craignent de la voir dérangée par les enfants, ou bien ils ont si peur d'être cambriolés, qu'ils font de leur habitation une sorte de sanctuaire précieux et inviolable. Mais ils font passer les choses avant les personnes et sacrifient alors un bien beaucoup plus précieux : l'espace et la liberté de leurs enfants, leur confiance en eux-mêmes, leur possibilité de grandir.

En effet, ceux-ci ont besoin d'être parfois seuls dans la maison : cela leur permet d'aller « renifler » dans les coins, en particulier dans la chambre de leurs parents, lieu de leur origine, d'ouvrir l'armoire, d'essayer les produits de beauté de leur mère... sans bien sûr laisser de traces de leur passage. Ce qui suppose qu'ils puissent ainsi tomber par hasard sur des objets (cassettes pornographiques, par exemple...) qui ne devraient pas être là, même bien cachés. Les filles, en particulier, profitent volontiers de la maison désertée pour se livrer à des explorations secrètes.

Entre 12 et 15 ans, les adolescents deviennent peu à peu capables de

s'occuper de leurs besoins vitaux (se nourrir, se laver, respecter un rythme de vie et des horaires, anticiper et percevoir les dangers).
Dans des circonstances exceptionnelles, ils peuvent donc s'assumer seuls pendant quelques jours, à condition d'avoir un aîné responsable à proximité. Cependant, même s'ils peuvent se débrouiller matériellement, il n'est pas souhaitable de les livrer trop souvent à eux-mêmes : c'est laisser le champ libre aux bêtises provocatrices et donner le sen-timent qu'ils ne valent pas la peine que les adultes organisent leur vie aussi en fonction d'eux. L'habitude, qui se répand dans certains milieux, d'accorder à l'adolescent, dès la première revendication, ou dès les premières difficultés de relations, un studio séparé du domicile familial, peut produire le même effet.

Comment réagir

Il faut trouver la juste mesure dans l'aménagement de l'espace familial, afin de le rendre à la fois accueillant et suffisamment facile d'accès et d'entretien pour qu'il soit au service de la convivialité et du confort. De même que les bibelots fragiles sont à déconseiller dans une maison où habitent des bébés, les maisons trop bien tenues peuvent paraître inadaptées, voire hostiles aux adolescents. Cela suppose de la part des parents un vrai effort de tolérance…
Dès que possible, il faut saisir toutes les occasions de permettre à un enfant, puis à un adolescent, de rentrer seul, d'utiliser ses propres clés, d'expérimenter un moment de solitude. Bien sûr, le risque zéro n'existe pas ; mais cette liberté encadrée est l'étape obligée pour leur permettre de devenir des adultes autonomes.
Souvent, les adolescents ne veulent plus accompagner leurs parents, à la campagne, par exemple, ou dans leurs activités ou voyages. Ils tiennent un discours ambivalent. « Chouette, vous partez ! » lancent-ils, alors qu'au fond ils se sentent un peu abandonnés. Les parents ne devraient pas partir trop souvent, ni trop longtemps, en laissant leurs enfants de 15 ou 16 ans se débrouiller seuls. D'autant qu'ils manquent ainsi des occasions de se rencontrer, de faire des découvertes ensemble, en partageant des moments très riches. Lorsque les parents sont absents, il faut qu'ils donnent aux adolescents un point de référence, par exemple une famille amie prévenue à l'avance, qui téléphone, invite pour un repas, puisse intervenir en cas de problème ou de coup de cafard.

57

Il veut une mob, un scooter, une moto... Il veut passer son permis en conduite accompagnée

« Ah, si j'avais un scooter, tu n'aurais pas besoin de faire le taxi, je pourrais rentrer à l'heure fixée, mais comme je dépends de quelqu'un... » « Si j'avais une moto, je pourrais plus facilement venir le week-end... » « Si j'avais mon permis, je pourrais conduire à ta place... » Que répondre à cela ?

La revendication d'autonomie est normale, la nécessité de voir des amis aussi. En l'absence de transports en commun rapides et pratiques, le deux-roues motorisé, accessible à partir de 14 ans pour les petites cylindrées, est pour beaucoup le symbole même du passage à l'adolescence et un « permis d'autonomie » fantastique, la promesse de la liberté. Mais conduire une mobylette, un scooter ou une moto suppose une formation et une certaine maturité, un sens des responsabilités : respecter le code de la route, mettre son casque, ne pas dépasser les limites de vitesse autorisée. Le deux-roues reste une des causes majeures d'accidents graves chez les jeunes.

Comment réagir

Malgré la crainte des accidents, il faut parfois accepter que l'adolescent prenne certains risques pour prix de sa liberté. À chaque famille d'évaluer les conditions subjectives pour trouver le meilleur compromis entre la réalité, les désirs et la personnalité de l'adolescent, et leurs propres inquiétudes. Si l'on habite par exemple une maison isolée, il faut mettre à la disposition de l'adolescent les moyens de mener une vie sociale normale. On peut commencer par observer le comportement de l'adolescent, pour faire la part de ce qui est, dans sa demande, de l'ordre du besoin d'autonomie ou de la recherche de sensations nouvelles (aller voir ses copains, faire vrombir sa machine ou jouer au rodéo sur un terrain vague...), et ce qui tient de la prise de risque, dans le but d'alarmer ses parents ou de flirter avec le danger (en ne mettant pas son casque ou en roulant trop vite sans contrôle). Les filles en général considèrent leur engin comme un simple moyen de transport. Mais les garçons peuvent en faire un « instrument de prestance » et prendre des risques réels.

Dans un premier temps, la protection de l'adolescent peut être prise en charge par les parents : prévoir un casque de bonne qualité, un budget de réparation, un entretien régulier des freins et des pneus, etc. À lui ensuite de montrer son aptitude à respecter le code de la route et à entretenir régulièrement sa machine. Un adolescent capable de bien utiliser son autonomie tient à son précieux engin et ne fait pas n'importe quoi avec celui-ci. Sa capacité à l'entretenir est aussi un signe : si la machine est toujours en panne, n'est pas réparée après une chute, ou s'il en réclame une toujours plus puissante, c'est qu'il ne s'agit plus d'un instrument d'indépendance, mais de l'expression d'une dépendance vis-à-vis de ses parents qui a besoin d'être mieux entendue. Peut-être aussi a-t-il peur de prendre des risques et fait-il tout pour qu'on le lui interdise. De même, s'il ne respecte pas le code de la route et prend le volant de la voiture sans son accompagnateur officiel, c'est le signe d'une prise de risque à laquelle il faut mettre une limite.

Il faut alors lui apprendre à se protéger lui-même avant d'aller plus loin dans l'aventure motorisée, plutôt que de limiter son indépendance.

Si l'angoisse des parents devant l'usage du deux-roues est trop forte, pour des raisons personnelles (par exemple quand il y a eu dans la famille un décès par accident, en particulier d'un jeune), il est légitime de l'interdire purement et simplement (jusqu'à 18 ans du moins...), mais il faudra alors envisager d'autres moyens pour préserver l'autonomie de l'adolescent (accepter qu'il aille passer le week-end chez un ami en centre ville, qu'il dorme sur place, choisir un mode de vacances qui ne nécessite pas un deux-roues, etc.).

Il peut arriver que devant cette angoisse, un adolescent s'incline sans récriminer, pour protéger ses parents (par exemple s'ils sont toujours sous le choc d'un accident grave dans la famille), mais il le fera alors au prix de son autonomie. Dans ce cas aussi, il faut donc trouver des solutions ou des compromis pour que chacun s'y retrouve.

Une bonne solution est de faire en sorte qu'il obtienne son permis de conduire le plus vite possible, et de mettre une voiture à sa disposition. C'est un permis d'autonomie à l'heure des départs et un mode de locomotion moins dangereux que le deux-roues. Le permis de conduire fait de toute façon partie des compétences de base dont chaque jeune devrait être pourvu à la fin de l'adolescence.

Pour les parents qui se sentent le temps et la capacité de prendre cette responsabilité, la conduite accompagnée est une bonne manière de transmettre un savoir-faire, et aussi de passer du temps ensemble, à l'âge où il est difficile de trouver des intérêts ou activités en commun. En particulier pour les pères qui partagent peu la vie quotidienne de leurs adolescents. On peut se dire beaucoup de choses, côte à côte sans se regarder, coincés dans un embouteillage! À l'inverse, pour ceux – souvent celles – à qui cela fait peur, inutile de transmettre l'angoisse de l'accident au futur jeune conducteur, cela peut même être dangereux.

La conduite accompagnée

Il est possible de passer le permis de conduire une voiture de tourisme en apprenant la conduite (20 heures minimum), une fois obtenu le code de la route, à partir de 16 ans, sous la responsabilité d'un adulte ayant 28 ans révolus et titulaire du permis depuis au moins 3 ans. La voiture doit être équipée de deux rétroviseurs latéraux et un signe distinctif « Conduite accompagnée » doit être apposé à l'arrière. La vitesse est limitée à 80 km/heure sur route et 110 km/heure sur autoroute. En principe, cette formule donne au jeune la possibilité d'acquérir plus d'expérience (il faut avoir effectué 3000 kilomètres au volant pour se présenter à l'examen) et donc d'obtenir son permis plus facilement. De plus, les compagnies d'assurances, considérant que ces jeunes sont mieux préparés et présentent statistiquement moins de risques d'accident, ne réclament pas de surprime « jeune conducteur ».

58

Il veut partir seul en vacances avec des copains

« On a un plan d'enfer ! Quinze jours de camping sauvage sur une île... » « Les parents d'un copain nous laissent leur maison de vacances... » Faut-il tempérer leur enthousiasme, ou les laisser faire leurs expériences ? Qu'est-ce qui est raisonnable et qu'est-ce qui ne l'est pas ?

À partir de 15 ans environ, vient l'âge des départs indépendants. Des départs différents de ceux de l'enfance en colonie de vacances, par exemple, où les parents avaient la maîtrise des décisions et de l'encadrement. Dans ces nouveaux départs, en bande pour aller camper, à plusieurs dans une maison laissée à leur disposition, etc., il y a toujours une part de risque et d'inconnu. Cela suscite forcément chez les parents des inquiétudes, voire des angoisses, qu'il faut bien accepter pour permettre aux enfants de prendre peu à peu leur autonomie. Au demeurant, il est possible, au moins pour les premiers départs, d'apporter un appui logistique pour l'organisation, de donner des repères. L'équilibre entre encadrement et autonomie évolue ainsi en douceur au fil de l'adolescence. À terme, un adolescent doit devenir capable de préparer et de prendre en charge ses vacances. Il n'est pas mauvais non plus qu'il paye au moins une partie du coût des vacances qu'il choisit, en travaillant pour gagner de l'argent.

Comment réagir

Jusqu'à 17 ou 18 ans, il faut aux jeunes un cadre pour partir loin de leurs parents en toute sécurité : les camps d'adolescents sont une bonne solution pour une première expérience. Ensuite viennent les projets d'aventures indépendantes, avec toujours une part d'irréalité. C'est alors que les parents doivent trouver des compromis entre les rêves et les possibilités des adolescents, et leurs propres inquiétudes, objectives et subjectives. Il faut lâcher la bride progressivement, en fonction des expériences accumulées. Par exemple, des adolescents peuvent commencer par partir camper quelques jours entre amis, avec un téléphone portable et la possibilité de joindre des adultes à proximité en cas de besoin. Cela leur permet d'expérimenter leur propre capacité à réagir (il y aura bien un épisode de grande trouille collective, ou bien un orage qui ravage la tente au milieu de la nuit!) Les parents pourront évaluer comment ils se sont débrouillés dans le feu de l'action. Les jeunes doivent avoir à la fois le sentiment qu'on leur fait confiance, tout en se sentant entourés d'un minimum de protection. C'est après plusieurs expériences réussies de ce type qu'ils pourront partir vraiment vers l'aventure, sac au dos, aux alentours de 18 ans...

59

Faut-il lui donner de l'argent de poche ?

En grandissant, leurs besoins augmentent, leurs revendications aussi, pour des objets, des vêtements ou des activités dont les parents ne comprennent pas toujours l'utilité ou le prix élevé. Comment faire la part des choses ? Faut-il donner de l'argent de poche, combien, à quel âge, selon quels critères ?

Si l'on veut éduquer les adolescents à vivre en société, il faut leur apprendre à vivre avec l'argent et à le gérer. De plus, à l'adolescence, leurs besoins évoluent et s'accroissent : ils ont envie de « fringues », ils aiment aller « prendre un pot » à la sortie des cours... C'est le moment aussi où ils éprouvent le besoin d'avoir leur jardin secret, leurs activités personnelles, et où tout ce qui marque une dépendance vis-à-vis des parents leur est insupportable. Il est donc souhaitable qu'ils reçoivent un minimum d'argent de poche, avec le droit d'en disposer sans devoir rendre de comptes. Ce n'est certes pas un dû des parents aux enfants, mais c'est un moyen que ceux-ci leur donnent pour vivre en société.
Les besoins de l'adolescent changent au fur et à mesure qu'il grandit. Il faut donc prendre le temps de les évaluer, pour n'en donner ni trop ni pas assez.
Ce n'est pas rendre service à un jeune que lui donner trop d'argent, par rapport à ses besoins et à ses amis. Il le dilapiderait, et cela ne lui donnerait pas la notion de l'argent. Il est même préférable qu'il ait le sentiment de ne jamais en avoir tout à fait assez, comme c'est le cas dans « la vraie vie », pour l'immense majorité des budgets d'adultes. À l'inverse, donner une somme ridicule par rapport à ses besoins n'est pas non plus une bonne chose, car c'est ne pas reconnaître l'adolescent qu'il est devenu. Une fois ses besoins « normaux » déterminés, il est habituel que la somme

ne lui suffise pas. Car il est normal d'éprouver toujours plus de désirs qu'on n'en peut satisfaire ! Les adultes aussi ont souvent l'impression qu'ils seraient parfaitement heureux si seulement ils disposaient d'un peu plus d'argent qu'ils n'en ont ! Quels que soient ses revenus, on voudrait toujours un quart de budget supplémentaire. Les adolescents n'échappent pas à cette règle, et doivent l'apprivoiser. Cela se fait d'autant plus naturellement que l'apprentissage est précoce. Or, pour vivre à l'aise dans notre société de consommation, il faut apprendre à régler son niveau de dépenses sur celui de ses revenus. Lorsqu'on n'y arrive pas, on vit toujours frustré, insatisfait de son salaire et de ses conditions de vie. D'autant plus que nous vivons dans un monde où l'injonction est de consommer « tout et tout de suite ». Notre société n'aide pas beaucoup à apprendre à choisir et attendre, en matière de désirs matériels. C'est donc aux parents de s'en charger.

Comment réagir

L'objectif est d'apprendre aux adolescents à mettre l'argent à sa juste place dans leur vie, à dépenser selon leurs moyens, et au mieux de leurs intérêts. Il faut donc que la somme versée comme argent de poche ne soit liée ni aux cadeaux, ni aux résultats scolaires. Et qu'ils puissent la dépenser librement, sans rendre de comptes à personne d'autre qu'à eux-mêmes. Pour qu'ils puissent apprendre à bien gérer, on peut faire évoluer progressivement le montant et la fréquence des versements, de l'enfance à la fin de l'adolescence. En commençant par exemple par une somme hebdomadaire, puis mensuelle, pour les loisirs. Puis en y incluant peu à peu tous les postes de dépenses (transports, vêtements, loisirs...) pour arriver à un vrai budget, bien ancré dans la réalité, à la fin de l'adolescence.

Sauf bêtise vraiment grave, l'argent donné ne doit pas être repris. Rien n'empêche par ailleurs de faire un cadeau de félicitation, ou de rémunérer un service. L'argent de poche n'a rien à voir non plus avec ces pécules, quelquefois déposés au nom de l'adolescent sur un compte bancaire, pour « plus tard ».

La somme est à déterminer en fonction de l'âge, des revenus des parents et du coût de la vie. À titre d'exemple, un enfant peut recevoir, dès qu'il sait compter, une pièce hebdomadaire, puis en sixième, au maximum, un billet de 10 euros. À partir de la troisième, on peut calculer l'argent mensuel nécessaire pour aller au cinéma une à deux fois, s'acheter un magazine ou un CD, prendre un pot par semaine. En fonction du mode de vie, on pourra y ajouter le budget nécessaire pour les tickets de bus ou les fournitures scolaires. Cela aidera l'adolescent à faire ses premiers

choix financiers. Par exemple, marcher permet à une jeune fille d'économiser le prix du trajet pour s'acheter à la place le vernis à ongles refusé par sa mère ! Voilà qui lui apprend la valeur de l'argent, et relève de sa liberté.
Souvent, ce qu'ils demandent « toujours plus », ce sont les objets présentés par la publicité ou des « marques » de vêtements et de chaussures. Entre 12 et 15 ans, les adolescents qui cherchent leur identité espèrent trouver dans ces vêtements de marque ou dans la possession d'un objet un moyen d'être reconnus. La société de consommation joue de ce besoin-là, et il y a beaucoup à faire pour accompagner les enfants dans la découverte de ses pièges. Si vraiment la paire de baskets trois fois plus chère que le modèle de base leur fait terriblement envie, pourquoi ne pas en faire un cadeau d'anniversaire, ou bien leur demander de payer la différence avec leur argent de poche ? Ou encore proposer d'acheter ces baskets-là, mais le reste de l'équipement au prix de base ? Tout adolescent fera un jour ou l'autre l'expérience que, passé le grand frisson, ces achats sont souvent source de déception. Il réalisera alors qu'il n'est pas devenu plus fort, plus grand, plus à l'aise, parce qu'il porte un sac à dos ou un blouson griffé. Les filles, peut-être encore plus sensibles à cet univers, réaliseront qu'elles ne sont pas plus « canon » ni mieux introduites dans le cercle d'amies dont elles veulent se faire accepter parce qu'elles portent le même jean qu'une star de la télé. Bref, la consommation ne résout pas magiquement tous les problèmes d'identité. À ce moment-là, on peut discrètement faire toucher du doigt l'écart entre le plaisir promis et la réalité de l'objet convoité. Ce qui permettra, d'expérience en expérience, de moins se faire prendre à ce mirage la fois suivante...
De même, il n'est pas mauvais de faire attendre un peu un cadeau très désiré, jusqu'à Noël ou un anniversaire. C'est une expérience difficile sur le moment pour tout le monde, mais enrichissante à long terme.
Cependant, tout est une question de mesure : pour ceux qui ne peuvent rien s'offrir de tout ce qu'expose notre société, la frustration peut devenir insupportable et conduire à des excès de consommation. Exactement comme le bébé qui a attendu trop longtemps son biberon, se jette dessus et s'étrangle...

60

Il veut faire des petits boulots

« – Tu passerais pas un coup d'aspirateur dans la voiture ? – Combien tu me payes ? » « Dans ta boîte, ils ont pas besoin d'un manutentionnaire ? » « Si tu veux que j'aille chez le coiffeur, il faut m'augmenter » ...

Les « petits boulots » sont une bonne porte d'entrée dans le monde des adultes, et une manière de faire l'expérience de la valeur de l'argent. Pour gagner de l'argent, il faut travailler, parfois dur, faire des choses pas toujours très drôles, se confronter à une hiérarchie, respecter un contrat. Tout cela est très formateur. Après les années de crise, où les « petits boulots » étaient devenus rares, il est beaucoup plus facile aujourd'hui de trouver un travail sans qualification. Cela va des premiers baby-sittings dans la famille ou le quartier aux jobs d'été. Les adolescents y apprennent aussi à faire respecter leurs droits, car les emplois non qualifiés sont les plus durs quant aux relations sociales. Cet argent gagné aura un tout autre prix à leurs yeux que celui qui irrigue la vie quotidienne : si l'argent reçu des parents est toujours entaché de dépendance, celui que l'on a gagné à la sueur de son front, pour acheter des CD ou payer ses vacances, a une toute autre valeur et procure un tout autre plaisir... Il ne faut pas priver les adolescents d'une telle expérience !

Comment réagir

Il n'y a aucune raison de rémunérer les services quotidiens rendus par un adolescent à la collectivité familiale : mettre le couvert ou ranger ses affaires relève de ceux-ci. Par contre, quand il exécute correctement un travail que ses parents ne veulent pas ou ne peuvent pas faire, comme repeindre les volets de la maison, pourquoi ne pas l'en remercier avec de l'argent ? Mieux vaut quand même que ce soit une prime offerte qu'une rémunération âprement négociée avant. Ne serait-ce que parce que le registre du chantage crée un climat détestable !

On peut aussi l'encourager à chercher au-delà du cercle familial des sources de revenu, car il en éprouvera mieux le sentiment de sa responsabilité par rapport au travail à effectuer. Au début, il faut parfois l'aider, car il est difficile de trouver un employeur officiel avant l'âge de 16 ans. Et il est bien plus facile de « baby-sitter » si l'on bénéficie du réseau d'amis de ses parents, auxquels on peut faire appel en cas de panique, parce qu'on est dans le même immeuble ou pâté de maisons. Plus l'adolescent grandit et peut travailler, plus il est normal qu'il prenne en charge certains de ses besoins, notamment les loisirs et les vacances. L'équilibre reste à trouver entre travail rémunéré et études. En effet, pour certains, gagner de l'argent, pénétrer dans le monde des adultes, montrer sa valeur, est tellement grisant qu'ils sont tentés de privilégier le court terme en consacrant trop de temps au travail salarié, au détriment du travail scolaire.

Le travail rémunéré d'été peut aussi se préparer pendant les vacances précédentes, par exemple en effectuant les stages nécessaires pour devenir moniteur de colonies de vacances (B.A.F.A.). Parfois, c'est une manière de pratiquer son sport de prédilection, de transmettre son savoir à des plus jeunes et de gagner de l'argent !

Pour aller plus loin

Pour les ados

S. Allemand-Baussier, *L'Argent, en avoir ou pas*, La Martinière, 1999.

61

Faut-il le laisser s'engager pour une cause ? Et s'il tombait sous la coupe d'une secte ?

Un enthousiasme démesuré, un idéalisme un peu simpliste, des coups de fil mystérieux, des conversations qui n'en finissent plus avec des amis inconnus, des activités nouvelles, des réunions souvent nocturnes, des études qui passent au second plan... Comment distinguer ce qui est constructif pour lui de ce qui est dangereux ?

On reproche plutôt aux jeunes de ne pas assez s'engager que le contraire ! Il est vrai que la politique ne leur offre plus guère de combats idéalistes à livrer, le libéralisme restant presque seul en lice dans le paysage. C'est dans le domaine de l'écologie et de l'action humanitaire qu'ils trouvent parfois les moyens de donner corps à leurs idéaux. Dans ces engagements, avec la passion qui les caractérise, les plus âgés des adolescents trouvent l'occasion d'exercer leur capacité à réfléchir, analyser, sur un sujet qui les touche. C'est aussi l'occasion d'agir et de travailler en équipe, de prendre leurs premières responsabilités sociales. Ce ne peut être qu'une richesse et un levain pour l'avenir. À condition que ces engagements soient pris dans un cadre qui les respecte et les protège. À condition aussi que ce ne soit pas seulement une manière de s'opposer à leurs parents, à travers des choix contraires.

Être sous la coupe de quelque chose ou de quelqu'un, c'est être débordé par sa passion pour elle ou lui. Exactement comme quand on « tombe » amoureux, on ne s'appartient plus totalement, on dépend en partie de l'autre. Les adolescents, vulnérables et dépendants, sont plus susceptibles de « tomber sous la coupe » d'une idéologie ou d'un gourou. En grandissant, ils découvrent comment l'épanouissement de leur intelligence leur donne la capacité d'inventer un monde nouveau, de reconstruire le monde. Or, justement, leur passion les pousse vers un idéal où

tout serait beau, où le monde serait heureux. Mais la frontière est parfois ténue entre idéal et idéologie ; à l'âge des passions, il est difficile de faire la différence.
Des discours séducteurs peuvent détourner la passion inhérente à l'adolescence au profit d'une idéologie, les entraîner vers une forme de violence envers eux-mêmes par un ascétisme démesuré, ou envers les autres, sur le mode : « Cette société est pourrie, il faut la détruire. » Chez des adolescents mal dans leur peau, cette passion mise au service de tromperies et d'errements peut être destructrice. Certains mouvements utilisent ainsi de très jeunes adolescents endoctrinés pour commettre des actes de terrorisme.

Comment réagir

L'inquiétude des parents naît d'abord quand leurs enfants délaissent leurs études pour un engagement et compromettent leur avenir. Il y a donc un cadre à donner, sans remettre en question l'engagement lui-même.
Au-delà, il y a la crainte de voir cet engagement les entraîner dans une idéologie extrémiste néfaste. La toute-puissance de la pensée est fascinante pour les adolescents et il y a des lieux et des milieux où des formes d'intégrisme peuvent éclore, même si le phénomène est minoritaire. Tant qu'ils sont mineurs, les enfants sont sous la responsabilité morale de leurs parents. C'est donc aux adultes d'exercer le discernement : la différence entre une idéologie généreuse, qui cherche par des moyens plus ou moins efficaces à rendre le monde meilleur, et une idéologie sectaire, c'est que, dans le premier cas, tous les humains y ont une place, tandis que dans le second, le « monde meilleur » passe par l'élimination des « mauvais », avec la violence que cela suppose. Les parents doivent être attentifs à ce que l'expérience humaine de l'engagement social soit vécue dans un cadre sans danger, où l'adolescent ne laissera rien de sa vie, de son équilibre. C'est le rôle de tous les adultes, enseignants, religieux, éducateurs, travailleurs sociaux, de construire et maintenir ce cadre pour les adolescents dont ils ont la charge. Cela suppose de ne pas laisser s'installer des rapports de séduction et de dépendance à leur profit ; de proposer des passions constructives et de développer l'esprit critique, la capacité à maintenir des distances et à se poser des questions.
Les interdits sociaux et moraux qui existent dans tout groupe, dans toute société servent aussi de cadre (par exemple, il est interdit de faire violence à soi-même autant qu'à autrui). Ces interdits sont en grande partie transmis par la famille à travers ses propres modèles de vie. Ils montrent ce qu'il est préférable de faire ou ne pas faire pour vivre bien dans sa tête et dans son corps, en harmonie avec soi-même et les autres. S'il

apparaît qu'il y a vraiment danger, il est inefficace de vouloir lutter seul contre l'influence sectaire. Mieux vaut prendre contact avec l'une des associations de lutte contre les sectes pour se faire aider (voir « Où s'adresser ? », p. 304).

VII.

LES GRANDS ÉVÉNEMENTS DE LA VIE

62

Faut-il faire partager aux adolescents les soucis de leurs parents ?

Problèmes de santé, de travail, d'argent, de mésentente conjugale ou familiale, décès ou accidents qui touchent la famille... À partir de quand et comment peut-on, doit-on parler aux adolescents de tout ce qui traverse plus ou moins douloureusement la vie des adultes ? En quoi cela risque-t-il de les traumatiser ?

Lorsque que les parents sont préoccupés, ont en tête un souci plus ou moins grave, il est illusoire de croire que les adolescents ne le sentent pas. Et il est néfaste de les tenir à l'écart. En dehors de la sexualité de leurs parents, qui ne les regarde pas, tout ce qui touche les parents et la vie familiale les concerne. Les enfants et les jeunes ont des antennes extraordinairement sensibles pour distinguer, dans ce qu'on leur dit, ce qui sonne vrai ou faux. Et il est terrible pour un jeune de sentir qu'il se passe quelque chose de grave dans sa famille, sans comprendre de quoi il s'agit : cela occupe entièrement son esprit, jusqu'à l'empêcher de se concentrer en classe, par exemple.
Toutefois, pendant la période de la puberté, il arrive que les adolescents soient tellement préoccupés d'eux-mêmes qu'ils ne prennent pas toujours la mesure de ce qui se passe dans leur famille. Après 14 ou 15 ans, ils seront mieux à même de comprendre et partager les soucis des adultes. Ils auront aussi pris conscience de ce que signifient des notions plus abstraites, comme le sens de la mort, ou du « plus jamais ».
Mais tout ne les atteint pas au même degré : les événements extérieurs à la vie de l'adolescent lui-même, si graves soient-ils, lui pèsent beaucoup moins que ce qui arrive dans sa propre famille. Tout ce qui concerne le bien-être familial, son équilibre, atteint terriblement l'adolescent, même s'il ne le montre pas. À cet âge, il est presque aussi sensible à la désorga-

nisation familiale qu'un petit enfant. Confronté au même événement à l'âge de 10 ans, il aurait su mettre plus de distance, en se réfugiant dans des activités ou des jeux.

C'est apparemment paradoxal : au moment de se différencier ou de s'opposer à sa famille pour s'en séparer, les adolescents ont besoin de la sentir stable, inaltérable. Ils sont donc particulièrement sensibles à ce qui peut la toucher. Ils sentent que les mésententes entre leurs parents risquent de désintégrer la cellule familiale. Pour l'un, le chômage de son père l'empêche de s'identifier à lui, à ses responsabilités, à ses rythmes et à ses relations sociales. Pour un autre, la maladie, la fragilité physique ou mentale de sa mère agiront de même. Tous se croient toujours un peu responsables de ce qui arrive, d'autant plus qu'à un moment ou à un autre, ils ont été envahis par des pensées agressives envers leurs parents.

Comment réagir

En période de difficultés, tenir un langage de vérité est un devoir vis-à-vis des adolescents, et permet de maintenir les relations au-delà des soucis ponctuels. Même si cela exige parfois le courage et l'humilité de dévoiler ses faiblesses ou ses défaillances. Cela permet aussi de préciser que l'enfant n'est pas responsable de ce qui arrive. « Mes problèmes de travail me rendent agressif ; tu n'y es pour rien, mais c'est sur toi que ça retombe. » Cela permettra à l'adolescent de ne pas en vouloir à son père ou à sa mère, de ne pas se sentir dévalorisé et de raffermir la relation, voire la complicité avec ses parents pour lutter face à l'adversité.

Quand la phase d'incertitude est brève, par exemple lorsque l'on attend des résultats d'examens médicaux, les parents peuvent porter seuls le poids de l'inquiétude. Il suffit de dire simplement, surtout aux plus jeunes : « J'ai des soucis, je t'en parlerai plus tard. » Cela permet à l'enfant de mettre ainsi un mot sur le malaise ressenti, de ne pas s'en sentir responsable. Il sait que le contact n'est pas rompu et peut penser à autre chose pour se changer les idées. Mais si le problème perdure quelques semaines, il faut donner des explications, en prenant soin d'adapter son langage à son âge, en évitant des mots trop lourds, comme ceux de cancer ou de suicide.

Si l'angoisse ou le chagrin submergent les parents au point qu'ils ne puissent pas parler sereinement de ce qui leur arrive, une bonne solution consiste à se faire aider par quelqu'un d'extérieur. Parler de choses graves en présence, ou par l'intermédiaire d'un tiers, peut apporter de l'apaisement. Et l'adolescent disposera ainsi, lorsqu'il voudra poser des questions, d'un autre interlocuteur capable de lui répondre et de le comprendre.

Il faut aussi lui proposer, ou lui donner les moyens d'aller « prendre l'air » loin des problèmes familiaux, en passant de bons moments dans une famille amie ou chez ses copains. L'aider, en somme, à continuer sa vie d'adolescent. Et surtout, ne pas lui demander, même implicitement, de tenir compagnie à ses parents justement à cause de leurs soucis. Il est normal qu'il fuie parfois l'atmosphère de la maison, et cela ne doit pas inquiéter pour l'avenir.

Pour aller plus loin

X. Pommereau, *Quand l'adolescent va mal*, J.-C. Lattès, 1997.

63

La famille doit déménager

Une mutation, après des années dans la même ville. Les enfants pleurent à l'idée de devoir quitter leurs amis, leur collège, leurs activités. C'est grave ? Une séparation ; les revenus diminuent, il faut envisager de changer de quartier, de s'installer dans une banlieue plus lointaine. Comment aider l'adolescent à supporter ces changements ?

Déménager, c'est évidemment un traumatisme moins grave que d'autres ! Mais c'est un événement moins anodin pour un adolescent que pour un enfant, que de quitter sa ville, son quartier, ses amis. Car c'est précisément au moment où il voudrait gagner sa liberté que ses parents décident pour lui de sa vie. On le coupe de ses repères et de ses relations, de ses possibilités de vie autonome, juste au moment où il a tant besoin de s'éloigner de ses parents. En somme, on l'oblige de fait à réintégrer une vie plus familiale, au moment où il se sent prêt à en conquérir une autre.
Il arrive cependant qu'un déménagement soit une bonne occasion pour l'adolescent de se « refaire une virginité » et de recommencer une autre vie, avec d'autres amis, s'il n'était pas à l'aise dans son environnement précédent.
Tout dépend aussi des causes du déménagement : s'il s'agit d'un départ familial pour cause de mutation paternelle, assorti par exemple d'une promotion, ce ne sera pas vécu de la même façon que s'il s'agit d'un divorce des parents, cause fréquente aujourd'hui des changements de vie. Dans ce cas, l'adolescent y perd triplement. Il perd sa vie personnelle, il perd la vie commune avec celui de ses parents qui s'en va, ce qui souvent s'accompagne d'une diminution du niveau de vie difficile à accepter pour lui qui n'a rien choisi.
De plus, il doit faire face à la tristesse, voire à la dépression momentanée

de celui, celle le plus souvent, avec qui il habite désormais. Il manifeste alors une réaction fréquente et normale : se « serrer les coudes » dans les difficultés, et ne plus quitter celui ou celle avec qui il est. Ce qui n'aide pas l'adolescent à conquérir son autonomie.

Comment réagir

Quelles que soient les circonstances, il faut essayer de tenir compte, au milieu de tous les problèmes d'organisation, de la vie affective et sociale de l'adolescent. Par exemple, en prévoyant dans son budget des billets de train une fois par mois, pour qu'il puisse retrouver ses anciens amis, aller passer le week-end chez son ex-meilleure amie, participer aux rencontres de foot auxquelles il s'était préparé. Ces allers-retours s'estomperont au fur et à mesure qu'il s'intégrera dans son nouvel environnement, mais lui auront évité une rupture trop brutale.
En cas de divorce, les deux parents auront aussi à préserver la vie propre de leur adolescent : le parent gardien, en favorisant sa vie sociale dans leur nouveau lieu de résidence, et l'autre en veillant à ne pas « manger » tous ses week-ends en trajets et tête à tête, au nom du droit qu'il a de voir son enfant, ce qui supprimerait, de fait, les activités sportives ou les soirées au cinéma avec les copains.

64

Il a eu un accident

Tête-à-queue sur la route des vacances avec, à la clé, une grosse frayeur mais peu de dégâts, ou bien glissade non contrôlée sur un deux-roues, qui laisse l'adolescent hagard, choqué. Comment récupérer ?

En dehors des blessures physiques, il existe une blessure du psychisme : comme si le choc, les images qui lui restent dans la tête l'avaient marqué au fer rouge. Y compris lorsque l'adolescent n'a pas été lui-même victime de l'accident, mais seulement témoin. Souvent, dans les jours qui suivent, il ou elle se met à avoir peur de tout, par exemple de sortir de la maison, n'arrive pas à dormir, fait des cauchemars ; sans cesse lui revient le film de l'accident, une personne ensanglantée dans la voiture, par exemple. Dans la même famille, plusieurs enfants ayant vécu le même événement peuvent réagir différemment. Cela dépend de leur âge, de leur vulnérabilité du moment, de leur personnalité.

Comment réagir

L'expérience montre que si ces signes d'angoisse persistent dans le mois qui suit l'événement, ils risquent de se fixer. Il faut donc trouver très vite le moyen de l'aider et consulter un psychologue ou un psychiatre. Plus on réagit tôt, mieux on pourra guérir le traumatisme. C'est pourquoi, dans les cas de catastrophes comme un tremblement de terre, un attentat, des cellules d'écoute par des psychologues sont immédiatement mises à la disposition des rescapés. Raconter, mettre des mots sur les images lancinantes, permet de s'en dégager, de « cicatriser » le traumatisme. C'est vrai pour chacun, mais encore plus dans une période de grande sensibilité comme l'adolescence.

65

Il s'est fait racketter, menacer, tabasser

Il revient du collège en nage, en larmes, en rage... Sur le chemin, deux ou trois grands l'ont obligé à vider ses poches, à leur donner son portefeuille et son walkman, l'ont délesté de son blouson, voire de ses baskets neuves, lui imposant l'humiliation de rentrer pieds nus... Pis encore, ils l'ont menacé d'un cutter, dont il ressent encore le tranchant en travers de sa gorge. Ou bien il s'enferme dans sa chambre plusieurs jours de suite, l'air malheureux, sans qu'on sache pourquoi.

Cela arrive en particulier aux garçons, à l'âge où ils portent déjà sur eux des vêtements et objets adolescents, que d'autres peuvent leur envier (téléphone portable, baladeur, blouson de marque...), sans avoir encore la carrure pour se défendre. C'est-à-dire entre 12 et 15 ans le plus souvent. Les agresseurs sont des bandes de garçons à peine plus vieux qu'eux, mais plus nombreux et en position de force. Parfois, ils sont connus de leur victime, fréquentent le même collège. Il sera d'autant plus difficile de les dénoncer, de peur des représailles. Par ailleurs, on a toujours un peu honte de sa faiblesse physique, de ne pas avoir su se défendre, surtout quand on voudrait tant devenir enfin costaud et respecté. C'est ce qui explique que l'adolescent ne raconte pas tout de suite aux adultes ce qui lui est arrivé. C'est seulement en observant son changement de comportement que la vérité apparaîtra.
Sont spécialement concernés les enfants doux, timides, qui n'aiment ni l'affrontement, ni la violence, et ne savent pas s'en défendre. Avec ceux-là, les parents devraient avoir, dès l'entrée au collège, évoqué les problèmes de racket, de harcèlement, de violence, indiqué les noms des adultes à qui faire appel, signalé les risques de chantage et d'enfermement dans la situation que le silence leur ferait courir.

Comment réagir

D'abord, en matière de prévention, éviter la provocation : des objets trop attirants portés par un préadolescent l'exposent à être la cible de tous ceux qui ne peuvent pas se les offrir. En choisissant par exemple un blouson pour l'hiver, on peut rappeler cette dimension : « Et si tu te le fais piquer ? Tu ne seras pas trop déçu ? Je ne t'en rachèterai pas un autre... »
Si son parrain lui a offert une montre très chère, lui laisser l'appréciation de la prudence : « Est-ce que tu crois vraiment que tu peux la porter au collège ? »
Lorsque cela vient d'arriver, il rentre furieux, effrayé, traumatisé, surtout s'il y a eu violence. On prendra le temps de le faire raconter, pour qu'il se vide de la peur, du sentiment d'injustice qu'il porte en lui.
Il faut réagir en dépassant sa crainte des représailles éventuelles sur son enfant ou sur soi-même, et porter plainte auprès du commissariat ou de la gendarmerie. Cela montre à l'enfant que ses parents et la société sont de son côté, le protègent. Même si les chances de retrouver l'objet volé sont évidemment infimes, c'est une manière de montrer que l'on prend au sérieux ce qui lui est arrivé. En recevant sa plainte (qui doit être déposée par les parents, tant qu'il est mineur), le représentant de la loi atteste qu'il existe une loi, qui doit être respectée. Dans les grandes villes, les commissariats ont souvent mis en place un accueil adapté et moins intimidant pour les jeunes. D'autre part, c'est à la suite de ces plaintes pour délits mineurs que l'on peut mettre en place une surveillance efficace et éviter d'autres agressions. Il faut aussi avertir l'administration du collège.
Si le jeune est inquiet au point de ne plus vouloir sortir seul, ni aller au collège, il faut dans un premier temps l'accompagner, l'entourer. Mais, s'il ne retrouve pas rapidement son autonomie et un minimum de sérénité, il faudra, d'une part le faire aider, d'autre part envisager un vrai changement de vie, d'établissement. Pour éviter que l'adolescent ne devienne une tête de Turc, ne puisse plus nouer de relations d'égal à égal avec les autres de son âge. Enfin, si cela se répète ailleurs, il faudra se poser la question des raisons qui l'amènent à se mettre ainsi chaque fois en situation de victime, par une psychothérapie éventuellement.

66

Il a fait une tentative de suicide, il y a eu un suicide dans sa classe

Bouleversement majeur. Elle a avalé un tube de comprimés, laissant ou non une lettre à l'attention de ses parents pour dire à quel point elle est malheureuse, pourquoi elle veut en finir, à quel point elle les aime ou croit les haïr... Que son propre enfant soit de près ou de loin concerné, tout l'entourage du jeune suicidaire se heurte au mystère de la vie et de la mort, pressent que rien ne sera plus jamais comme avant, se culpabilise ou s'angoisse.

Le suicide est la deuxième cause de mortalité chez les jeunes, mais toutes les tentatives de suicide ne se terminent heureusement pas par la mort. Cela peut arriver dans n'importe quelle famille, avec n'importe quel adolescent. Ce n'est pas dans tous les cas un acte de désespérance, ou une pathologie grave, mais seule une évaluation de la situation « après » pourra le dire. Avant le passage à l'acte, des signes ont souvent été lancés par l'adolescent, sans que l'entourage les ait pris au sérieux. Par exemple, une lettre laissée en évidence sur son bureau parlant de son envie d'en finir.
S'il s'agit d'une tentative par scarification (se taillader les veines avec un compas, technique souvent employée par les filles en particulier) ou par absorption de médicaments, c'est une manière pour l'adolescent de dire que quelque chose ne va pas dans sa vie (peut-être simplement une déception sentimentale) et qu'il faut changer ce quelque chose. Paradoxalement, c'est donc un appel au secours pour vivre autrement et mieux.
Mais une tentative de suicide peut aussi être l'expression d'un trouble

majeur de la personnalité de l'adolescent (dépression lourde…), ou bien faire apparaître des difficultés graves dans les relations familiales (violences en particulier sexuelles, successions d'événements trop difficiles à vivre…).
Pour l'entourage, bien sûr, c'est un événement extrêmement bouleversant, qui renvoie les adolescents, et aussi les adultes, à toutes les questions sur le sens de la vie, sur la perspective de la mort. Ils ressentent comme une injustice profonde la mort éventuelle d'un jeune de leur âge. Cela atteint l'illusion de « toute-puissance » qu'ils ont eux-mêmes sur leurs corps. Enfin, l'émotion et le malaise des adultes concernés par l'événement retentissent aussi sur les adolescents.
Lorsqu'il y a eu une tentative de suicide dans un groupe, dans une classe – a fortiori s'il s'agit d'un suicide –, ceux qui sont le plus atteints par l'événement sont évidemment les jeunes qui avaient des relations très proches avec la victime, qui étaient ses amis. Ceux-là ressentent un immense sentiment de culpabilité de ne pas avoir su le prévoir et l'empêcher. En particulier quand ils avaient reçu les confidences du « suicidant ».

Comment réagir

La prise en charge des jeunes suicidants dans les hôpitaux est souvent trop sommaire. Il n'y a pas d'accompagnement à long terme qui permette de comprendre ce qui s'est passé. Or la tentative de suicide, qui est une manière désespérée de dire : « Je ne peux plus vivre comme ça ; il faut que cela change », doit être prise en compte ; il faut absolument introduire des changements. Sinon, il y a risque de récidive. Même si cela n'a pas de conséquences graves, il ne faut surtout pas faire comme si rien ne s'était passé, comme si on voulait oublier pour recommencer à vivre. Au contraire, il faut faire en sorte que « cela change », que le jeune se sente entouré, pris en charge, de manière durable.
C'est donc aux proches de l'adolescent, à sa famille, d'inciter à un bilan de sa situation psychologique, quitte à ce que tous se remettent en question. On peut bien sûr se faire aider pour cela, en particulier dans les services pour adolescents des hôpitaux.
Pour tous ceux qui ont été touchés par un tel événement, il faut faire ce qu'on appelle de la « postvention ». Une méthode qui consiste, lorsqu'il y a eu tentative de suicide dans une classe, dans une famille, à faire entourer les proches par un psychologue, pour leur permettre de parler, ou leur donner les numéros de téléphone nécessaires pour se faire aider. En effet, il est important d'offrir, très vite après l'événement, à tous les jeunes concernés, les moyens de parler de ce qui vient d'arriver, en particulier à ceux qui, dans l'entourage, sont déjà fragilisés pour d'autres raisons

(parce qu'ils ont des difficultés familiales, scolaires, des insomnies, ou montrent de l'agressivité). Ceux-ci peuvent être envahis d'idées de mort, envisager leur propre suicide et, plus dangereux encore, s'interroger sur les moyens d'y parvenir.

Pour aller plus loin

D. Marcelli, *Dépression et tentative de suicide*, Masson, 2001.

67

Il y a un secret dans la famille

Un enfant n'est pas né de son père officiel, une mère a eu un enfant « toute seule », un oncle dont on ne parle jamais est en prison, une tante a été enfermée dans un hôpital psychiatrique, un grand-père a dilapidé l'héritage ou fait des dettes dont ses descendants portent toujours la honte... Et personne n'en parle.

Les secrets de famille tournent toujours autour des mêmes sujets : il s'agit de problèmes de filiation, de violence ou de folie, et, moins grave, d'histoires d'argent. Ces « cadavres dans le placard » ont la particularité de prendre beaucoup de place dans la vie de la famille et de piéger les comportements de tout le monde, parents et adolescents. Par exemple, dans le cas du délinquant dont on ne veut pas parler, chaque fois que le garçon se met en colère, la mère se dira : « Pourvu qu'il ne se mette pas à lui ressembler... », et sa réaction sera disproportionnée par rapport à l'incident. Soit elle fera tout pour satisfaire son fils et faire cesser la colère, soit elle manifestera une telle agressivité en réponse qu'il ne comprendra pas. Il recommencera pour comprendre la réaction de sa mère... et ensuite parce qu'il aura perçu là un moyen de la « faire marcher ». Jusqu'à devenir vraiment coléreux, voire incapable de se maîtriser, violent et, peut-être un jour, délinquant... La crainte suscite souvent, paradoxalement, l'accomplissement de ce qu'on redoutait le plus.

Comment réagir

Le non-dit est souvent plus lourd et plus fascinant, au sens premier du terme, que la simple vérité. Mieux vaut dire les choses, en choisissant les mots appropriés selon l'âge de l'enfant. Plus longtemps on tarde à parler, plus la révélation est traumatisante, peu naturelle, plus elle peut engendrer de tumulte et de tourments chez l'adolescent. Dans le cas des secrets de famille, même si la génération précédente n'en parle pas, les parents ont intérêt à expliquer leurs craintes, à admettre que leur réaction a pu être exagérée, parce que cette histoire familiale est douloureuse. Cette parole rend plus compréhensible pour l'adolescent l'angoisse de ses parents. Il pourra la reconnaître sans se sentir obligatoirement identifié à ce membre de la famille, stigmatisé dans un comportement particulier.

68

Il a un frère, une sœur handicapé(e)

Son grand frère est en fait considéré comme plus petit, parce qu'il est trisomique. Et il a la fâcheuse habitude de se jeter avec affection et gros baisers sur tous les copains qui passent… Sa petite sœur fait depuis toujours l'objet de tous les soins de la famille : elle a une mucoviscidose, passe de longs séjours à l'hôpital qui désorganisent la vie familiale et suscitent l'inquiétude des adultes.

L'enfant malade tient nécessairement une place à part dans la famille : il demande plus de temps et de soins, crée des soucis spécifiques. Les autres enfants de la famille expriment souvent la souffrance de s'être fait voler par lui un peu ou beaucoup de l'attention de leurs parents ou de n'avoir pu vivre leur enfance et leur adolescence. Ils n'osent pas faire supporter à leurs parents, qui en ont déjà beaucoup, leurs propres difficultés et risquent de passer une « adolescence blanche » sans franchir les étapes nécessaires à leur construction de futur adulte.

Comment réagir

Essayer de ne pas consacrer toute son énergie à un seul enfant, trouver un équilibre pour que la vie familiale ne soit pas assujettie au handicap. Pour les mères en particulier, accepter de confier de temps à autre cet enfant, en sachant que d'autres peuvent aussi s'occuper de lui. Cela permettra d'avoir des activités régulières, de passer des vacances au rythme de l'adolescent, sans le frère ou la sœur handicapé(e). Il faut oser expliquer aux autres comment ils peuvent aider la famille à vivre, en participant à sa charge particulière. Cela permet de ne pas couper toute la famille de relations sociales normales.

Il faut aider les frères et sœurs non handicapés à parler du handicap de façon qu'ils le connaissent et soient en mesure de l'expliquer aux copains. Dans l'idéal, il est souhaitable que, de temps à autre, ce frère ou cette sœur handicapé(e) participe, selon son âge, aux activités des ados. Cette « intégration » peut être présentée comme une valeur morale : la capacité à accepter la différence. Mais elle ne doit pas être transformée en dogme : les frères et sœurs ne doivent pas se muer en prosélytes. Il ne faut pas non plus leur imposer en permanence la présence de ce frère différent.

69

Il a été adopté

Elle est arrivée de Colombie quand elle avait 7 mois. Vous êtes allés la chercher dans un orphelinat où l'on n'avait guère de temps pour s'occuper d'elle. Il se fait régulièrement traiter de « sale Beur » et toiser d'un œil torve dans le métro, alors qu'il s'appelle Nicolas Dupont, né sous X.

Autrefois, l'habitude était de révéler très tard, ou jamais, aux enfants, qu'ils avaient été adoptés. Quelquefois, ils l'apprenaient par accident, à la suite d'une indiscrétion ou d'une démarche administrative. L'annonce de cette adoption était toujours un événement très traumatisant. Aujourd'hui, les enfants vivent avec cette vérité depuis la petite enfance, sans que ce soit douloureux, sans qu'ils y pensent tous les jours. Mais à l'adolescence, ils sont obligés de se confronter à cette réalité.
Tout adolescent s'est un jour imaginé ne pas être le véritable enfant de ses parents, qu'il charge de tous les défauts, mais celui d'inconnus, qui auraient toutes les qualités et qu'il peut idéaliser à souhait. Cela lui permet de se différencier de ses parents et de s'identifier à une image positive « sur mesure ». L'adolescent adopté, lui, se pose doublement la question de ses origines. Il a d'une part à sa disposition des parents biologiques inconnus, auxquels tous ses rêves peuvent s'accrocher. Et, d'autre part, il vit avec des parents bien réels, terriblement quotidiens et imparfaits, contre qui il peut déployer son agressivité. À ce moment-là de sa vie, il va donc souhaiter en savoir plus sur les premiers. Soit il les idéalise, tandis qu'il trouve « nuls » ses parents adoptifs, lesquels sont souvent touchés au vif, dans leur projet même d'adoption. Soit, à l'inverse, il maintient dans l'idéalisation ses parents adoptifs et dévalorise totalement ses géniteurs. Cette attitude risque alors d'empêcher l'adolescent de grandir, en le maintenant dans une relation enfantine

vis-à-vis de ses parents adoptifs et dans une dépendance à leur égard. D'autre part, beaucoup d'enfants adoptés viennent d'un autre continent, africain ou asiatique notamment. Alors, au collège, dans la rue, quand on leur renvoie l'image de la « Beurette », du « Chintoc », ils sont confrontés au racisme. Eux-mêmes, pourtant, se sentent appartenir à la culture de leur pays adoptif. D'où de nouvelles interrogations sur leur image, sur leur corps. À qui est-ce que je ressemble ? Est-ce que je suis d'ici ou de là-bas ? Quelle est ma véritable culture ? Il leur faudra du temps pour trouver une réponse personnelle, se situer dans la société.

Comment réagir

Aux questions nouvelles ou lancinantes d'un adolescent, on peut apporter le plus de réponses possible, sans avoir peur que cela menace son attachement à ses parents adoptifs. Il faut mettre à sa disposition tous les renseignements dont on dispose sur ses géniteurs, ses frères et sœurs de sang éventuellement ; montrer toutes les photos, les traces de ses premiers mois, raconter la pouponnière où on est allé le chercher, évoquer les personnes qui s'occupaient de lui... L'expérience montre que, si tout cela est accessible, il n'ira, la plupart du temps, pas plus loin dans la démarche. Au contraire, s'il sent des réticences, s'il n'obtient pas les clés de ses origines, il continuera désespérément à les chercher.

C'est à l'occasion de ces questions que l'on peut organiser un voyage au pays de ses racines. En prenant soin de bien le préparer, en prévoyant des contacts sur place, pour qu'il ne se sente pas trop comme un touriste étranger. Il s'agit d'autre chose que d'un voyage touristique. C'est une sorte de rencontre initiatique, dont on sait pourtant qu'elle ne résoudra pas tous ses problèmes d'appartenance. Il risque de s'apercevoir qu'il n'est pas non plus chez lui dans ce pays qu'il a peut-être idéalisé et dont il ne comprend pas la langue. D'où le double sentiment d'étrangeté : il est un étranger dans son pays d'adoption, et il est étranger à son pays d'origine. Il est bon que ces questions soient abordées avant, pour qu'il ne soit pas trop déçu par ce voyage.

Pour aller plus loin

G. Delaisi, P. Verdier, *Enfant de personne*, O. Jacob, 1994.

70

Sa mère est dépressive

Larmes, reproches infondés aux enfants, silences durant les repas, avec des questions qui restent en suspens... L'atmosphère est lourde à la maison ; les enfants fuient dès qu'ils le peuvent, à la recherche d'attention et de joie de vivre.

La dépression frappe à tout âge, et sa fréquence augmente depuis quelques années. Elle touche le plus souvent les femmes, et jusqu'à 10 % de la population. C'est un mélange de symptômes pouvant aller des déprimes les plus légères et passagères à des formes plus lourdes, avec troubles du sommeil, de l'humeur, de l'appétit, ralentissement de l'activité... Cette dépression est toujours difficile à supporter pour les adolescents, comme tout ce qui atteint la force et la disponibilité de leurs parents. De plus, le propre du dépressif est de rendre ses proches responsables de son état : « Si je ne vais pas bien, c'est la faute de ton père qui..., de toi qui... » Beaucoup de ces troubles entrent donc en résonance avec l'histoire familiale, influent sur le climat de la maison et la nature des relations entre les membres de la famille.

Comment réagir

Il est très difficile pour un adulte, d'abord d'accepter de reconnaître lui-même qu'il est déprimé ou angoissé, ensuite de parler de ses faiblesses face à ses enfants. Car c'est renoncer à l'image de parent idéal que chacun souhaite donner.
Si c'est de la mère qu'il s'agit, le père peut intervenir en expliquant à l'enfant : « Ta mère ne va pas bien », sans la dévaloriser, mais pour lui faire comprendre ce qui se passe et cela en présence de la personne

concernée, afin qu'elle n'ait pas le sentiment que les choses sont dites derrière son dos.
L'adolescent ne doit pas porter le poids de la maladie de sa mère : il faut le libérer du sentiment d'être responsable du bien-être et de la santé de ses parents. C'est pourquoi les adultes doivent accepter de se soigner, de se faire prendre en charge par d'autres. Se faire prendre en charge, c'est permettre à l'adolescent de se libérer. Car le souci de ses parents peut aussi entraîner pour lui les mêmes symptômes : insomnies, chute des résultats scolaires, etc. Certains jeunes se replient sur eux-mêmes, s'enferment dans leur chambre, tandis que d'autres rejettent la situation en fuyant la maison le plus souvent possible.

71

Son père boit, il est violent

Cela ne se voit pas forcément à l'extérieur de la famille, sauf à travers des difficultés annexes : sous l'emprise de l'alcool, les conflits se transforment en coups, que la solidarité familiale fait tout pour cacher. Quelles conséquences cela a-t-il pour l'adolescent ?

Cela concerne tous les milieux sociaux, même si les produits consommés ne sont pas les mêmes (alcool ou haschisch, par exemple). L'alcoolisme d'un parent, père ou mère, ainsi que toutes les formes de dépendance et de souffrance psychique qui y sont liées, constituent un facteur de risque majeur pour l'adolescent. Il est inutile de le cacher, et illusoire de croire qu'un adolescent ne le voit pas, ou ne le devine pas. Surtout si cela entraîne des comportements violents, parce que l'adulte a bu, ou parce que, à jeun, il est en état de manque. Tout climat de violence, que ce soit envers l'adolescent lui-même, l'autre parent, ses frères ou sœurs, est toujours un traumatisme.

Souvent, dans l'enfance, l'adolescent se taisait ; quand il grandit, se sent devenir plus fort, il intervient pour protéger sa mère ou son frère. Il peut provoquer une bagarre, de nouvelles violences, un rapport de forces, et la situation peut devenir dangereuse.

Si l'adolescent est équilibré par ailleurs, s'il est capable de résister à l'excitation et à la spirale de la violence, il se « parentalise ». Mais, en jouant ainsi le rôle de l'adulte à la place de ses parents, il est privé d'adolescence. Il risque de devenir un adulte rigide, obligé de tout maîtriser pour préserver son équilibre et, lorsque surviendront les difficultés de la vie, de se montrer très vulnérable, de connaître un véritable effondrement psychique.

De toute façon, même s'il n'y a pas de violence, l'alcoolisme est dangereux pour les enfants, car il décrédibilise tout ce que les parents peuvent dire dans les autres domaines de la vie. Les adolescents sont malheureux pour leurs parents ; les filles, en particulier, peuvent développer de la peur, de la haine envers eux. Ils se mettent à leur répondre sans respect, parce qu'ils n'ont plus de respect pour eux. Et cette perte de respect et d'autorité des parents atteint aussi le respect que l'adolescent a pour lui-même.

Comment réagir

La première chose à faire, impérative, est de reconnaître la situation. Celui qui a besoin de se faire soigner devra le faire en consultant un médecin. Tout parent en état de dépendance devrait faire cette démarche, ne serait-ce que pour protéger ses propres enfants. Souvent, l'appel à l'aide passe justement par l'intermédiaire de l'adolescent : par exemple, une mère emmène son fils voir quelqu'un « parce qu'il est violent, n'accepte pas l'autorité », sans parler de l'alcoolisme et des autres violences familiales. Ce qui revient à dire qu'il faut soigner chez l'adolescent les difficultés de son père. Une manière d'en rajouter dans l'identification de l'adolescent « qui se bagarre » avec son père « qui frappe ». Un adolescent ne peut reconnaître ses propres difficultés et tenter d'y trouver un remède que si son père accorde la même importance aux mêmes difficultés et fait la même démarche.
Il faut souvent aussi reconnaître l'échec du couple et accepter la séparation pour protéger les enfants. Dans les cas de violences familiales qui s'exacerbent, où l'adolescent aussi devient violent, le seul recours est parfois la séparation et l'hospitalisation de l'agresseur, y compris par la contrainte. Les victimes peuvent la demander (voir question 90, p. 248, et « Où s'adresser ? », p. 304).

72

Il y a eu un décès dans la famille

Ce jour-là, le téléphone a sonné, et la vie s'est arrêtée. Ou bien au contraire, de longs mois ont passé, dans l'attente de l'inéluctable. Depuis, tout le monde vit dans le souvenir, la tristesse. Comment faire le deuil, quand on est adolescent, fils, fille, frère, sœur, petit-fils ou petite-fille du ou de la disparu(e) ?

Plus elle touche de près l'adolescent, plus la mort est un traumatisme. Parce que c'est souvent la première fois que l'adolescent est confronté à la mort, à la question du « jamais plus », de l'au-delà. Cela entraîne la tristesse, nécessite un travail de deuil, provoque même une véritable dépression du reste de la famille, changeant l'atmosphère et les conditions de vie familiales.

S'il s'agit d'un des parents de l'adolescent, c'est toujours un drame. La disparition survient au moment même où l'adolescent avait envie de s'en séparer. Il a donc le sentiment d'être lâché, abandonné. Surtout lorsqu'il s'agit d'une disparition brutale, dans un accident de voiture par exemple. L'adolescent n'est pas préparé à vivre cela, ne comprend pas, et peut traverser une réaction dépressive grave.

Lorsqu'il y a eu suicide, inutile de le cacher. L'adolescent perçoit très vite le malaise, le non-dit. Et rien n'est plus difficile à vivre que cette « injonction d'ignorer » qui lui est faite, de savoir qu'il y a des choses qu'il ne doit pas savoir. C'est probablement ce qui est le plus néfaste pour l'équilibre psychologique. Bien sûr, lorsqu'il est informé, il se posera des questions, se demandera s'il a été un mauvais enfant, pourquoi il n'a pas su le retenir. Mais, grâce au dialogue, il pourra formuler ses questions et sa tristesse. Pour ces adolescents-là, les pensées tristes qu'ils éprouvent eux-mêmes par moments prendront une toute autre dimension, seront terriblement effrayantes, car ils savent d'expérience que ces pensées-là peuvent mener jusqu'au bout.

Lorsqu'il s'agit d'un décès dû à une longue maladie, après la souffrance du moment du décès, chacun peut éprouver, mêlé à la tristesse, un sentiment de soulagement. Et de la culpabilité face à ce soulagement. Là encore, il ne faut pas le nier, car ce n'est pas une injure faite à celui qui vient de disparaître.

S'il s'agit d'un enfant de la famille, c'est différent selon qu'il était plus jeune ou plus âgé, plus ou moins proche de lui en âge et en mode de vie. Cela renvoie l'adolescent à sa propre finitude, lui donne un sentiment d'injustice, car ce n'est pas dans l'ordre des choses que meure un enfant, et lui communique aussi une terrible culpabilité : il y a forcément eu des moments dans leur enfance commune où il n'a pas été assez gentil, où il a raté quelque chose avec celui ou celle qui a disparu. Ces moments-là lui reviennent de manière lancinante.

S'il s'agit des grands-parents, ou de tout autre membre de la famille, la réaction dépend de la proximité, de la place que la personne occupait dans la famille, de la relation qu'il entretenait personnellement avec elle, des réactions de tristesse de ses propres parents.

Comment réagir

Dans un premier temps, pour tous ceux qui sont touchés par la mort, il y a une période de deuil à laquelle on ne peut pas échapper. Souvent, l'adolescent se consacre alors à consoler l'endeuillé(e) en étant, par exemple, aux petits soins pour sa mère dont le conjoint a disparu. Avec les moyens qui sont les siens : ne pas donner de souci en travaillant bien, ne pas faire de bêtises, passer du temps avec la famille. C'est seulement ensuite, quand les adultes iront mieux, qu'il se permettra à son tour de « décompenser », par de l'agressivité, par exemple. Cette réaction aussi est normale, il n'y a pas lieu de se précipiter pour chercher un traitement psychologique du deuil, même s'il est douloureux de voir l'un de ses enfants souffrir.

D'une manière générale, il faut alors donner à l'adolescent la possibilité de continuer à vivre, de retrouver les plaisirs de son âge. Au-delà de leur propre deuil, les parents doivent prêter attention aux réactions de leur enfant, sans se précipiter immédiatement chez le médecin. Si au bout de deux à trois mois, il/elle semble ne pas s'en sortir, si on l'entend pleurer seul(e) dans sa chambre, si ses résultats scolaires s'effondrent, s'il/si elle s'enferme dans sa tristesse sans voir d'amis, alors, il faut consulter un médecin, qui saura où l'adresser. Cela demande aux parents d'être assez solides pour accepter de porter seuls leur chagrin, sans le partager avec leurs enfants qu'ils autorisent ainsi à s'en dégager. Il faut qu'ils puissent se faire aider eux-mêmes, car il est impossible de tout assumer. Parfois, il faudra même changer de cadre de vie pour ne pas faire vivre toute la famille dans les traces du mort…

Pour aller plus loin

D. Castro, *La mort pour de faux, la mort pour de vrai*, Albin Michel, 2000.
C. Fauré, *Vivre le deuil au jour le jour*, Albin Michel, 1994.
M.-F. Bacqué, *Deuil et Santé*, O. Jacob, 1997.

VIII.

LES PARENTS FACE AUX ADOLESCENTS, À DEUX OU SEULS

73

L'adolescence des enfants, une nouvelle étape pour les parents ?

Les enfants de 10 à 12 ans connaissent à une période d'équilibre : ils sont relativement autonomes, à l'aise en société, en confiance avec leurs parents. Ceux-ci peuvent avoir le sentiment du devoir accompli. Mais quand arrive l'adolescence, tout semble remis en question...

Au moment même où un enfant aborde les bouleversements de l'adolescence, ses parents vivent en parallèle ceux de la quarantaine ; on parle même parfois de « crise du milieu de la vie ». Les parents des adolescents d'aujourd'hui sont nés après la guerre : ils ont bénéficié de telles conditions de vie, de santé et de nutrition, de tels progrès médicaux, qu'ils ont pu croire à une éternelle jeunesse. Au contraire des générations précédentes, ils sont devenus adultes sans avoir eu le sentiment de vieillir... jusqu'au début de l'adolescence de leurs propres enfants : là se situe une sorte de rendez-vous avec soi-même, le bilan d'une quinzaine d'années de vie conjugale, marquées par des échecs du couple, une certaine lassitude, des insatisfactions plus ou moins pesantes... La fraîcheur, la jeunesse triomphante, la sexualité florissante de leurs enfants renvoient la génération des parents face à son âge, à son inévitable déclin physique...

Comment réagir

Les adultes ont à faire un petit deuil, celui de leur jeunesse. Ils doivent abandonner certains rêves et projets, pour les laisser à la génération suivante. C'est le moment où ils réalisent que l'essentiel de leur vie personnelle et professionnelle est derrière eux, que certaines choses ne sont plus possibles. Une prise de conscience difficile lorsque la vie ne leur a pas apporté tout ce qu'ils espéraient, un deuil toujours un peu douloureux.

C'est aussi à ce moment-là qu'ils doivent faire évoluer leur manière d'exercer leur rôle de parents et concéder un peu de la toute-puissance qu'ils avaient tout naturellement sur leurs petits. Peu à peu, des parcelles d'autorité leur échappent. Les choix éducatifs de la petite enfance, faits beaucoup plus tôt, donnent leurs premiers résultats, avec évidemment des erreurs, et c'est parfois cruel. Il faut faire face à la réalité, affronter tel ou tel caractère de l'adolescent qui s'affirme, accepter l'opposition...
La résonance entre la « crise » que traverse l'adolescent et celle que vivent ses parents se traduit parfois par des difficultés plus ou moins graves. Par exemple, des adultes trop rigides, trop crispés sur leur autorité, ne parviennent pas à faire évoluer les règles en fonction de l'âge de l'adolescent ; ou au contraire des « parents-copains » gomment l'écart entre les générations et ligotent ainsi leurs enfants dans une dépendance dorée. Actuellement, c'est cette dernière tendance qui nous guette le plus : la différence des générations doit être clairement marquée, et mieux vaut des parents « ringards » que trop « branchés », qui voudraient partager les mêmes codes que l'adolescent, au risque d'obliger celui-ci à se démarquer encore plus et autrement, par une sorte d'escalade dangereuse. Mais, dans un cas comme dans l'autre, l'adolescent ne peut pas grandir, conquérir sa place, parce que ses parents ne lui en laissent pas la possibilité. Ceux-ci doivent faire l'effort de réfléchir pour changer leur attitude, en se faisant aider si nécessaire dans ce passage difficile.

Pour aller plus loin

A. de Butler, *Génial, mes parents s'aiment !*, Fleurus, 2002.
P. Huère, *L'Adolescence en héritage, d'une génération à l'autre*, Calmann-Lévy, 1996.

74

Quand les parents ne sont pas d'accord sur l'éducation à donner

Le garçon souvent sait bien qu'il obtiendra plus et plus vite de sa mère ; et la fille a compris comment séduire son père pour obtenir de lui ce qu'elle souhaite. Tous maîtrisent parfaitement l'art de revenir à la charge jusqu'à obtenir de guerre lasse ce qu'ils veulent... Ils jouent des désaccords parentaux, se glissent dans chaque faille de leur personnalité pour tromper l'autorité, la détourner.

Un couple qui serait toujours d'accord sur tout, cela relève du mythe. Ne serait-ce que parce que les hommes et les femmes ne réagissent pas de la même façon sur tous les sujets. Rien de plus positif et de plus sain, donc, que des différences de points de vue entre personnalités différentes. De toute façon, lorsqu'un désaccord est occulté par un accord de façade, l'adolescent le perçoit très bien. Et il comprend très bien aussi que l'un de ses deux parents sacrifie en silence son avis personnel. Ce qui risque de le faire aboutir à la conclusion qu'il est impossible que deux personnes s'entendent, sans que l'une d'elles renonce à sa personnalité.

Au moment où l'adolescent utilise la différence pour se construire, celles qu'il constate entre son père et sa mère ne peuvent que l'aider, à condition que leurs désaccords se résolvent par des compromis permettant de vivre heureux ensemble.

Tous les jeunes apprennent à jouer de l'écart entre les points de vue de leurs parents : ils sont même très habiles à repérer les interstices, les fragilités des positions des adultes, et à les creuser astucieusement, tenacement. Même si c'est usant pour les parents, il est utile aux adolescents, pour leur avenir, de savoir jouer ainsi sur la psychologie de leur « adversaire » dans la négociation. Cela développe une intelligence des relations humaines précieuse dans la vie. Attention, cependant, à l'escalade

« complémentaire », lorsque l'un des deux parents compense systématiquement l'attitude de l'autre en se faisant la remarque : « Puisque mon mari est trop sévère, je vais tout laisser passer », ou bien : « Il faut que je sois autoritaire pour deux, puisque ma femme ne l'est pas assez. »

Comment réagir

À chaque couple de trouver les recettes pour gérer l'équilibre entre ses différences. Il peut y avoir des domaines, comme l'organisation de la vie quotidienne, où l'avis de la mère est prépondérant, car elle en est responsable. Ou bien des moments où l'autorité est tout entière déléguée à un seul : « Le week-end, c'est ton père qui décide. » L'un ou l'autre des parents, alternativement, peut décider de se ranger à l'avis de l'autre, de manière équitable. C'est à celui-ci, bien sûr, d'assumer les conséquences de ses choix. L'adolescent doit en tout cas sentir que pour les décisions le concernant, ses parents réfléchissent et choisissent en fonction de lui, et qu'il n'est pas l'enjeu de leurs désaccords. Les parents doivent s'interdire de se servir de l'adolescent comme d'un allié dans un conflit qui ne le concerne pas, ou de prendre des décisions en cachette de l'autre parent, pour éviter l'affrontement.

Bien entendu, un accord de principe global et des valeurs communes entre les parents rend la gestion des relations avec un adolescent plus facile ! Plus les désaccords sont flagrants, plus il faut prendre le temps de déterminer une ligne de comportement commune, à froid plutôt que dans le feu de la négociation. Une fois cette position de principe établie, il est alors infiniment plus confortable de s'y tenir, plutôt que de naviguer à vue. Cela suppose de prendre le temps de réfléchir ensemble sur certaines situations avant qu'elles ne se présentent (sans grand risque de se tromper, on peut faire la liste des sujets qui viendront à l'ordre du jour au cours d'une adolescence normale – ce livre est consacré à cela !).

Dans le feu de l'action, face à un adolescent qui se fait insistant, il arrive de dire oui trop vite, pour avoir la paix, parce qu'on n'a pas pris le temps de mesurer les enjeux, ou parce qu'on a peur de perdre l'amour de son enfant, de le braquer et de couper le contact avec lui. Sur le moment, certes, cela fait gagner du temps. Mais cela risque fort de compliquer la vie plus tard. Car les adolescents ayant réussi à nous faire plier seront plus déterminés au prochain épisode !

Il ne faut surtout pas non plus accorder de permissions, ni quoi que ce soit, en cachette de son conjoint, et se faire complice contre l'autre parent, mère et fille contre le père, père et fille contre la mère. L'adolescent retiendra la leçon de duplicité et l'utilisera un jour ou l'autre contre son ancien « allié »...

Mieux vaut reconnaître de temps en temps, sans amertume, qu'on « s'est fait avoir » par l'adolescent, qu'il a « bien joué », mais que la prochaine fois on sera plus ferme. Cette ligne de conduite prouve que les parents ne sont pas dupes, mais qu'ils peuvent être aussi tenaces que leurs enfants, lorsqu'ils considèrent que cela en vaut la peine. Cette attitude est efficace, mais elle dévore beaucoup de temps et d'énergie ! Elle donne aussi à l'adolescent l'occasion de réfléchir sur ses relations avec ses parents, aussi bien pour déterminer des stratégies envers eux que pour comprendre ce qu'ils pensent vraiment. Une manière de grandir !

Pour aller plus loin

L. Roussel, *La Famille incertaine*, O. Jacob, 1989.

75

Faut-il attendre que les enfants soient adolescents pour se séparer ?

Quand rien ne va plus dans le couple, l'adolescence des enfants, avec la nouvelle autonomie qu'elle leur apporte, est souvent le moment des bilans. Et des décisions de séparation…

S'il existe un moment où les enfants supportent mieux le divorce de leurs parents (mais choisit-on vraiment le moment ?), ce n'est ni la période de l'Œdipe, dans la petite enfance, ni la puberté, mais plutôt la grande enfance, qu'on appelle la phase de latence. Ils sont alors moins vulnérables, car installés dans un certain équilibre – de même, à la fin de l'adolescence, parce qu'ils ont déjà une vie affective et sociale plus autonome, qu'ils ne dépendent plus complètement de la cellule familiale pour l'équilibre de leur vie.
L'adolescent, qui semble bien armé, réagit volontiers en disant à ses parents : « Faites comme vous voulez ! » Mais il y a une différence entre sa réaction intellectuelle et sa réaction affective. En réalité, il est affectivement aussi touché qu'un enfant plus jeune, surtout au moment des bouleversements les plus importants, entre 12-13 ans et 15-16 ans. L'annonce de la séparation de ses parents provoque de toute façon un sentiment d'écroulement total et une souffrance. Cette rupture lui apparaît comme une menace de perdre aussi bien ses repères matériels qu'affectifs. C'est un événement grave, qui demande du temps pour entrer dans son esprit et dans la vie quotidienne. Mais ce n'est pas une catastrophe psychique dont on ne pourrait pas se remettre. Au contraire, comme de toute épreuve bien surmontée, le jeune peut en sortir plus fort, plus mûr.
La situation est très différente selon qu'il s'agit d'un conflit ancien ou récent. Lorsque la séparation fait suite à une période de très grande

tension entre les parents, avec parfois des violences physiques, celle-ci peut être vécue comme un soulagement, même si les uns et les autres ne peuvent se l'avouer, à condition que les conflits s'arrêtent.

Quand il s'agit d'un conflit récent, lié par exemple à la « crise de la quarantaine » des parents, et à la révélation que celui ou celle qui demande la séparation a un ou une ami(e), l'adolescent est brutalement confronté à la vie personnelle de ses parents et à leur sexualité. Sa réaction est alors de prendre de la distance par rapport aux problèmes de ses parents, en cherchant parmi ses amis un cocon de sécurité et de calme. Par exemple, il se trouve un petit ami ou une petite amie et se fait « adopter » pendant quelque temps par la famille de celui/celle-ci.

On constate ainsi chez les enfants de parents séparés une sexualité un peu plus précoce. Il n'est pas exceptionnel non plus que l'adolescent, qui serait de toute façon en opposition avec l'un ou l'autre, exacerbe les tensions entre ses deux parents en instance de séparation, en jouant du « Papa m'a dit que... » ou « Maman ne veut pas que... ». C'est une manière de chercher à reconstituer le couple parental, en se plaçant en son centre.

Comment réagir ?

Même si c'est bien difficile, les parents doivent séparer autant que possible les enjeux et les problèmes qui les concernent de ceux qui concernent leurs adolescents. La vie personnelle et sexuelle des adultes ne regarde pas les enfants du couple : il n'y a donc pas de justification à donner. S'il y a eu infidélité de l'un d'entre eux, par exemple, il est inutile d'entrer dans les détails.

Les adolescents ne sont pas responsables de ce qui arrive aux adultes : il faut le leur dire, pour qu'ils ne se sentent pas coupables (plus les enfants sont jeunes, plus ils ressentent cette culpabilité). Mais, le plus souvent, ils sont guidés par le souci de préserver leur propre univers à travers les bouleversements et les difficultés matérielles qui s'annoncent, et ce qui fait le sens de leur vie : amis, activités, collège ou lycée.

Il ne faut pas laisser paraître que la décision est en rapport avec eux, comme lorsqu'on dit : « Maintenant que tu es grand, nous pouvons divorcer. » Ce serait transmettre l'idée que la vie des parents est conditionnée uniquement par les enfants. Et aussi qu'il vaut mieux ne pas grandir, puisque cela produit de telles catastrophes...

De même, si l'on explique : « Nous sommes restés ensemble jusqu'à maintenant pour toi », cela donne à l'adolescent le sentiment que ses parents faisaient semblant d'être un couple jusqu'à ce qu'il ait l'âge fatidique permettant la séparation, et que tout le monde vivait dans le factice depuis longtemps. Même si c'est vrai, il est inutile d'insister en le disant ; sans doute le jeune le sentait-il confusément, mais il avait besoin de croire au lien qui unissait ses parents.

Enfin, il serait aussi néfaste de simuler l'entente pour annoncer : « Nous ne nous entendons plus. » Les parents essayent ainsi d'éviter les choses difficiles à dire, mais l'adolescent ne peut plus s'y retrouver. On ne se sépare pas sans raisons graves, et il ne faut pas les banaliser.

La meilleure solution est d'annoncer ensemble, père et mère, cette décision aux enfants. Face à un adolescent plus encore que devant un enfant, il est possible que chaque parent dise « sa » vérité, en ménageant l'image de l'autre parent, qui doit rester respectable. Il y a en effet toujours plusieurs vérités : les faits matériels, les événements peuvent être communs, mais chacun a sa propre appréciation des relations, de l'histoire affective. Il est important de reconnaître que le point de vue de l'autre peut être différent du sien : c'est justement cette différence qui provoque la séparation.

Un adolescent ressent profondément ce qui sonne juste et ce qui sonne faux dans les paroles des adultes. Il a le droit d'être informé de ce qui le concerne dans la séparation, excepté ce qui se rapporte à l'intimité de leur couple. La connaître ne lui servira à rien pour affronter la souffrance. Au mieux, cela le mettra mal à l'aise ; au pire, cela l'excitera : cela lui fait le même effet que s'il regardait par le trou de serrure de la chambre conjugale.

Pour aller plus loin

G. Poussin, E. Martin-Lebrun, *Les Enfants du divorce*, Dunod, 1997.
I. Théry, *Le Démariage*, O. Jacob, 2001.
C. Couturier, *Guide des parents séparés*, Syros, 2001.
G. Neyrand, *L'Enfant face à la séparation des parents : garde alternée*, Syros, 2001.

Pour les ados
F. Cadier, *Les miens aussi ils divorcent*, La Martinière, 1998.

76

L'adolescent doit-il choisir avec lequel de ses parents il veut habiter ? Comment organiser sa vie le mieux possible ?

« Si ça continue, je ne reviendrai plus chez toi ! » « Si ça continue, je t'envoie chez ton père, et tu verras ! » « Tu préfères vivre chez ta mère, qui t'aime tant, ou chez ton père, qui n'est jamais là ? »... Ces phrases que les enfants ou les parents ont peut-être laissées échapper dans un moment de tension ou de tristesse, comment les reprendre intelligemment, au moment où les enfants de parents séparés deviennent adolescents ?

Au moment de la séparation, l'adolescent, quel que soit son âge, n'est pas en position de décider de sa vie, et il faut le lui dire clairement. Il serait bien trop lourd pour lui de porter la responsabilité d'un tel choix. Cela le contraindrait aussi à prendre parti en faveur de l'un ou l'autre de ses parents, ce qui est extrêmement difficile. En revanche, il peut être consulté, et donner son avis. C'est le juge aux affaires familiales (J.A.F.) qui prend la décision, mais il n'est pas obligé de tenir compte des avis et des opinions, qu'il s'agisse de ceux des parents ou des enfants.
Il doit juger en fonction du bien des enfants, y compris pour l'organisation du droit de visite. Ainsi, par exemple, un adolescent qui déclarerait : « Je ne veux plus voir mon père » avec l'assentiment de sa mère ne serait pas forcément suivi.
L'adolescent doit le savoir à l'avance. Souvent, il préfère aller vivre chez celui de ses parents avec lequel il a la relation la plus facile – la plus « cool » –, avec qui il n'est pas en opposition à ce moment-là de sa vie (ce qui ne veut pas dire qu'il y ait absence d'autorité). Dans la tourmente qu'il traverse, il privilégie aussi son environnement et ses amis, pour conserver un cocon protecteur, un refuge dans son chagrin.
Chacun de nous a besoin d'une unité, doit pouvoir se représenter un endroit à soi. C'est donc cela qu'il faut privilégier en premier. Mais

chaque formule d'organisation possède ses avantages et ses risques. Et toutes ne sont pas toujours possibles, pour des raisons géographiques et financières. Quand les domiciles sont proches, la garde alternée permet une continuité dans la vie sociale et les activités ; mais elle suppose d'avoir tout en double, y compris la chambre. De fait, l'une des deux maisons l'emporte presque toujours sur l'autre, en fonction de la qualité de la relation avec ceux qui y vivent.

De toute façon, les allers et retours entre les deux domiciles sont toujours difficiles pour l'adolescent : ils réactivent chaque fois la nostalgie de ce qui n'est plus, font mesurer la distance entre les deux pôles de sa vie. À l'adolescence, la meilleure organisation peut changer très vite et très souvent de forme. Fréquemment, dans le cas de séparations anciennes, les visites de l'adolescent(e) au parent qui n'a pas la garde s'espacent, deviennent irrégulières, tant il/elle est occupé(e) par sa vie avec ses amis. Les fêtes et autres activités sportives ont toujours lieu le week-end, au moment où il/elle devrait aller chez l'autre parent. Il faut alors inventer d'autres manières de garder le contact (voir question 12, p. 39).

Comment réagir

Les juges aux affaires familiales entendent les adolescents à partir de 13 ans, avant de rendre leur décision finale. En général, l'adolescent veut rester sur place, ne pas déménager pour ne pas perdre ses amis et son environnement. Ou bien il choisit celui de ses parents avec lequel il se sent le plus lié.

Une fois la décision de la séparation prise, l'organisation matérielle doit se mettre en place le plus vite possible, pour ne pas laisser l'ado dans l'incertitude là-dessus, alors qu'il y a déjà tant d'incertitudes en lui. Il doit savoir ce qui va lui arriver dans un avenir proche, de trois à six mois, car il lui est difficile de se projeter au-delà. Et il doit d'emblée avoir toute liberté pour voir ses deux parents, régulièrement ou à sa guise, quand il en a envie. Ses besoins et désirs changent très vite, beaucoup plus vite que les décisions de justice, qui doivent s'y adapter. Cela oblige à une grande souplesse en ce qui concerne l'organisation matérielle. Il n'est pas toujours possible de respecter à la lettre les clauses du jugement de divorce, de compter en heures de présence. C'est un moment où il faut, pour les parents, accepter de s'adapter à une nouvelle manière de vivre les relations : c'est lui, ou elle, qui décide quand il veut voir ses parents, et de quoi il/elle a envie de parler. Il faut donc évoluer sans cesse, pour trouver le véritable intérêt de l'adolescent, la meilleure qualité de relations. Par exemple, le week-end chez son père, qui le/la coupe de son réseau d'amis, peut être transformé en soirées restaurant-cinéma pendant la semaine.

Quand les parents vivent éloignés l'un de l'autre, tout doit être fait pour préserver la relation avec le parent qui n'a pas la garde. Au moment du jugement de divorce, il faudrait prévoir une « bourse de voyages » dans laquelle l'enfant pourrait puiser. Cela coûte cher, mais cela en vaut la peine. Il y gagne en outre une nouvelle liberté de déplacement, la possibilité de découvrir de nouveaux horizons, une manière de se changer les idées – des avantages secondaires non négligeables.
Lorsque l'adolescent revient de chez l'autre parent, même si tout s'est bien passé sur place, il faut s'attendre à ce qu'il soit triste, silencieux, désagréable, puisque cela ravive la douleur de la séparation. Mieux vaut respecter son silence et sa réserve et surtout éviter de poser la fatidique question : « Comment ça s'est passé ? » Cette question est vécue comme une intrusion, une injonction à prendre parti en critiquant ou en se réjouissant.

77

Seule avec l'adolescent, vous avez besoin de respirer, ou vous n'y arrivez plus... Et s'il allait vivre chez son père ?

Il vous dépasse d'une bonne tête, refuse toute autorité, aussi bien à la maison qu'à l'école, et multiplie les bêtises. Elle est devenue une jeune fille qui s'oppose sans cesse à sa mère. Et vous, vous avez besoin de respirer, de faire le point sur votre vie professionnelle ou affective. Quelle attitude adopter ? Le père peut-il prendre le relais ?

Si la séparation remonte à longtemps, la mère a vraisemblablement eu la garde des enfants parce qu'ils étaient petits, et elle leur a consacré tout son temps. Très légitimement, vient un moment où elle souhaite « passer la main ». Ou bien la question se pose lorsque l'adolescent atteint l'âge de 13 ou 14 ans, moment où apparaissent les conflits. La fille entre en rivalité avec sa mère, le fils ne veut plus se soumettre à son autorité. Alors, soit c'est la mère qui brandit la menace : « Si ça continue, je t'envoie chez ton père », soit c'est l'enfant : « J'en ai marre, je préférerais vivre avec Papa ! »
Lorsque la mère, après la séparation, n'a pas reformé de nouveau couple, elle a souvent pris l'habitude de s'appuyer sur son enfant pour affronter la solitude, lui donnant ainsi un statut d'adulte, ou presque, de confident de ses malheurs, de « thérapeute » de ses déprimes. Cet enfant devenu la « béquille » de sa mère développe peu à peu le sentiment qu'il a autorité sur elle. Du coup, quand viennent l'adolescence et ses inévitables affrontements, il refuse toute marque d'autorité de sa part, parce qu'il l'a protégée et soignée. De son côté, la mère sait qu'un garçon a besoin d'un homme à l'adolescence, se sent coupable de ne pas donner de père à son fils, se rend compte qu'elle ne peut pas tout assumer. Le fils ressent tout cela et sait la toucher à ce point de fragilité.
Tout cela est classique. Lorsque vient l'adolescence, une mère doit donc

très vite repérer ses limites pour ne pas se laisser enfermer dans ce duo mère-enfant. Cela signifie – c'est souvent difficile – accepter l'intervention d'un tiers, d'un autre regard sur les relations avec lui. Une mère ne peut plus éduquer seule un enfant en position de force parce qu'il se sent indispensable à son bien-être, parce qu'il sait qu'elle ne peut se passer de lui. À l'adolescence des enfants, il faut de nouveau assumer la solitude, accepter une nouvelle forme de séparation.

Il est aussi normal qu'un adolescent ressente le besoin de refaire connaissance avec celui de ses parents qu'il ne fréquente pas au quotidien, d'expérimenter la différence des sexes, les différences qui existent entre ses parents, et aussi de se confronter à celui avec qui il ne l'a pas encore fait et connaître la famille de son père. Il a besoin de savoir d'où il vient pour s'enraciner dans son histoire : à cet âge, la question des origines s'impose à lui (voir question 69, p. 190). Il peut trouver dans cette famille des images de couples et des personnalités auxquelles s'identifier; et ceux-ci peuvent être mieux prêts que des étrangers à s'investir auprès de lui.

À défaut de père, il ne faut pas priver l'adolescent d'une partie de sa famille, maternelle ou paternelle, lorsqu'elle existe. Si son père (ou sa mère) est décédé (e), les liens sont affaire de volonté réciproque et d'occasions à créer. Même si le parent absent a eu des torts, s'est désintéressé de ses enfants, la relation avec sa famille doit être maintenue.

Comment réagir

Il est impossible d'assumer complètement deux rôles à la fois – manier l'autorité tout en donnant une affection inconditionnelle. Il ne faut pas permettre à l'adolescent de devenir le petit maître de la maison et de jouer un rôle de jeune compagnon qui n'est pas le sien. Si c'est trop difficile, si la mère risque de se retrouver soumise à la loi de l'adolescent, elle doit avoir le courage de prendre les grands moyens et d'envisager la séparation pour un temps. Mieux vaut déléguer le rôle qu'on a trop de mal à remplir, et pour cela s'appuyer sur d'autres adultes, des hommes de préférence.

À l'adolescence, il est préférable que le père prenne son fils en charge. Le passage ne doit pas se faire « à chaud », dans une situation de crise ouverte entre mère et fils, mais en douceur, en le préparant à l'avance. Il ne doit surtout pas être vécu comme une punition ou comme un abandon. Cela suppose de prendre le temps de se mettre d'accord sur le changement de domicile et de l'organiser progressivement, par exemple en allongeant week-ends et vacances, avant le grand saut à la rentrée scolaire suivante.

Dans les cas de conflit, la mère éprouve un sentiment de rejet, d'injustice. Elle a assumé seule les années difficiles de la petite enfance, a quelquefois sacrifié beaucoup de sa vie personnelle pour s'occuper de ses enfants. Et voilà qu'à l'adolescence, au moment où les contraintes matérielles pèsent moins lourd, elle se retrouve seule. Les enfants veulent à leur tour la quitter, en lui préférant celui qui les a peut-être abandonnés quelques années plus tôt.

Si c'est la mère qui n'en peut plus, l'adolescent risque d'avoir le sentiment d'être rejeté et déposé chez son père comme un paquet encombrant dont personne ne veut. Dans ce cas, il y a toutes les raisons pour que cela se passe mal : le père se retrouve face à un enfant qu'il ne connaît pas bien, engagé dans une expérience pour laquelle personne n'est vraiment volontaire. Il est mal préparé à reprendre son rôle paternel et risque de se disqualifier pour longtemps. Toutefois, dans certains cas, les choses se passent mieux entre père et fille qu'entre père et fils, si la séduction joue son rôle et que la belle-mère le permet.

Lorsque se profile l'échec de la cohabitation père-fils, la mère, qui pendant ce temps-là a souvent souffert de l'absence de son fils, lui ouvre les bras. Souvent, elle a même inconsciemment œuvré pour que cela se passe mal, pour se venger, ou pour « casser » auprès de l'enfant l'image de son père. D'où un retour à la case départ, avec un adolescent renforcé dans son sentiment de toute-puissance sur sa mère, ayant parfois définitivement perdu sa chance de construire une relation avec son père...

Pourtant, le changement de domicile peut être une nouvelle étape positive pour l'adolescent, et donner aux deux parents un sentiment de « réparation » des difficultés passées. L'internat peut être aussi une bonne solution (voir question 98, p. 274).

Si le père ne peut remplir ce rôle, ou s'il est mort, il revient à la mère de maintenir des liens avec la famille paternelle, même si ce n'est ni un appui ni un plaisir pour elle. Cela permet à ses enfants d'avoir accès à leur « héritage », en construisant des relations avec les oncles, tantes, grands-parents, tous ceux qui peuvent leur parler de leur père, le faire vivre pour eux. Pour que les relations entre l'enfant et la famille du disparu soient solides et se poursuivent durant l'adolescence, il faut les construire bien avant, dès l'enfance. Et donc accepter, ou susciter, toutes les occasions de rencontres et de connaissance mutuelle : vacances communes, retrouvailles familiales, déjeuners dominicaux...

Si le père, ou la mère, a disparu, et qu'il n'y a pas de famille pour prendre le relais, le parent restant doit solliciter encore plus sa propre famille, afin qu'elle puisse offrir à l'enfant une image de couple et un soutien plus général. L'adolescent doit pouvoir sentir que sa mère, ou son père, n'est

pas seul(e) au monde, et qu'il peut s'appuyer sur d'autres images parentales pour conquérir sa propre autonomie.
Si rien de tout cela n'existe, les amis du parent devraient pouvoir jouer ce rôle, ou même les parents des amis de l'adolescent. Il y a beaucoup de gens de bonne volonté prêts à s'investir, à condition d'être clairement sollicités et que l'échange ne soit pas toujours à sens unique. On peut ainsi trouver une sorte de parrain pour l'adolescent, quelqu'un qu'il pourra aimer et respecter, et qui saura intervenir et imposer son autorité. Cela n'est possible que si la mère fait un véritable effort pour favoriser les relations de l'adolescent avec des hommes auxquels il peut avoir envie de ressembler : grand-père, oncles, amis de la famille, ou bien encore professeurs, animateurs sportifs, chefs scouts ou autres. Ceux-là aussi peuvent jouer un rôle, mais souvent leur présence est passagère, ne dure que le temps d'une année.

78

Comment éviter les conflits avec son ex-conjoint à propos des enfants ? Comment rester parent quand on ne vit pas avec eux ?

Du jour au lendemain parfois, les relations entre les parents et leurs enfants ne sont plus quotidiennes, ne se tissent plus avec les contraintes de la vie, ne reposent plus sur rien d'obligatoire. Au milieu des tensions, des souffrances et de la culpabilité, il faut réinventer une nouvelle manière d'être parent.

Si la séparation du couple comporte un enjeu, c'est de permettre aux parents de rester pleinement parents, chacun à sa manière. Il est normal qu'il y ait des désaccords, des conflits, sinon il n'y aurait pas de séparation. Leur absence serait plutôt un signe d'évitement ; désaccords et conflits risqueraient alors d'empoisonner longtemps les relations entre les uns et les autres. L'adolescent étant lui-même dans une période d'opposition à ses parents, ce conflit particulier vient souvent renforcer celui des parents entre eux.

Il faut attacher tous ses efforts à résoudre ces difficultés, mais c'est extrêmement difficile. L'attitude de l'ex-conjoint envers ses enfants est souvent une des causes de la séparation ; or tout ce qui pouvait lui être reproché avant dans sa manière d'être n'a aucune raison de s'améliorer après le divorce ! Cela suppose de renoncer à ce qu'il ou elle soit le père ou la mère tel(le) qu'on le ou la souhaiterait pour ses enfants. Et de ne plus intervenir dans sa manière de vivre, puisque son style de vie lui appartient désormais à lui/elle seul(e).

Ce qui est paradoxal, c'est qu'il faut s'efforcer à plus de communication encore, plus d'accord mutuel, pour organiser la vie des enfants. Alors que justement on n'a pas réussi à le faire avant, quand on s'entendait bien. Et la plupart du temps, aucun des deux parents n'a envie d'entendre parler de l'autre ou de parler avec l'autre.

En effet, dans un couple, l'organisation matérielle de la vie, des petites aux grandes décisions, passe souvent par des délégations implicites, sur la base de la confiance réciproque. Quand le dialogue et la confiance n'existent plus, il faut mettre en place un système de parole et d'échanges d'informations beaucoup plus formel et plus lourd, d'autant que l'adolescent « manipule » volontiers son entourage.
À l'inverse, du côté du parent non gardien, il est extrêmement difficile de rester en prise avec la réalité des contraintes matérielles de la vie quotidienne. C'est d'autant plus vrai que les adolescents sont jeunes et que la séparation est ancienne. La relation entre un parent et son enfant a besoin de se nourrir en parlant des petites choses concrètes, en suivant au jour le jour ses préoccupations, son évolution. C'est dans cette intimité que l'adulte peut observer comment ses réactions changent, comment son caractère s'affirme. De nombreux pères, souvent de bonne volonté au départ, ne voient plus régulièrement leurs enfants parce qu'ils se sont écartés de cette vie quotidienne, de cette richesse de la relation, et peu à peu ils se sentent inutiles, étrangers. C'est d'ailleurs un des mérites de la garde alternée que de maintenir le contact au quotidien pour chaque parent.

Comment réagir

Chacun des parents doit apprendre à laisser l'autre vivre comme il l'entend, puisque cela ne le regarde plus. Il n'a de droit de regard et d'intervention qu'en cas de comportements graves : si le père ou la mère délaisse complètement ses enfants, se conduit dangereusement avec eux, ou commet des gestes déplacés.
Une fois par an au moins, il faut se fixer un moment de rencontre pour régler les grandes lignes de la vie de l'adolescent – études, activités, santé, décisions à prendre. Comme ses besoins et ses désirs évoluent vite, il faut régulièrement réajuster l'organisation et les finances en fonction de ceux-ci. Jusqu'à 14 ou 15 ans, c'est aux parents de prendre au maximum, ensemble et directement, les décisions qui le concernent. Sans obliger l'adolescent à jouer les intermédiaires parce que ses parents veulent éviter de se parler. Après, en revanche, les choses peuvent se discuter directement entre un jeune et chacun de ses parents, car il doit être partie prenante des choix à faire pour ce qui concerne son orientation, ses activités, l'organisation de sa vie.
Même si c'est difficile, l'organisation matérielle de la vie de l'adolescent ne doit pas se transformer en enjeux entre les parents, ni en poids ou en frustrations trop lourdes pour lui. Il ne doit pas se sentir coupable d'exister, de provoquer des affrontements et doit oser soulever les problèmes

d'organisation rencontrés. Exemple classique : le parent gardien ne doit pas décider seul, ou laisser l'ado décider seul, des activités du week-end – entraînement de danse ou de foot – si le parent qui a la garde le week-end doit en assumer les contraintes dans sa propre organisation. Il faut aussi avoir l'honnêteté de faire exister l'autre parent dans la vie quotidienne, à travers ce qu'il fait ou donne à son enfant. Penser à dire, par exemple, au moment de l'arrivée du courrier : « Tiens, voilà le chèque de ton père pour payer ton équipement de ski. »

Du côté du parent qui n'a pas la garde, rester en contact avec l'adolescent suppose de réels aménagements de vie, pour que la distance géographique ne soit pas un obstacle à toute relation. Il est important que l'adolescent sache que, même sans contact quotidien avec lui, l'autre parent a fait des choix en fonction de lui.

De même, il faut saisir toutes les occasions de garder des liens avec sa vie quotidienne. Les rendez-vous téléphoniques, les messages par Internet sont une bonne manière de se tenir au courant, plusieurs fois par semaine, de la vie quotidienne, des derniers événements – la note de maths, la fête chez la copine... –, sans qu'il y ait d'interférences ou de surveillance de la part de l'ex-conjoint. Il ne faut pas rater non plus une occasion de participer aux rites de la vie quotidienne : se charger d'aller la chercher le soir à une fête, ou à un retour de voyage... Pensez aussi à souhaiter les anniversaires ! Si les relations sont suffisamment bonnes entre les deux ex-conjoints, c'est un beau cadeau à faire à l'enfant que d'instaurer l'habitude, une fois par an, de se retrouver ensemble pour un repas de fête en son honneur. Demandez l'envoi des bulletins scolaires en double, comme la loi le prévoit explicitement depuis peu. Rappelez régulièrement que vous êtes toujours disponible pour lui ou elle quand il/elle en a besoin et sachez répondre présent dans les circonstances difficiles (un train raté tard le soir, une agression à la sortie du collège...).

Il arrive que, après deux ou trois années de rupture ou de relâchement dans les relations avec le parent avec lequel il ne vit pas, un adolescent éprouve le besoin de le voir, de refaire connaissance. C'est pour cela que l'adulte doit continuer à se montrer disponible par des signes de vie réguliers, même s'il y a eu des conflits, même s'il n'y a aucune réponse pendant longtemps. C'est à l'adulte aussi de faire le premier pas, inlassablement, de montrer qu'il a besoin et envie de voir son enfant, pour ne pas laisser l'adolescent se draper dans sa dignité et s'enfermer dans une prestance dont tout le monde souffre. À l'âge où tout change si vite, il ne faut jamais désespérer !

79

Quel est le rôle d'un homme face à l'enfant de sa compagne qui devient adolescent, d'une femme face à celui de son compagnon ?

Juridiquement, socialement, on n'est « rien » l'un pour l'autre. Et pourtant, on se retrouve en tête à tête en pyjama au petit déjeuner, on partage les corvées de poubelle à descendre ou de table à débarrasser, on est témoin des moments importants de sa vie d'adolescent, crises de larmes ou premières amours, sa présence compte dans la construction du nouveau couple...

Lorsque la famille recomposée existe depuis longtemps, le beau-parent qui a accompagné la vie et l'éducation tout au long de l'enfance peut s'assimiler à un parent. Il doit simplement veiller à ne jamais occulter la place de l'autre parent, le géniteur.
La situation est très différente lorsque c'est au milieu de l'adolescence que débarque un beau-père, ou que deux familles avec des enfants d'âges divers s'assemblent selon telle ou telle recomposition. Elle demande alors beaucoup plus de précautions. Il s'agit de faire vivre sous le même toit, de la manière la plus harmonieuse possible, des personnalités qui arrivent avec des histoires différentes, souvent difficiles et marquées de ruptures. L'instauration de la vie commune dans la famille se rode peu à peu, au cours des années. Quand elle se construit d'un seul coup, il faut un temps d'apprentissage et de réflexion sur l'attitude et le rôle de chacun.
Sauf en cas de moyens financiers importants, il est difficile de donner à chaque adolescent une place « en double », à la fois chez son père et chez sa mère : le risque est donc toujours présent que des enfants se sentent « en trop », ou « à part ».
La qualité de la relation des adolescents avec leurs beaux-parents est très variable : elle dépend d'une part de la nécessité pour l'adolescent de

s'opposer à l'un de ses parents, d'autre part de l'attitude plus ou moins juste du beau-parent. Beau-père ou belle-mère sont souvent la cible de l'agressivité de leurs beaux-enfants : dans le combat entre le bon et le mauvais parent, leur rôle est tout désigné ! Les conflits surviennent lorsque chacun ne tient pas sa juste place.
Le maître mot est donc le respect : respect des adultes envers des adolescents qui ne sont pas les leurs, mais aussi respect des adolescents à l'égard d'adultes qui, sans être leurs parents, n'en sont pas moins des personnes. En tant qu'adulte, c'est en s'imposant ce respect à leur égard qu'on pourra exiger d'être respecté.

Comment réagir

De fait, les adolescents subissent une situation qu'ils n'ont pas choisie. Il faut leur reconnaître le droit de ne pas aimer le nouveau conjoint de leur père ou de leur mère, le droit de penser ce qu'ils veulent en leur for intérieur, même s'ils ont le devoir de respecter les règles fixées pour la cohabitation.
Justement parce qu'ils ne coulent pas de source, il faut se donner des principes très clairs. Le beau-père et la belle-mère n'étant pas des parents, les distances doivent être plus grandes que dans une famille classique. Ils doivent s'interdire de parler du père ou de la mère absent, et encore plus de prendre sa place, ou encore de donner devant l'adolescent des conseils d'éducation aux parents légitimes. Par ailleurs, les adolescents doivent pouvoir passer du temps seuls avec leur père ou mère, hors de la présence de son nouveau compagnon.
Il y a aussi des règles simples à respecter dans la vie quotidienne : frapper toujours avant d'entrer dans la chambre d'un adolescent, ne pas toucher à son courrier ni faire de commentaires sur ses résultats scolaires. En revanche, il est légitime de fixer des exigences pour le cadre de vie commun, comme mettre le couvert ou ranger ses affaires, à condition de les respecter soi-même et de loger tout le monde à la même enseigne.
Les relations entre beaux-parents et beaux-enfants peuvent s'exercer d'abord sur des terrains neutres, pour se « tester » : sport, cinéma ou cuisine. La discussion est parfois d'autant plus libre qu'il ne s'agit pas de ses propres enfants !
Lorsque l'agressivité devient trop forte entre un adolescent et un beau-parent, pour des raisons qui souvent dépassent ce dernier, lorsqu'ils ne peuvent plus se croiser dans les couloirs de l'appartement ni partager le même repas sans tension, mieux vaut envisager qu'il aille vivre pour un temps chez l'autre parent, ou encore en internat.

SON PÈRE VIT AVEC UN HOMME, SA MÈRE VIT AVEC UNE FEMME

Après une relation hétérosexuelle, d'où est issu l'adolescent, son père, ou sa mère, a fait le choix de l'homosexualité et vit en couple avec son ou sa partenaire. Il arrive souvent que l'homosexualité de l'un des parents soit révélée seulement à l'adolescence des enfants : au moment où ceux-ci semblent plus autonomes, mieux capables de comprendre. Vivre avec le couple homosexuel n'influence pas l'orientation sexuelle de l'adolescent, pas plus que de vivre avec un couple hétérosexuel. Au moment où les plus jeunes (13-14 ans) ressentent de l'attirance envers leurs pairs du même sexe, pour se comprendre eux-mêmes, ils peuvent être renforcés dans leurs doutes, interpréter cela comme une attirance homosexuelle, et s'en défendre. Cela risque plutôt de les propulser vers des relations précoces avec l'autre sexe. On s'aperçoit en effet que ces jeunes ont une vie sexuelle plus précoce et plus intense que la moyenne. À un âge où l'on est plutôt conservateur, où l'on veut surtout être « comme les autres », il est difficile de supporter ce qui sort de la norme. Même si ces adolescents ne portent pas de jugement sur leur parent et affirment que ça ne les gêne pas, ils invitent peu d'amis chez eux, pour ne pas les confronter à la situation et n'en parlent guère à l'extérieur.
Le parent concerné doit s'imposer une obligation de réserve dans ses gestes et ses paroles adressés à sa compagne ou à son compagnon (comme les parents hétérosexuels, d'ailleurs). Mieux vaut que ce partenaire soit stable et puisse aussi être une figure d'adulte pour l'adolescent. Le parent homosexuel peut exposer la situation sans commentaires et doit se garder de tout prosélytisme envers les enfants : le militantisme éventuel ne concerne que lui et les autres adultes. L'autre parent devrait, quant à lui, s'abstenir de tout jugement, mais peut sans souci laisser l'adolescent aller d'une maison à l'autre.

Pour aller plus loin

A. Cadoret, *Des parents comme les autres, Homosexualité et parenté*, O. Jacob, 2002.

IX.

PETITES ET GROSSES BÊTISES

80

Il fait des bêtises

Dans une carrière de parents d'adolescents, il n'est pas rare d'avoir à aller récupérer son fils au commissariat de police, sa fille à l'hôpital... Et encore moins rare d'avoir à jouer les empêcheurs de faire des bêtises en rond, les redresseurs de torts. Comment réagir à bon escient, sans panique ni laxisme ?

Ce n'est pas qu'il ou elle fasse des bêtises qui pose problème, car c'est le propre des adolescents de tester l'au-delà des limites assignées à l'enfant et de prendre des risques. Mais cette période d'exploration sociale peut se solder par une ou plusieurs « grosses bêtises ». Cela se passe en général entre 14 et 17 ans, et se fait souvent à plusieurs, entre amis ou amies. À cet âge, il est bien plus important de montrer aux copains de quoi on est capable, plus important de faire comme eux, que de se soumettre à la loi de la société. En général, après une ou deux expériences suivies d'admonestation, il n'y a pas de récidive.

Pourtant, chez certaines familles, se manifestent des craintes plus ou moins conscientes, liées à leur histoire. C'est, par exemple, la crainte de la toxicomanie parce qu'un oncle y a succombé, de la violence parce que le grand-père frappait ses enfants, de la délinquance parce qu'il y a des antécédents de prison. On pourrait les appeler des « fantômes familiaux ». Ils peuvent devenir obsédants et donc dangereux. L'angoisse des parents sur ces sujets, même et surtout s'ils n'en ont pas conscience, ou qu'ils n'en parlent jamais, est perçue par les adolescents. Et ceux-ci risquent de faire de la provocation justement sur ces terrains-là, pour apprivoiser les « fantômes ». De plus, à trop s'inquiéter dans un domaine, on risque de devenir aveugle à tout ce qui fait le reste de la vie de l'adolescent, et qui peut être plus inquiétant encore ou au contraire tout à fait rassurant sur son équilibre général.

Comment réagir

Du côté des parents, l'enjeu est d'ajuster la réaction à la bêtise commise, de trouver l'attitude qui pourra le mieux encadrer l'adolescent et ses élans pour qu'il franchisse cette étape d'exploration, comprenne les règles fixées par la famille et la société et s'y tienne. En évitant que cette expérience ne laisse une blessure.

La réaction des adultes, pour être éducative, doit chercher à bien comprendre ce qui s'est passé, rappeler ce qui est mal ou illégal, puis pardonner, tout en notifiant au fautif qu'il est tenu à l'œil. La plupart du temps, celui-ci trouvera la semonce très désagréable, mais se le tiendra pour dit. On peut matérialiser les limites à ne pas franchir au moyen d'une sanction, qui permette de réparer la bêtise. Cette sanction doit être pondérée, limitée dans le temps, expliquée… et réellement effectuée.

Il ne faut surtout pas se taire, ni prendre le parti d'en rire ou traiter la chose à la légère. Au fond, toute forme de complicité, tacite ou non, inquiète l'adolescent et l'incite à recommencer, pour chercher un peu plus loin les limites du permis et de l'interdit. Il ne s'agit pas non plus de dramatiser outre mesure et de considérer comme un voleur ou un délinquant l'enfant qui a fait une fois une bêtise. Le stigmatiser ainsi revient à l'engager dans cette direction, surtout s'il n'a pas grande confiance en lui. Ces deux types de réactions extrêmes entraînent en définitive un risque de répétition.

Il faut se garder aussi de focaliser sur la bêtise elle-même, mais toujours la replacer dans le contexte d'ensemble de la vie de l'adolescent, son bien-être ou son malaise global.

81

Elle n'est pas rentrée à l'heure fixée, il a découché

Les douze coups de minuit ont sonné... ou plutôt douloureusement résonné dans la tête des parents. L'heure du retour avait pourtant été longuement négociée, mais Cendrillon apparaît une heure plus tard, tâche de se faufiler jusqu'à son lit... Ou bien, on s'aperçoit en se réveillant que son lit n'a pas été défait...

Les sorties nocturnes sont un sujet d'inquiétude et un thème de négociation incontournable pour tous les parents d'adolescents. Les règles doivent donc être clairement fixées, tout en évoluant en fonction de l'âge, des conditions de vie et de sortie des jeunes. Il est normal d'exiger d'un pré-adolescent de 10 à 13 ans de savoir où il se trouve, quand il part et quand il revient. Lorsque commence la grande adolescence, vers 15 ans, on peut laisser plus de liberté, s'en tenir à connaître les horaires et les déplacements globaux. Autour de 18 ans, la gestion de son temps lui appartient, même s'il n'est pas dispensé de la politesse de dire s'il sera présent ou absent au repas. Tant qu'un jeune est mineur, il est normal que ses parents sachent où il se trouve et qu'il rentre symboliquement dormir au bercail familial, sauf éventuelle autorisation.

Si, dès la grande enfance, les enfants ont pris l'habitude d'avoir une vie sociale, d'aller chez des amis, sous la responsabilité d'autres parents, de gérer des trajets, de respecter des heures de retour, les règles de sécurité sont alors acquises avant l'adolescence (« En cas de problème, préviens toujours, à n'importe quelle heure de la nuit », « Ne monte pas dans la voiture de n'importe qui », etc.), et les parents des années 2000 ont trouvé dans le téléphone portable un allié efficace contre bien des angoisses nocturnes !

Cela dit, la nuit est justement la conquête de l'adolescent, la marque de sa différence par rapport à l'enfant qu'il a été, et aux « vieux » que sont ses parents. C'est durant la nuit qu'il retrouve ses amis, grandit et expérimente des choses nouvelles. Il ne faut pas l'en priver.

Comment réagir

Pour les plus jeunes, les parents doivent fixer des horaires et organiser eux-mêmes les retours nocturnes. Improvisés au dernier moment, ceux-ci seront toujours plus aléatoires. En soulignant au besoin qu'il ne s'agit ni de brimades, ni de manque de confiance, mais du soin que l'on prend de lui ou d'elle.

Reste que toute règle imposée par un adulte est contestée par l'adolescent. Si on dit : « Tu rentres à minuit », il y a toutes les chances pour qu'il proteste aussitôt : « Hein ! C'est beaucoup trop tôt ! Pourquoi pas minuit et demi ? Tous les autres rentrent quand ils veulent… »

Il n'est pas anormal non plus qu'il essaye de tirer sur la ficelle et arrive devant la porte en courant un quart d'heure plus tard que prévu. Ce n'est pas très grave, car cela montre surtout qu'il a bien perçu la limite, puisqu'il essaye de la chevaucher, de la repousser. À condition qu'un des deux parents s'oblige à garder un œil ouvert pour pouvoir remarquer le lendemain : « Je t'ai attendu… »

Même si, en apparence, rendre des comptes insupporte un adolescent, cela lui donne au fond le sentiment d'être protégé à distance par ses parents. Si ceux-ci lui disaient : « Tu rentres quand tu veux », cela voudrait dire que personne ne l'attend, ni ne s'inquiète, même s'il ne rentrait pas du tout !

En revanche, au-delà du quart d'heure de grâce, s'il ne rentre pas et ne donne pas signe de vie (« Allô? J'ai raté le bus, je serai en retard…), il faut marquer le coup, éventuellement avec une sanction à la clé : « Je t'avais prévenu : samedi prochain, interdiction de sortie. »

La sanction, pour avoir du sens, doit être en proportion avec la faute, et ne pas tomber sans avertissement préalable. Par exemple, dans le cas d'un retard, interdire toutes les sorties sans limitation de temps serait à la fois intenable pour les parents et incompréhensible pour l'adolescent. De plus, supprimer toutes les occasions de se retrouver avec ses amis serait une manière de lui interdire de grandir…

En règle générale, les enfants n'aiment pas que l'on se fasse du souci pour eux et s'arrangent pour respecter à peu près les règles fixées. Il arrive pourtant que certains utilisent la multiplication des retards pour faire peur à leurs parents. Alors, il s'agit d'un symptôme, sans doute un parmi d'autres, d'une relation faussée, et le problème doit être approfondi.

De tels comportements, surtout s'ils se répètent, doivent être l'occasion de réfléchir au climat qui règne à la maison, à la tonalité des relations familiales, à l'autonomie réelle accordée à l'adolescent. Souvent, les parents affichent une fausse confiance en disant : « Tu peux aller où tu veux, mais je veux le savoir », ce qui revient à n'en accorder aucune. Ou bien encore, ils exercent une sorte de chantage pour retenir leurs enfants auprès d'eux, parce qu'ils sont déprimés ou veulent garder toute l'emprise sur des jeunes en train de leur échapper inexorablement. Les retards à répétition sont alors une manière pour les adolescents d'exprimer une aspiration à plus de confiance et de liberté. Parfois aussi, la timidité de l'enfant peut être en cause. Il n'ose pas demander une permission. Ses parents sont peut-être trop rigides. Quoi qu'il en soit de ces retards, même s'ils ne doivent pas être acceptés, ils peuvent permettre d'ouvrir le dialogue, de mieux adapter les règles familiales aux besoins de l'adolescent.

Pour aller plus loin

P. Delaroche, *Doit-on céder aux adolescents ?*, Albin Michel, 1999.

82

Il trafique, jongle avec la loi, ne paie pas ses transports

Un jour, par hasard, hop ! on l'aperçoit en train d'enjamber le portillon du métro. Ou bien elle déclare qu'elle n'achète jamais de billet d'entrée au cinéma parce qu'elle a trouvé une combine. Une autre fois, on découvre qu'il a monté un commerce lucratif de CD-roms piratés sur l'ordinateur familial... Ces « incivilités », comme on les appelle aujourd'hui, ne portent pas à conséquence et les adultes autour d'eux sont parfois les premiers à les commettre. Quelle attitude adopter ?

La société moderne, dont les techniques évoluent sans cesse, offre des interstices technologiques, des vides juridiques, dans lesquels tentent de se glisser les adolescents. Ils cherchent les limites, surfent au-dessus de la ligne rouge de la légalité, explorent les failles de l'organisation sociale, exercent leur inventivité. Ils découvrent leurs nouvelles capacités, éprouvent une véritable jubilation à s'en servir. Cela va du piratage informatique au pillage des horodateurs ou à la fraude électronique avec les tickets de bus. Jouer ainsi avec la technique n'a donc rien d'anormal. Les larcins qui en découlent ne sont pas inquiétants, si les parents savent les arrêter à temps. D'autant plus que le cinéma ne se prive pas de valoriser de sympathiques acteurs qui piquent et trafiquent allègrement.
D'autres jeunes ont un besoin compulsif de prendre ce qui est à leur portée, même s'ils n'en ont pas l'usage ou pourraient très bien s'en passer. Ils chapardent des objets pour les accumuler dans un coin, les jeter, tout simplement. Ce sont souvent des objets représentant l'enfance, comme des peluches ou des bonbons. Dans ce cas, cela témoigne plutôt d'un manque, d'une carence affective, sur laquelle il faut se pencher.

Il faut aussi s'inquiéter des jeunes qui trafiquent parce qu'ils ont manifestement de gros besoins d'argent. On pensera alors évidemment à la drogue ou à l'alcool, et c'est le principal problème qu'il faut traiter.

Comment réagir

Même si l'adolescent ne s'est pas fait prendre, même si les parents ne jugent pas l'infraction très grave, ils doivent marquer leur réprobation, sans complaisance ni indifférence. Il ne faut pas fermer les yeux, surtout si l'auteur du forfait s'en vante ou passe à la vitesse supérieure dans ses trafics : un coup d'arrêt ferme doit être rapidement donné. Cela lui montre que ses parents respectent la loi, mais cherchent aussi à le protéger et cela le rassure. À l'inverse, on évitera aussi une attitude trop rigide, voire humiliante, comme obliger l'adolescent à aller s'accuser, rendre l'objet au vu et au su de tous, ou bien le traiter de voleur, en l'identifiant à son geste. Il faudra ensuite savoir oublier, ne pas rappeler indéfiniment l'événement fâcheux.

Ce n'est pas non plus le rôle des parents de dénoncer leur enfant à la police car ce serait une manière de le désavouer. Mais si l'adolescent s'est fait prendre sur le fait et que la police intervient, ils auront à reconnaître le délit sans complaisance, tout en essayant d'éviter que l'enfant soit entraîné dans une procédure judiciaire qui n'a ici pas de sens. Les circuits de la justice sont suffisamment engorgés pour ne pas en rajouter. La peur suffit comme punition pour une incartade de ce type.

Pour aller plus loin

P. Delaroche, *Doit-on céder aux adolescents ?*, Albin Michel, 1999.

83

Il a piqué dans mon portefeuille

La première fois est peut-être passée inaperçue, parce que tout le monde ne tient pas un compte précis du contenu de son portefeuille. Mais à la deuxième ou troisième fois, on s'interroge. Il y avait un billet de dix ou cinquante euros, qui n'y est plus, alors que notre sac à main n'a pas quitté la chaise où il était posé. Est-ce possible que ce soit lui, elle ? Pourquoi éprouve-t-il ce besoin ? Qu'est-ce que cela veut dire ?

Aux yeux de la loi, il n'existe pas de vol au sein de la famille. L'argent est le bien de la communauté familiale, tous membres confondus. Il doit pouvoir circuler en toute confiance. Par exemple il faut pouvoir dire à un adolescent : « Prends de l'argent dans mon portefeuille, pour payer telle ou telle chose », sans vérifier à chaque fois le montant prélevé. C'est justement cette familiarité avec l'argent, ces petites décisions quotidiennes à assumer, qui lui permettront d'évaluer les sommes nécessaires et de connaître la valeur des choses : un peu moins d'un euro pour le pain, une quinzaine pour acheter un rôti, par exemple.
En revanche, en matière d'argent comme de sexualité, chacun a besoin d'intimité. Le porte-monnaie ou la carte bancaire des parents, le pot commun dans l'entrée pour faire les courses, n'ont pas le même statut que l'argent personnel de l'adolescent et celui-ci doit le savoir.

Comment réagir

Quand de l'argent disparaît dans la maison, il peut y avoir plusieurs types de raisons. Mieux vaut éviter de prononcer le mot de vol, mais signaler simplement que de l'argent a été détourné et qu'il faut savoir comment. Si l'adolescent soupçonné n'a pas de problème particulier, mais qu'il est d'un caractère un peu timide, il faut penser à la possibilité de racket. Et le mettre en confiance, sans le culpabiliser, pour qu'il puisse raconter ce qui lui arrive.

Lorsqu'un adolescent « pique » de l'argent, c'est en général pour couvrir des besoins nouveaux, importants et inavouables. Surtout s'il le fait de manière organisée. Il faut alors penser au tabac ou au haschich. Lorsque de l'argent disparaît régulièrement, il ne s'agit plus d'une consommation épisodique, « pour voir ». Dans ce cas, le principal problème à traiter est celui de la consommation et des éventuels trafics, des troubles du comportement qu'elle entraîne, et trouver de l'aide rapidement.

Mais, en général, ces disparitions signifient que l'argent est un enjeu de conflit dans la famille : quelque chose est faussé sur ce sujet et se révèle à cette occasion. Le célèbre pédiatre D. W. Winnicott disait : « Un enfant qui vole, c'est un enfant qui s'approprie ce qu'il n'a pas reçu. » Souvent, il s'agit d'adolescents auxquels on a coupé les vivres précisément parce que l'argent leur filait entre les doigts. Ou bien d'une famille traumatisée par la délinquance d'un de ses membres, un oncle par exemple. Les parents ont tellement peur que cela se reproduise, qu'ils vivent dans la méfiance permanente : l'argent est mis sous clé, les comptes sont vérifiés sans cesse, etc. Cela crée une telle tension sur ce sujet que c'est justement par là qu'arrive le problème, les adolescents ayant le don de « mettre les pieds dans le plat » !

Une fois les faits établis, une fois aussi qu'on a compris pourquoi il ou elle a pris de l'argent, il ne faut pas pour autant passer l'éponge trop facilement. C'est un des rares cas où il faut lui demander de rembourser son « emprunt » avec son argent de poche. En modulant les montants pour qu'il lui reste un minimum vital et qu'il ne se coupe pas de toute vie sociale à cause du manque d'argent.

Pour aller plus loin

P. Delaroche, *Doit-on céder aux adolescents ?*, Albin Michel, 1999.

84

Il a piqué dans un magasin

Un CD à la Fnac, un produit de maquillage au Monoprix... Des objets apparaissent dans l'environnement de l'adolescent, qu'on ne lui a pas offerts et qu'il n'a pas les moyens de s'acheter. Ou alors un coup de fil de la direction du magasin nous somme de venir récupérer notre rejeton, pris en flagrant délit. Que faire ?

Nous vivons dans une société de consommation où tout est à portée de main, au sens littéral du terme : il n'y a qu'à tendre les doigts pour saisir. Tout est fait pour donner envie, entretenir l'illusion qu'il est très facile de s'approprier ce que l'on désire... à condition d'avoir le pouvoir d'achat nécessaire pour passer à la caisse. Les adolescents font alors l'expérience des limites entre vouloir et pouvoir : un conflit qui se renouvellera souvent dans leur vie ! Il y a donc beaucoup de fauche dans les magasins et c'est pour cela que les directions de ces établissements mettent en place des méthodes très dissuasives. Par exemple, la police est systématiquement appelée en cas de flagrant délit. Il y a quelques générations de cela, le fermier qui aurait surpris des jeunes en train de rapiner dans son champ aurait réglé ses comptes tout seul avec eux, sans doute au moyen d'un coup de pied bien placé !
Lorsqu'un larcin a été commis à plusieurs, il est moins inquiétant, car il est probable que les adolescents se sont mutuellement entraînés et obligés par désir de prestance à passer à l'acte.

Comment réagir

Il faut prendre l'événement au sérieux et se rendre au magasin ou au commissariat. Considérer que cela n'a aucune importance serait une

forme de complicité. Laisser l'adolescent se débrouiller tout seul équivaudrait à l'abandonner.
Mieux vaut demander à la direction du magasin de retirer sa plainte, en payant le prix de l'objet dérobé et en déduisant d'autant l'argent de poche du fautif. Il n'est pas nécessaire d'encombrer les tribunaux par des affaires qui ne relèvent pas vraiment de la justice. Le coup de semonce doit être suffisamment fort pour ôter toute envie de recommencer. Mais l'adolescent doit sentir qu'il peut être pardonné et retrouver la confiance de ses parents.
Si, à la suite d'une illégalité, il faut aller chercher au poste de police un adolescent plus ou moins penaud, les parents auront à trouver une attitude où, sans remettre en cause la loi ni cautionner un comportement délictueux, ils montreront qu'ils restent les protecteurs de leur enfant. Inutile dans ce cas d'ajouter une punition supplémentaire.

Pour aller plus loin

P. Delaroche, *Doit-on céder aux adolescents ?*, Albin Michel, 1999.

85

Il fume en cachette

On arrive à l'improviste, au fond du jardin ou dans la cave aménagée pour les enfants, et il écrase furtivement un mégot. De toute façon, les volutes de fumée ou l'odeur du tabac planent encore dans l'atmosphère.

Tout dépend de ce qu'il fume, à quel âge, dans quelles quantités et dans quelles circonstances. Dans une société où le tabac circule légalement partout, la première cigarette fait partie des rites sociaux et ce sont souvent les parents qui l'ont proposée, ou du moins ont montré l'exemple ! C'est une expérience incontournable de l'adolescence. Si elle est normale à 14 ou 15 ans, il s'agit en revanche d'un « comportement à risque » avant 12 ans et il est impératif de s'inquiéter. Lorsqu'un pré-adolescent fume ostensiblement, c'est signe qu'il veut « faire comme les grands » sans en avoir la maturité, et que l'encadrement éducatif est insuffisant.
La quantité compte aussi : même si le risque d'accoutumance existe dès la première cigarette, il devient plus important au-delà de quatre à cinq cigarettes par jour. Une consommation précoce (avant 14 ou 15 ans) a d'autant plus de chances d'entraîner une dépendance ultérieure.
Enfin, les cigarettes allumées pour se donner une contenance entre jeunes, à l'occasion de fêtes par exemple, c'est-à-dire de temps en temps, sont moins inquiétantes que celles d'un adolescent replié sur lui-même, qui fume seul pour se stimuler ou se consoler, surtout si cette habitude est répétée, quotidienne, premier geste de la journée ou dernier, le soir dans le lit. Il faut s'inquiéter de savoir si cette habitude est associée à d'autres types de malaises, anxiété, dépression ou impulsivité mal contrôlée.

Comment réagir

Chercher à réglementer la consommation elle-même n'est pas efficace. Dénoncer les dangers du tabac n'atteint guère les adolescents non plus, tant les risques futurs leur apparaissent lointains et irréels. Mieux vaut exprimer clairement sa réprobation, sans pour autant interdire, en évitant la surveillance et la suspicion permanentes. Celle-ci conduit en général à l'escalade, pousse les adolescents à fumer pour s'affirmer, s'opposer, marquer leur différence.

Dénoncer le tabac doit s'accompagner de règles d'hygiène de vie : on peut leur demander de fumer dans des pièces aérées plutôt que dans leur chambre, et même ailleurs qu'à la maison, etc. Cela demande aussi de la cohérence : il est vain et dangereux de vouloir imposer à ses enfants un comportement que l'on n'observe pas soi-même. Par exemple, plus les parents sont eux-mêmes dépendants du tabac, plus ils risquent des conflits à trop réglementer sur le sujet.

86

Il fume des joints

Inquiétude majeure des parents... On dit qu'il y a de la drogue dans son collège ; il a avoué avoir « essayé », ou bien sous son lit, trois « pieds d'herbe » cultivés en secret semblent attester de sa familiarité avec la chose. Et s'il devenait toxicomane...

Plutôt que de drogue, les spécialistes préfèrent parler de consommation de produits, car le chemin est long entre la première cigarette, le premier joint, et une éventuelle toxicomanie. Il n'y a pas de différence de profil de personnalité entre les consommateurs de produits légaux et illégaux. Heureusement, on sait que la moitié des adolescents qui « essayent » s'arrêtent dans les deux années qui suivent. Parmi les autres, ceux qui en arriveront à la dépendance se distinguent peu à peu par des conduites à risques et d'autres signes de malaise. Enfin, désigner les adolescents comme toxicomanes peut avoir un effet de stigmatisation. Cela risque de les inciter à en rajouter et à grimper d'un cran dans l'illégalité.

La dépendance à un produit est le fait d'entraîner une réaction de sevrage quand on arrête, et d'accoutumance, qui oblige à augmenter la dose pour atteindre le même résultat. Tous les produits n'entraînent pas la même dépendance ni la même accoutumance. L'héroïne est la plus dangereuse. Le haschich est banal en faible quantité mais, consommé de façon quotidienne, il produit une imprégnation permanente du cerveau qui entraîne des difficultés de concentration et de mémorisation.

Le haschich circule dans toutes les villes, dans tous les établissements scolaires. La grande majorité des jeunes y sont donc confrontés. En général, la première expérience a lieu autour de 16 ou 17 ans, après celle du tabac. (Lorsque cela arrive plus tôt, c'est aussi plus inquiétant.) Tant que la consommation de joints est intermittente, associée aux fêtes, il n'y a

pas lieu de trop s'inquiéter pour la santé des adolescents. Si un jeune pourvoit lui-même à ses « besoins » en cultivant du cannabis, le risque est limité, car le produit est sain (sauf s'il s'agit de plants modifiés, à teneur beaucoup plus concentrée).
La consommation devient inquiétante lorsqu'elle est régulière, quotidienne et surtout solitaire, par exemple lorsqu'un jeune en a besoin pour se sentir « cool » ou pour s'endormir plus facilement. Cela suppose aussi d'avoir assez d'argent pour s'approvisionner : le jeune risque de se lancer dans des trafics en tout genre pour financer l'habitude prise.

Comment réagir

Pour un adolescent, avoir envie de faire une telle expérience, dont tout le monde parle, alors que tous les produits circulent facilement, n'est pas pathologique. Mais quand les parents apprennent ou se doutent que leur adolescent consomme du haschich, il est normal qu'ils s'en préoccupent. Sans trouver cela drôle ou naturel, mais sans angoisse trop grande non plus, car les deux extrêmes risquent de pousser l'ado à aller plus loin dans les expériences. Il faut aborder le sujet directement avec lui, avec elle ou, si ce n'est pas possible, proposer une tierce personne pour en parler (tante, médecin...) ; il s'agit de faire un bilan de la situation : quelle quantité, quelle régularité, quel type de produit ? Il faut aussi observer si la consommation s'accompagne d'un changement de comportement, d'une chute des résultats scolaires, de nouvelles fréquentations, de signes de souffrance... Si tout va bien par ailleurs, et s'il reste dans des limites de consommation tolérables, ce n'est pas grave... Il faut réprouver clairement, tout en maintenant le contact avec l'adolescent par des discussions régulières. De toute façon, pour des questions de sécurité, les jeunes doivent apprendre à ne pas accepter de produit d'origine inconnue, dans une fête ou ailleurs, et prendre l'habitude de faire systématiquement vérifier la pureté du produit dans les antennes-santé présentes dans les grands rassemblements.
Si l'adolescent montre des signes de souffrance et consomme manifestement pour soulager cette souffrance psychique, si des drogues dures circulent, c'est beaucoup plus inquiétant. Il faut consulter et accepter de s'impliquer en tant que parents dans la prise en charge des difficultés (voir « Où s'adresser ? », p. 304).

Pour aller plus loin

J.-C. Matysiak, *Tu ne seras pas accro, mon fils !*, Albin Michel, 2002.

87

Il a trop bu

La fête s'est prolongée tard dans la nuit; on l'a retrouvé flageolant dans les toilettes, en train de vomir les verres de trop. Il part retrouver ses copains avec dans son sac à dos un pack de bières ou une bouteille de whisky, bien décidé à se « bourrer la gueule » pour s'amuser. Pis encore, elle est revenue d'une soirée dans la voiture d'un copain, tout en reconnaissant volontiers qu'il n'était « vraiment pas net »...

En France, peut-être plus qu'ailleurs, l'alcool, et même son abus, a une image ambivalente. Même si personne ne nie ses dangers, il est associé à la fête, à la convivialité, reconnu dans beaucoup de milieux comme un art de vivre. Il n'est pas rare que ce soit les parents qui initient leur enfant dans l'adolescence en lui offrant un apéritif ou en lui faisant goûter un bon verre de bordeaux, tout en s'en versant eux-mêmes parfois plus que de mesure, non sans en vanter les mérites! C'est un signe de promotion qui sous-entend qu'on ne peut pas être un homme, un vrai, et même une femme, si l'on ne sait pas boire... En outre, l'alcool est un euphorisant. Il abolit les limites, rend les relations et les passages à l'acte plus faciles. À l'âge où on ne se sent pas toujours bien dans sa peau, ce n'est pas sans danger... Pour les garçons, et aussi pour les filles, de plus en plus souvent, la « cuite » a valeur de rite initiatique; même la « gueule de bois » qui en découle donne une certaine prestance vis-à-vis des autres...

Les risques les plus importants de la consommation d'alcool sont liés à ses conséquences indirectes: les accidents de voiture lors des retours dans la nuit, les relations sexuelles plus ou moins consenties et mal protégées.

Comment réagir

Il est difficile d'interdire tout alcool dans les fêtes ou moments de détente des adolescents, tant il est dans notre culture associé à ces plaisirs. En revanche, on ne doit pas l'encourager. Il est nécessaire de montrer qu'il y a d'autres plaisirs, qu'il n'est pas indispensable de boire pour être reconnu, ni de se laisser entraîner dans des comportements moutonniers pour être aimé. Les parents peuvent aussi éduquer leurs enfants en leur montrant qu'on goûte d'autant mieux les saveurs qu'on reste modéré et qu'on n'est pas dépendant des effets de l'alcool. Il est inquiétant de voir des jeunes qui ont besoin d'aller jusqu'à l'ivresse pour s'amuser, ou qui mélangent les produits pour « se défoncer ».

Il est impératif d'apprendre à chaque consommateur potentiel à mesurer sur lui-même et sur les autres les effets et les risques de l'alcool. Ainsi, les adolescents doivent savoir qu'il ne faut pas conduire après avoir bu, ni monter dans la voiture d'un ami sans s'assurer qu'il est à jeun. Ils doivent être capables de bien évaluer si les conditions de sécurité sont réunies, quitte à décider, si tel n'est pas le cas, de rester dormir sur place (en prévenant, évidemment...). On peut aussi leur indiquer quelques bonnes pratiques : manger avant ou pendant la fête, car l'alcool passe plus vite dans le sang si l'estomac est vide et cela évite que le cerveau ne soit massivement et brutalement imbibé. Et puisque l'alcool donne soif, il faut penser à boire de l'eau entre deux verres, pour limiter les dégâts. Fuir les mélanges d'alcool, qui sont plus traîtres encore. Au lendemain d'un abus, boire des litres de bouillon de légumes pour combattre l'acidité de l'estomac et du Coca-Cola contre les nausées. Éviter l'aspirine.

88

Il a disparu, elle a fait une fugue

Elle n'a pas prévenu qu'elle ne rentrait pas à la maison en sortant du collège, il n'est pas rentré de la nuit, elle a claqué la porte après une dispute et a disparu, il a laissé un petit mot pour dire qu'il ne supportait plus de vivre à la maison, il n'a pas donné signe de vie depuis plusieurs jours... Toutes ces situations plongent les parents dans l'angoisse.

Il faut distinguer plusieurs cas de figure. Le plus fréquent est la « disparition ». L'adolescent se soustrait au contrôle de ses parents pour quelques heures, sans prévenir. Il va traîner en ville ou bien chez un ou une amie. Souvent, c'est sur le moment qu'il ou elle s'est décidé, sachant pertinemment que ses parents ne seraient pas d'accord ; ou bien simplement sans avoir envie de les prévenir, pour qu'ils ne sachent pas tout de son emploi du temps. C'est le propre de cet âge de chercher à conquérir plus de liberté, à échapper au regard des adultes. Même si les parents s'inquiètent beaucoup sur le moment, il n'y a rien de grave.

Parfois aussi, il peut y avoir préméditation et préparation secrète : plusieurs adolescents ont envie de se rendre à un festival, une fête, dans une ville étrangère, et savent bien que leurs parents ne les y autoriseraient pas. Alors, ils passent outre. C'est encore moins inquiétant, parce que cela témoigne surtout de l'appétit des « disparus » à découvrir le monde, ainsi que de la conscience qu'ils ont des conditions irréalistes dans lesquelles ils prévoient leur expédition... Souvent, il y a dans le groupe un initiateur et de simples suiveurs.

Enfin, il y a le cas des jeunes internes qui s'évadent, « font le mur » de leur pension le temps de quelques heures, pour s'offrir un brin de liberté, protester contre les contraintes qui leur sont fixées.

Pour parler de fugue, il faut qu'il y ait disparition sous le toit familial au moins une nuit. Le cas le plus fréquent est la fugue impulsive, sans préparation, sans emporter ni vêtements ni argent. L'adolescent, fille ou garçon, submergé de malaise, ou à la suite d'un conflit, éprouve le besoin irrépressible d'« aller voir ailleurs ». Alors, il s'enfuit, puis traîne autour de la maison, sans savoir bien où aller, ressassant ses griefs. Il a dans la tête l'idée de mesurer l'attachement de sa famille à l'inquiétude qu'elle éprouvera pour lui, à l'importance des recherches déclenchées. Et il s'arrange pour se faire retrouver par la police assez rapidement.

D'une autre nature encore est la fugue préparée. L'adolescent va alors se réfugier chez un ami, chez une petite amie, dans une famille idéalisée où il espère se sentir mieux. Les enfants de parents divorcés rejoignent souvent l'autre parent, surtout si c'est chez celui-ci qu'il a ses habitudes, ses liens amicaux.

Les risques majeurs de la fugue sont les mauvaises rencontres, l'aventure dangereuse, la nécessité de « squatter » et de « piquer » pour survivre. Mais la plupart des jeunes fugueurs, justement parce qu'ils ne se sentent plus encadrés par leur famille, sont plus prudents que d'habitude. L'expérience montre qu'il arrive peu d'accidents, peu de catastrophes, durant les fugues des adolescents. Ce n'est pas à ces moments, par exemple, que les jeunes tentent de se suicider. Toutes les grandes villes possèdent des centres d'accueil et d'hébergement dont ils peuvent obtenir les adresses. Dans l'immense majorité des cas, les jeunes fugueurs sont localisés au bout de deux ou trois jours. En cas d'accident, les parents sont très vite prévenus, par l'hôpital ou le commissariat, car il faut une autorisation parentale pour pratiquer le moindre soin sur un mineur.

La véritable fugue est un moyen de quitter un lieu de souffrance et de mal-être, à la recherche d'un « ailleurs ». La plupart de ces jeunes fuient un contexte de conflits, d'échecs, de menace d'exclusion scolaire, de violences familiales et d'abus sexuels.

Comment réagir

Il est normal de s'inquiéter et de prévenir la police lorsqu'un adolescent de 13 ou 14 ans n'est pas rentré après deux ou trois heures du matin. Pour un jeune de 17 ans, on peut attendre vingt-quatre heures. Inutile de vouloir cacher l'événement de la disparition à son entourage. Au contraire il faut, en premier lieu, faire le tour des voisins, amis, parents, chez qui l'adolescent pourrait s'être réfugié. Celui-ci saura à son retour comment tant de personnes différentes se sont préoccupées de lui !

On peut aussi faire une ronde autour de la maison, dans le quartier, au vu et au su de tous. Il est très possible que le fugueur ou la fugueuse se cache tout près, attendant qu'on le recherche. Si c'est le cas, attention à ne pas vouloir le rattraper par la force, en lui courant après par exemple : c'est risquer de le voir s'enfuir encore plus loin. On peut s'asseoir à côté de lui, là où il s'est réfugié. Montrer, sans agressivité, à quel point on est inquiet, voire bouleversé ; essayer de parler jusqu'à ce qu'il exprime les raisons de sa fuite ou bien ses doutes sur l'amour qu'on lui porte. Et attendre que ce soit lui qui fasse le premier mouvement de retour vers la maison.

Qu'il revienne seul ou qu'il faille aller le chercher dans un commissariat ou un centre d'accueil, le moment des retrouvailles est décisif, très symbolique, et il faut essayer de le rendre le plus affectueux possible. Ce qui signifie éviter la paire de claques impulsive, la crise de larmes ou d'angoisse, ou les reproches sur le mode : « Vois dans quel état tu as mis ta mère ! » Certes, sur le moment, cela soulagerait l'angoisse des parents, mais l'adolescent est mis ainsi dans les conditions de la récidive. Il ne s'agit pas non plus de se jeter sur lui pour le couvrir de baisers en assurant que tout est oublié !

Il faut lui laisser le temps de réintégrer son univers, avant de s'asseoir pour parler calmement. S'il s'agit d'une courte disparition, l'adolescent peut ne pas s'être rendu compte de ce qu'il faisait, être sincèrement désolé et comprendre l'inquiétude de ses parents. C'est alors l'occasion de remettre les choses au point, de rappeler les règles familiales en vigueur (« Quand tu es en retard, tu téléphones », « Quand tu sors, tu préviens », etc.), puis d'exprimer son mécontentement. Il peut y avoir une sanction à la clé, pour marquer la limite à ne pas franchir. De la même manière que les internes qui ont « fait le mur » le temps d'une soirée méritent une semonce et trois heures de colle.

S'il s'agit d'une véritable fugue, l'adolescent n'a en général pas beaucoup dormi ni mangé, ne s'est pas lavé pendant ces heures ou ces jours. Il faut d'abord lui permettre de satisfaire ses besoins de base et le laisser se reposer. Quand il se sentira mieux physiquement, un peu plus tard ou le lendemain, on pourra parler, pour comprendre ce qui s'est passé et éviter la répétition. Si la violence risque de monter, on peut demander la présence d'un tiers en qui on a confiance ou bien encore aller parler au café ou au restaurant, pour aider tout le monde à se contenir. La question centrale à poser n'est pas : « Pourquoi as-tu fugué ? » mais : « Pourquoi a-t-il fallu que tu en arrives là ? » Fuguer, pour un adolescent, c'est une manière de dire : « Je vais mal, je ne peux pas parler, alors j'agis. »

Il est important de résoudre le fond du problème pour éviter la récidive et la tentation, ensuite, de contourner chaque difficulté de la vie par la fuite. Peut-être faudra-t-il envisager l'avenir autrement, aménager la vie de l'adolescent, par exemple en prévoyant une séparation du milieu familial, en proposant un internat scolaire ou, éventuellement, thérapeutique.

89

Il « sèche » des cours

Les parents l'apprennent aussitôt par un billet du collège à signer, ou au bout d'un moment par une convocation de l'administration du lycée. Mais bien souvent, ils ne le découvrent que quand l'habitude s'est installée.

Chacun de nous, adultes comme enfants, a le droit de se laisser aller un peu à « cocooner » de temps à autre, à rester chez soi une journée sans raison médicale sérieuse. Mais cela doit rester dans certaines limites... Collège et lycée sont des « lieux de vie », c'est-à-dire que les jeunes y passent une bonne partie de leur journée et que s'y jouent beaucoup d'autres choses que les études. À l'adolescence, c'est dans la vie avec leurs pairs, copains, amis, petit(e)s ami(e)s, qu'ils construisent leur personnalité. Cela demande de leur part beaucoup d'énergie, et même de la pugnacité, pour trouver leur place et se faire reconnaître. Déserter de tels enjeux n'est donc pas anodin, et c'est un signe de malaise à ne pas négliger.

Il y a bien sûr des cas de maladies chroniques (diabète, mucoviscidose...) qui supposent des soins réguliers et donc des absences nombreuses. Il existe pour cela une possibilité de « projet d'accueil individualisé », qui permet à ces jeunes de bénéficier des soins nécessaires et de récupérer les heures de cours perdues. Mais cela représente un pourcentage infime de l'absentéisme.

Bien plus nombreux sont les adolescents qui ratent ou sèchent les cours. Certains s'appuient sur la complicité plus ou moins consciente de leurs parents, sous prétexte de bobos divers, départs réguliers vers l'infirmerie, soupçons d'appendicite non avérés, fièvres répétées du lundi matin, etc. Cela peut cacher une angoisse de séparation remontant à l'enfance, et réactualisée à l'adolescence, qui peut évoluer vers une phobie scolaire. Enfin, il y a ceux qui profitent d'un manque de rigueur de l'administration du collège ou du lycée pour « sécher » et aller voir ailleurs ce qui se passe. Or, pendant les heures de cours, il n'y a pas grand-chose d'autre à faire que d'aller « traîner » dans les centres commerciaux ou dans les rues, au risque de faire de mauvaises rencontres ou des bêtises.

Bien sûr, tous les cours ne sont pas fondamentaux, et l'on ne sombre pas dans l'échec scolaire à cause de quelques absences. Mais vient un moment où il est difficile de rester au niveau des autres, de se motiver pour y revenir ; une absence en entraîne une autre et, à terme, si rien n'est fait, pointe la menace du « décrochage » scolaire... Les enquêtes montrent que les absences régulières, les retards successifs, font partie de ces « facteurs de risque » pouvant conduire à basculer dans de vraies difficultés de comportement.

Comment réagir

Il faut déterminer d'abord de quelle forme d'absentéisme il s'agit, car les causes autant que les conséquences sont bien différentes. Sèche-t-il de temps en temps ou régulièrement ? Sèche-t-il tout seul ou à plusieurs ? Dans ce dernier cas, il s'agit plutôt de la tentation de l'aventure que de la traduction d'un malaise. Est-ce un cours en particulier dont il se dispense ou bien un ras-le-bol généralisé ?

S'il ne supporte pas un prof en particulier, parce qu'il a l'impression que celui-ci lui en veut spécialement, le problème est bien circonscrit. Même si les élèves ne peuvent choisir leur classe ou leur prof, mieux vaut dans l'intérêt de tout le monde faire preuve de souplesse pour trouver une solution. Par exemple provoquer une rencontre d'explication avec ledit professeur ou envisager un changement de classe. S'il sèche les cours parce qu'il a le sentiment de perdre son temps (ce en quoi il n'a pas forcément tort !) et qu'il a mieux à faire, ce n'est pas non plus d'une extrême gravité. Souvent aussi, il prend ce risque uniquement lorsqu'il sait que cela ne portera pas à conséquence, que le professeur ou le C.P.E. ne remarqueront même pas son absence ou ne la sanctionneront pas.

Mais si ce qui motive le refus de l'école est l'absence d'amis, un malaise dans le groupe, des difficultés scolaires impossibles à surmonter, l'angoisse de quitter les parents et la maison ou un désintérêt généralisé, il faut alors trouver les moyens d'aider le/la collégien(ne) ou le/la lycéen(ne) qui « sèche ». Car si rien n'est fait, les choses ne peuvent que se détériorer. Plus il sera mal à l'aise parmi ses pairs, plus il aura du mal à suivre sur le plan scolaire, plus il risque de redoubler et de « décrocher », ce qui accentuera le décalage avec les jeunes de son âge, aggravant ses difficultés, et ainsi de suite.

Dans tous ces cas, on ne peut pas faire l'économie d'une mise au point avec l'adolescent concerné, pour rappeler les règles et montrer que l'on est attentif à les faire respecter. Il est indispensable de prendre le temps de mieux contrôler le carnet de liaison avec le collège, les horaires, etc., et de refuser d'emblée d'entrer dans la complicité par des mots d'excuse sans motifs réels ou mensongers.

Les parents sont d'autant plus obligés de jouer fermement ce rôle d'encadrement éducatif que le collège ou le lycée ne l'assume pas. Il ne faut pas hésiter à signaler ces manquements à l'administration. Il est évidemment bien plus confortable pour les professeurs de donner des cours à quelques élèves motivés, que de signaler l'absence des autres, au risque de les voir revenir et chahuter encore plus !

90

Il se bagarre, il est violent

Il rentre avec un œil au beurre noir ou la chemise déchirée, comme du temps des bagarres de son enfance, il se vante d'avoir tabassé un garçon qu'il ne supporte pas, ou bien encore il pique de violentes colères qui effraient tout le monde, explose son verre contre le mur, a même des gestes de menace à l'égard de ses parents.

Une certaine violence est naturelle au début de l'adolescence, surtout chez les garçons, autour de 13 et 17 ans. Cette violence semble liée à l'afflux de testostérone : c'est pourquoi les garçons sont majoritairement plus violents, et les filles plus préservées par les œstrogènes. Il y a cependant des filles violentes et des garçons très doux ! Donc, au moment où ils sont envahis par l'excitation de la puberté, où ils éprouvent leur corps nouveau, leur puissance nouvelle, les garçons se bagarrent à coups de poing et de pied ; les filles, elles, préfèrent mordre, griffer, donner des claques... et inciter les garçons à la brutalité.

Les violences des filles, que ce soit sur elles-mêmes (en se déchirant la peau avec leur compas, par exemple) ou sur les autres (agressivité, gestes brutaux), sont plus rares, mais plus graves. Elles révèlent dans la majorité des cas de profondes carences affectives ou des violences sexuelles subies auparavant. Ces jeunes filles sont difficiles à prendre en charge, surtout si leur puberté survient précocement : il s'agit de contenir, autant que faire se peut, les crises et les explosions qui pourraient avoir des conséquences dangereuses pendant les années d'adolescence.

Le cas d'adolescents, souvent immatures, est encore différent. Ceux-ci sont en difficulté de tous ordres depuis l'enfance, souvent dans un contexte de violences familiales. Ils en viennent à retourner leur violence contre les plus faibles qu'eux, en particulier dans leur famille. En effet, quand la relation entre parent et enfant change de nature à l'adolescence, devient excitante plutôt qu'apaisante, et que les limites de l'autorité, de la maîtrise de soi-même n'ont pas été intégrées dans l'enfance, cette relation peut se traduire par de la violence. Cela commence par des insultes, des menaces verbales ; cela continue, si aucune limite n'est donnée, par des crises de fureur au moindre refus, avec destruction d'objets, puis de meubles, et enfin de la maison elle-même (arrachage du papier peint...). Parallèlement, on assiste à l'escalade de la violence envers les plus vulnérables : extorsion d'argent à la mère trop faible, enfermement à clé d'un père un peu âgé, coups de poing ou de pied, agression à la fourchette...

Comment réagir

Lorsque des bagarres surviennent ponctuellement, qu'il s'agit d'explications musclées entres jeunes gens, à forces égales, il faut simplement apprendre aux adolescents à contenir et maîtriser leur violence, à l'exprimer avec des règles, par exemple sur un terrain de foot ou un tatami de judo. Il suffit que les adultes rappellent qu'il y a d'autres moyens de régler les conflits, que les humains ne sont pas des animaux et possèdent la parole justement pour s'expliquer. Ils peuvent même donner une sanction si cela leur semble indispensable, mais sans trop se mêler du fond des débats.

En revanche, si « l'attaque » part de plusieurs contre un seul, si un groupe exerce sa violence contre une tête de Turc ou contre une fille en cas de violences sexuelles, alors il faut intervenir pour le ou la protéger, et sanctionner les agresseurs.

Dans le cas de violences envers les parents, ceux-ci ne doivent absolument pas considérer comme normale cette forme de maltraitance et ils doivent se faire aider dès les premières atteintes, sans attendre l'escalade, car il n'y a plus de relation éducative possible. Une thérapie familiale peut être proposée, sinon des aménagements de vie (séparation, internat...) ; il existe aussi des traitements par médicaments qui accompagnent une psychothérapie (voir question 71, p. 194).

Pour aller plus loin

C. Rey, *Les adolescents face à la violence*, Syros, 2000.

P. Hachet, *Les ados qui jouent les kamikazes*, Fleurus, 2001.

P. Huère, *Ni anges, ni sauvages : les jeunes et la violence*, A. Carrière, 2002.

91

Il ment tout le temps

Il garde un silence prudent sur le lieu ou la manière dont il a passé l'après-midi, se justifie par des histoires abracadabrantes. Elle s'invente des caractéristiques familiales auprès de ses amis ou falsifie son carnet de notes. Que faire ?

Il y a deux types de mensonges. La dissimulation en est un premier : l'adolescent fait ou pense des choses, pas nécessairement interdites, sans en référer à quiconque. Il ne souhaite plus par exemple raconter à sa maman tous les événements de sa journée, comme quand il était petit. Cela renvoie à la question de la confiance accordée par les parents aux enfants et à la qualité du lien tissé entre eux. Vers 12 ou 13 ans, il est normal d'éprouver un besoin nouveau d'intimité. L'adolescent crée et protège son jardin secret, qui s'élargit au fil des années, creusant ainsi naturellement une nouvelle distance avec ses parents. L'affabulation est autre chose : certains adolescents s'inventent des caractéristiques familiales auprès de leurs amis ou bien des amis auprès de leur famille. Autre cas de figure : ils ont quelque chose à cacher, par exemple de mauvaises notes, un conflit avec un professeur, et font ce qu'il faut pour le dissimuler à leurs parents.

Comment réagir

Il faut accepter de ne pas tout savoir de la vie d'un adolescent, accorder un espace de liberté, d'intimité et de secret qui évolue au fil des années, faire la part entre ce qu'il est objectivement important de demander (l'heure de retour d'une soirée) et ce qui appartient à la vie personnelle de l'adolescent, relève de son désir d'en parler ou non (les noms de ceux qui participaient à la soirée), et ce qui doit être laissé de toute façon dans l'ombre (comment ça s'est passé avec sa petite amie...). Si, face au besoin d'intimité de l'adolescent, les questions des parents se font trop insistantes, s'ils veulent tout savoir de sa vie, par curiosité, par méfiance ou volonté d'emprise, alors les réponses se feront mensonges. Pour se protéger, l'adolescent mettra au point des stratégies de dissimulation systématique, d'esquive, pour brouiller les pistes et « noyer le poisson », même s'il n'a rien d'important à cacher. Ces « mensonges » sont pourtant indispensables, car ils lui permettent de grandir, de conquérir son autonomie. Comme à chaque fois que tout est focalisé sur un seul problème, cela joue le rôle de « chiffon rouge » et incite l'adolescent à aller plus loin, à faire de la provocation sur ce terrain-là précisément. Les parents peuvent « dégonfler l'affaire » en prenant le temps de parler calmement avec lui, en lui demandant ce qu'il a vraiment voulu dissimuler, pourquoi il ne leur fait pas assez confiance pour leur parler de ses difficultés, etc., sans s'attacher au mensonge lui-même.

Dans le cas de l'affabulation, cela s'accompagne d'autres troubles du comportement (petite délinquance, objets qui disparaissent ou apparaissent...) ; il faut alors s'obliger et obliger l'adolescent à regarder en face la réalité en saisissant les occasions – « Comment t'es-tu procuré cet objet ? » – et accepter de l'aide pour faire le point.

92

Il se promène sur des sites porno, elle participe à des « chats » douteux

Le plus classique, c'est le journal porno dissimulé sous le matelas, échangé entre copains. Le plus partagé, ce sont les films diffusés à la télévision, à des heures de grande écoute, quand les parents ne sont pas là. Le plus branché, ce sont les visites nocturnes sur les sites « hard » ou les « chats », conversations dans des « salons virtuels », entre internautes inconnus. Le plus nouveau, c'est que les filles s'y mettent, par le biais de certains magazines de mode et d'actualité « people ».

La curiosité sexuelle est normale. Les adolescents, filles et garçons, ont envie de savoir « comment ça marche ». Notre société très érotisée met à leur disposition tout ce qu'il faut pour satisfaire cette curiosité. À 14 ou 15 ans, ils ont accès à quantité de moyens à la fois commodes et excitants pour s'informer et ils sont attirés par le réalisme des scènes présentées. En général, au bout de trois ou quatre expériences sur papier ou à l'écran, ils se lassent, se sentent vaguement dégoûtés par le côté répétitif de ces séquences. Chaque adolescent a aussi besoin de faire en la matière une expérience un peu extrême, par exemple se rendre à une « partouze » dans un sex-shop dont il ressortira mal à l'aise ou déçu. Il se tournera alors vers d'autres centres d'intérêt, en attendant la découverte des gestes amoureux réels. Mieux les adolescents sont armés pour « penser », pour différencier les fantasmes de la réalité, moins cela peut leur faire de mal. Surtout lorsqu'il n'y a pas d'autre signe de malaise par ailleurs. En revanche, si un jeune adulte de 18 ans en reste à ces images et passe beaucoup de temps devant, c'est signe qu'une étape n'a pas été franchie, qu'il n'arrive pas à nouer des relations réelles, et c'est plus inquiétant. Les personnes les moins bien structurées risquent de se prendre au piège, de passer à l'acte sans mesure. D'autant que des

réseaux pédophiles ou pervers se sont constitués sur Internet et tentent d'entrer en contact avec des enfants et des jeunes.
Si la pratique des sites Internet, journaux et autres cassettes vidéo ne disparaît pas, il se peut que le jeune traverse une difficulté plus importante, ou encore que le problème vienne des adultes. La famille baigne peut-être dans une atmosphère d'excitation, un « climat incestueux » qui incite indirectement à cela.

Comment réagir

C'est aux parents de garantir le respect de la pudeur et de l'intimité de chacun, ainsi qu'une saine distance entre les personnes et les générations (voir questions 3 et 37, p. 20 et 106). En commençant par ne pas imposer aux enfants les propres émois et ébats de leur vie amoureuse personnelle. Ni regarder avec eux des films « hard » à la télévision le soir.
Si les parents soupçonnent que leur adolescent fait des visites sur des sites porno, il n'est pas indispensable de lui mettre le nez sur son forfait. Ils peuvent d'une manière générale rappeler les consignes de sécurité : ne jamais donner ses coordonnées ni sa photo à des inconnus, éviter de s'embarquer dans des « chats » avec n'importe qui. Les parents peuvent aussi faire sentir qu'ils savent, sans s'offusquer et avec une certaine réserve pour respecter la pudeur. Par exemple en signalant devant l'adolescent que les durées de connexion à Internet sont bien élevées, que quelqu'un dans la maison doit passer beaucoup de temps devant l'écran et qu'il faudrait que cela s'arrête. Le message sera entendu.
En revanche, s'ils sont obligés par les circonstances de voir ce qui se passe, ils devront intervenir. Par exemple, si cette activité devient envahissante, que le jeune y passe ses nuits. Ils rappelleront que la pornographie n'est pas la réalité de l'amour, que c'est se faire du mal à soi-même que de s'y arrêter. Ils peuvent aussi dire qu'il y a une limite à ne pas franchir, parce qu'on ne peut pas vivre heureux si on se dégoûte soi-même.
Enfin, si avec l'adolescent il y a des enfants (par exemple, une fillette de 8 ans avec son cousin de 14), il convient d'intervenir très fermement, de rappeler que ce genre de scènes est interdit, de séparer les jeunes et de les sanctionner clairement, ne serait-ce qu'en détruisant devant eux la cassette porno incriminée.

X.

SCOLARITÉ, ORIENTATION

93

Comment accompagner la scolarité des adolescents ?

Dans de nombreuses matières, les parents, très vite, ne peuvent plus aider leurs adolescents. Mais faut-il quand même les accompagner dans leur travail ? Montrer que leur avenir nous intéresse ? Et jusqu'à quand faut-il être derrière eux ?

La manière dont un adolescent s'investit dans ses études est de toute façon liée, au moins en partie, à l'attitude de ses parents, à leurs propres priorités, intérêts, plaisir, méfiance ou indifférence face aux études. Les comptes mal réglés de leur propre scolarité, les différences entre le père et la mère, tout cela joue sur l'attitude de l'ado, qu'il veuille « faire mieux qu'eux » ou déserte ce terrain de combat.

Les questions d'études et d'orientation sont devenues un enjeu des plus importants. Elles prennent tant – et parfois trop – de place dans la vie familiale, suscitent tant de tensions aussi, qu'il est difficile pour les parents de trouver la juste manière d'aider – ou de ne pas entraver – le cheminement de leurs enfants à travers les méandres de l'orientation après le collège, au lycée, vers des études supérieures et le choix d'un métier.

Toutefois, il faut s'intéresser à la scolarité de ses enfants, et il n'est pas interdit de caresser des ambitions, des rêves pour eux ! C'est grâce à cela que l'adolescent pourra construire ses propres projets d'avenir, rejeter certains projets pour en choisir d'autres....

Durant toutes les années d'enfance, il est normal que les parents non seulement se soucient du travail scolaire de leur enfant, mais même en portent la responsabilité. L'entrée au collège est une période d'adaptation qui demande encore un soutien parental. En 6e, les parents, en plus d'un intérêt bienveillant, doivent prendre le temps de vérifier que les leçons

sont sues, les devoirs faits, de regarder les cahiers... avec évidemment des nuances selon la personnalité de chaque enfant !
En revanche, à partir de la classe de 5e ou de 4e, leur rôle change très progressivement. L'enfant en train de devenir adolescent a toujours besoin de soutien et d'estime pour son travail, mais il doit aussi avoir assez d'espace, de liberté, pour construire sa propre aire de pensée, s'approprier à sa manière l'univers scolaire. C'est un enjeu important. Aux parents de se retirer peu à peu, pour transférer au jeune la responsabilité de son travail. Cette démarche progressive se poursuit jusqu'à la grande adolescence.
À l'entrée au lycée, si tout va bien, l'adolescent doit être capable de se projeter suffisamment dans l'avenir pour se fixer des objectifs à long terme, élaborer peu à peu un « plan de carrière »... À partir de la fin du collège et plus encore au lycée, on demande aux élèves de réfléchir par eux-mêmes et de s'appuyer sur cette réflexion personnelle, par exemple pour construire une argumentation en français ou une démonstration en sciences. Aussi est-il vital pour sa réussite scolaire que l'adolescent apprenne à travailler et surtout à penser par lui-même, pour lui-même.
Quelquefois, ce passage du fonctionnement enfantin à celui de l'adolescence ne se fait pas tout seul. Par exemple, lorsque la pression parentale est trop forte, le jeune ne peut pas s'en dégager, ni trouver du plaisir dans le travail scolaire. Alors il le fuit de toutes les manières possibles. Soit par une opposition active et un combat dans lequel il met toutes les ressources de son intelligence (la B.D. sous le cahier, la bataille navale avec les copains, les ruses pour jouer à l'ordinateur, etc.), soit par une démission passive : il se met à son bureau, mais n'y fait strictement rien, sinon rêver. Ou encore il apprend sous la contrainte, il « ingurgite sans digérer » vraiment les connaissances, croit savoir, mais a complètement oublié sa leçon le lendemain, au moment de la réciter. Alors que ses parents, la mère le plus souvent, finissent par la connaître par cœur, cette leçon, et y usent leurs nerfs. C'est signe que ce soutien constant et trop rapproché est devenu contre productif.

Comment réagir

Face à l'institution scolaire, système souvent opaque et qui ne sert pas toujours l'intérêt de l'adolescent, les parents ont un véritable travail à fournir pour comprendre les enjeux, donner des conseils pratiques personnalisés, trouver des voies de réussite ou des personnes qui peuvent aider leur adolescent, lui donner confiance dans ses possibilités. Ils sont seuls à voir leur enfant travailler à la maison, et donc à pouvoir apprécier le travail fourni ou non, bien au-delà des notes des bulletins et examens. Ils ne sont pas des professeurs : leur rôle n'est pas d'inculquer des connaissances et encore moins d'évaluer des compétences. Il est d'accompagner leur enfant dans sa scolarité, en se mettant résolument de son côté, en adoptant un autre point de vue que celui de l'institution. Car ils ont une autre expérience : les enseignants, qui sont d'anciens bons élèves dans leur matière, affirment volontiers qu'on ne peut réussir de vie professionnelle et même humaine qu'en réussissant d'abord à l'école. Or les faits prouvent que ce n'est pas vrai : ce ne sont pas seulement les bons élèves qui réussissent et tous les bons élèves ne réussissent pas dans la vie ! Il n'est ni nécessaire ni suffisant de « bien travailler à l'école pour s'en sortir ». Les compétences et les savoirs nécessaires ne sont pas tous transmis dans ses murs, pas plus que l'appétit d'apprendre.

Quand les problèmes scolaires prennent toute la place à la maison, quand la tension monte en même temps que les mauvaises notes s'accumulent, toutes les relations familiales en sont empoisonnées. Il faut sortir du cercle vicieux. Non pas en déclarant : « Maintenant, je ne m'occupe plus de rien, tu te débrouilles. » Les faits montrent que l'adolescent n'a pas encore appris à le faire, qu'il n'en est pas encore capable. Cela demande du temps et de la confiance (voir encadré).

Autre solution : changer d'interlocuteur. Cela peut être le père qui désormais s'occupe du travail scolaire à la place de la mère (comme dans la majorité des familles françaises !) ou vice versa. On peut aussi décider de se retirer de ce terrain de conflit et déléguer, en faisant appel à un étudiant, qui aura une toute autre manière de s'y prendre et sera infiniment plus détendu face à son élève. Le budget nécessaire se justifie quelquefois (voir p. 271).

Si tout le monde fait preuve de bonne volonté et d'honnêteté, les choses peuvent s'apaiser au bout d'un trimestre et chacun retrouvera son autonomie. En continuant très progressivement à lâcher du lest, tout peut rentrer dans l'ordre en l'espace d'un an à dix-huit mois.

Mais, quelquefois, cela ne suffit pas. Soit les parents craquent en voyant les résultats fléchir toujours et ils interviennent trop vite ; soit c'est l'ado qui se sent abandonné et qui ne supporte pas l'expérience. La dépendance et l'énervement mutuel repartent de plus belle. Alors, il vaut mieux employer les grands moyens sans plus attendre. Organiser un séjour chez les grands-parents par exemple, si c'est possible, ou envisager l'internat pendant un moment (voir question 98, p. 274).

Attention : quand les résultats scolaires sont mauvais, les parents ont souvent tendance à sévir ou à rogner sur les plaisirs et les loisirs. Or un enfant ou un adolescent, pour travailler efficacement, a absolument besoin de se détendre, de préférence en dehors de la famille. Il faut préserver ces moments.

L'AUTONOMIE S'ACQUIERT PAS À PAS

Après avoir averti les professeurs concernés, pour qu'ils jouent le jeu, on peut définir des zones d'autonomie limitée. En décidant : « Dans cette matière-là, tu te débrouilles tout seul pendant un trimestre, et je reste à ta disposition si tu me demandes de l'aide. » En fixant des limites dans le temps de travail : « Au bout d'une heure et demie, que le travail soit fait ou non, tu arrêtes ! »
La première étape peut démarrer avec une matière que l'enfant aime bien, dans laquelle il réussit sans difficulté. Alors, on décide : « En maths, ou en français, tu te débrouilles tout seul, et tu viens me voir seulement si tu as un problème. » Ou bien : « Pendant la semaine, tu gères seul(e) ton travail, je ne m'en occupe pas, et on fait le point le week-end. » À la fin de la classe de 4e, ce n'est plus aux parents de vérifier le travail, mais plutôt au jeune de demander de l'aide si nécessaire : « Je peux te réciter ma leçon ? » « C'est juste, mon exercice ? » Un glissement se fait, les contrôles s'espacent, l'adolescent s'installe dans sa chambre, porte fermée, plutôt que sous le regard de sa mère. C'est lui qui se déplace pour demander de l'aide, et non ses parents qui viennent dans sa chambre surveiller son travail. En entrant au lycée, il devient seul responsable de son travail, en gardant bien sûr la possibilité de tirer la sonnette d'alarme si nécessaire. « Là, en maths, je comprends plus rien, qui peut m'aider ? » Ce sera de moins en moins directement ses parents, mais peut-être un copain, une grande sœur ou un étudiant rémunéré.

Pour aller plus loin

Conseil national des programmes, *Qu'apprend-on au collège ? Cahier des exigences pour le collégien*, XO, 2002.
A. de la Garanderie, *Tous les enfants peuvent réussir*, Marabout, 1999.
A. Richaud, *Guide de l'orientation scolaire du collège à l'université*, O. Jacob, 2001.

94

Comment lui apprendre à travailler par lui-même ?

Certes, c'est pour eux qu'ils travaillent. Certes, ils devraient se débrouiller tout seuls... Mais si sa mère n'est pas sur son dos, il ne fait plus rien. Comment éviter de manier la carotte des notes et le bâton des interdictions de sorties ?

Pour découvrir le monde, le petit enfant utilise son intelligence concrète. Au milieu des années collège, se met en place ce que Piaget, psychologue du début du XXe siècle, a défini comme l'intelligence abstraite. L'adolescent découvre à ce moment-là une nouvelle dimension : il fait l'expérience qu'il peut penser par lui-même et maîtriser des opérations mentales plus complexes. Cela lui ouvre un champ de découvertes nouveau et tout à fait fascinant. « C'est marrant, dit-il alors, t'avais remarqué que...? » C'est signe que sa capacité de penser s'élargit à de nouvelles dimensions.

Il peut désormais « se regarder penser », réfléchir sur la manière dont il pense lui-même, exercer sa pensée sur de nouveaux domaines, sans limites, explorer la réflexion des adultes autour de lui, prendre ses distances par rapport à la pensée de ses parents... Certains éprouvent beaucoup de plaisir à investir dans ce nouvel univers. D'autant plus que cette découverte de la puissance toute neuve de leur intelligence intervient au moment même où leur corps leur échappe, où ils subissent des transformations physiques inquiétantes sans rien pouvoir maîtriser. Pas étonnant que cela grise certains petits intellos, que leur entourage risque de trouver un peu imbus d'eux-mêmes ou fatigants dans leur plaisir à tout décortiquer...

Certains investissent dans le travail scolaire cette nouvelle capacité à penser. Les adolescents passent ainsi naturellement de la rédaction à la

dissertation, de la leçon apprise par cœur à la compréhension plus fine de la démonstration dans les matières littéraires, des exercices d'entraînement à la résolution de vrais problèmes dans les sciences exactes. Cela correspond au tournant entre le collège et le lycée. Dans ce cas, les résultats scolaires suivent, et tout va bien.
Mais d'autres adolescents, tout aussi doués, au même stade de développement, utilisent cette nouvelle « liberté de pensée » plutôt au service de leurs passions, hors du champ scolaire : bidouillage de moteur de mobylette, création musicale, jeux en réseau sur ordinateur ou décryptage de la psychologie des héroïnes de leurs séries télévisées. C'est moins efficace pour les résultats scolaires, mais pas plus inquiétant pour le développement intellectuel.

Comment réagir

Le plaisir de penser met en appétit, mais ne fait pas tout. Les adolescents ont aussi à apprendre le sens de l'effort. Cette confrontation à la difficulté suppose un véritable travail psychique et il est une étape souvent indispensable à franchir pour parvenir aux plaisirs intellectuels. Que ce soit pour résoudre un problème de maths ou fabriquer de ses mains une belle pièce mécanique, il y a toujours une part d'effort ingrat. Or celui-ci ne va pas de soi et n'est guère valorisé aujourd'hui. Parfois, au sein même de l'école, le discours est ambigu : pour motiver leurs élèves, les enseignants affirment que le travail doit être un plaisir, n'approfondissent guère, survolent les programmes pour permettre à toute la classe de suivre.
Il n'est pas rare que les enfants normalement doués et normalement soutenus réussissent leur scolarité sans trop de travail personnel jusqu'en 4e ou 3e : dans les petites classes, il suffit de bien écouter en cours pour comprendre et faire correctement ce qui est demandé. Mais, à partir de la seconde, il faut fournir des efforts plus intensifs et accomplir un travail personnel régulier. Nombre d'adolescents n'y ont jamais été préparés et n'en ont ni le goût ni l'envie ! Ils commencent souvent à décrocher à ce moment (voir question 95, p. 264).
Il est pourtant inutile de répéter simplement : « Travaille ! Fais un effort ! » Car cette expérience de l'effort et des fruits qu'il peut porter ne passe pas seulement par le bachotage scolaire. Elle naît aussi des témoignages d'adultes qui s'investissent à fond dans leur travail, s'y épanouissent et se rendent utiles à la société. La propre attitude des parents face au travail reste déterminante : si le travail n'est pour eux qu'une corvée obligatoire pour gagner leur vie et que moins on en fait, mieux on se porte, on ne saurait évidemment transmettre une image positive de l'effort. Il y a

des rencontres à favoriser, des expériences à mettre en valeur. Si les parents sont intégrés dans un circuit où l'adolescent a l'occasion de rencontrer des adultes qui exercent des métiers très différents, et sont heureux de ce qu'ils font, ce sera pour lui une source de motivation scolaire indirecte très importante.

Pour aller plus loin

P. Meirieu, *Les Devoirs à la maison*, Syros, 2000.
P. Meirieu, *L'École et les Parents*, Pocket, 2001.
M. Piatelli Palmarini, *Le Goût des études ou comment l'acquérir*, O. Jacob, 1997.

Pour les ados

R. Beller, B. Costa, *Comment survivre à l'école*, Albin Michel Jeunesse, 2002.
C. Maya, *Devenir bon en maths*, Milan, 1999.

95

Il ne s'intéresse plus du tout à ses études

Elle qui était si bonne élève, lui qui marchait sans histoire jusque-là, voilà que les choses se gâtent, sans qu'on comprenne pourquoi… Les résultats sont en chute libre. Elle semble le faire exprès, parce qu'elle ne veut surtout pas avoir l'air d'une « intello », terme qui, semble-t-il, est une injure au collège. Lui a l'air de s'en ficher, trop occupé par ses jeux en réseau sur ordinateur…

L'enfant, jusqu'à l'adolescence, travaille peu ou prou pour faire plaisir à ses parents ; et tant mieux s'il y prend du plaisir lui aussi ! Avant tout, il offre sa réussite à ses parents, et aussi à son institutrice. Il travaille d'autant mieux qu'il se sent aimé, valorisé, récompensé et qu'il y trouve des avantages secondaires : la liberté de regarder les dessins animés à la télé, de jouer au foot ou de plonger dans le monde enchanté de Barbie…

À l'adolescence, ce système ne fonctionne plus. Faire plaisir aux parents n'est plus une motivation, bien au contraire ; et l'attrait des récompenses enfantines ne fait plus vibrer l'adolescent. Il a acquis la liberté de penser que pour voir une série à la télé, mieux vaut se mettre devant le téléviseur tout de suite, plutôt que de passer par la case « travail scolaire ». Il est aussi nettement plus important de voir les copains à la sortie du collège que de rentrer directement à la maison pour ne pas inquiéter les parents ! Progressivement, de nouveaux objectifs, des raisons plus personnelles de travailler doivent donc remplacer ce système d'échange enfantin.

La plupart des adolescents, vers le milieu des années de collège, jusqu'à la classe de seconde parfois, plus précocement pour les filles, traversent une phase de fléchissement scolaire. Alors qu'il avait jusque-là des résultats constants et réguliers, quel qu'en soit le niveau, voici que se produit un changement, pendant un trimestre ou même une année scolaire entière. Il se désintéresse d'une matière en particulier, sinon de toutes, repousse le moment de se mettre au travail… Ce passage à vide – mais si plein par ailleurs ! – se traduit presque inévitablement par une chute des résultats. En général, les professeurs connaissent bien ce phénomène, transitoire et sans gravité. Cela correspond au moment où l'adolescent passe du travail enfantin à un investissement plus personnel. Il n'a pas encore trouvé sa propre réponse à cette question centrale : « Est-ce que cela vaut la peine que je travaille ? » D'autre part, il ne souhaite plus, bien au contraire, offrir à ses parents la satisfaction de ses bonnes notes.

Comment réagir

Il faut d'abord démêler les véritables raisons de ce désintérêt pour l'école, histoire de ne pas se tromper de problème. Est-il survenu brutalement ? Est-il lié à d'autres préoccupations (l'amour ? un événement familial ? diverses perturbations psychologiques, etc.).

Ce domaine si sensible du travail scolaire est-il devenu un terrain d'élection pour s'opposer à ses parents en ne fichant rien ? Si ces derniers en font la priorité des priorités, voilà un terrain rêvé d'affrontement.

Par ailleurs, continue-t-il à faire marcher son intelligence, que ce soit en construisant des programmes informatiques, en apprenant par cœur la biographie et la position des joueurs de l'équipe de foot dont il est fan ou, pour les filles, en tissant un réseau subtil de relations avec ses amies ? Dans ces cas-là, vient naturellement un moment, au bout de quelques mois, où l'adolescent passera à une autre étape. Parce qu'il a découvert le plaisir de penser, appliqué aux apprentissages scolaires. Parce qu'il s'est construit un idéal, celui de devenir pilote de chasse ou pédiatre… Parfois aussi, ce peut être tout simplement parce qu'il est sensible à une menace de redoublement : il n'a pas envie de quitter les copains ni d'avoir « la honte », et il trouve alors l'énergie de fournir l'effort nécessaire. Souvent, toutes ces motivations se combinent pour faire repartir la machine à efforts !

Il est aussi des cas où l'adolescence sert de révélateur. On l'avait déjà décelé peu ou prou et c'est maintenant confirmé : il ou elle n'a pas cette forme d'intelligence valorisée par le système scolaire. L'école ne l'intéresse décidément pas et il n'a pas beaucoup de facilités. À ce moment-là, le rôle des parents consiste à savoir le reconnaître, sans pour autant dévaloriser toute la personnalité en construction de l'adolescent. Il faut l'aider à acquérir le « minimum de base » de connaissances indispensables pour vivre dans la société du XXIe siècle et s'attacher en même temps à repérer ses goûts et ses points forts (la capacité à communiquer, l'ingéniosité pratique, l'habileté manuelle…) pour trouver hors des chemins classiques

une orientation qui lui convienne. Il est des artisans épanouis ou des commerciaux futés qui ont été de mauvais élèves !
De l'attitude des parents et de la personnalité de l'adolescent dépendent le franchissement en douceur de cette étape intellectuelle et psychique. Il ne faut pas renoncer à l'engagement vers l'autonomie, mais continuer à dénouer progressivement ces liens qui attachent parents et ados autour des apprentissages scolaires. Simultanément, mettre l'accent sur l'intérêt qu'il y a à préparer l'avenir (à l'occasion des salons d'orientation, journées des métiers, rencontres avec des professionnels…). Et lui permettre d'expérimenter de toutes les manières possibles son intelligence et sa curiosité (on n'apprend pas qu'à l'école, mais aussi en voyage, en conduisant un tracteur ou en lisant des magazines…). Cela suppose que l'adolescent, de son côté, soit mûr pour sentir que la responsabilité de se mettre au travail est désormais entre ses mains.

Pour aller plus loin

J. Piaget, *De la pédagogie*, O. Jacob, 1998.
Dr J.-M. Bourre, *Les Aliments de l'intelligence et du plaisir*, O. Jacob, 2001.

96

Il a de mauvais résultats

Le carnet de notes du trimestre est arrivé : « Travaille, mais les résultats ne suivent pas. » « Manque de maturité. » « Pourrait mieux faire. » « Superficiel, doit acquérir de la méthode... » Qu'est-ce que cela veut dire ?

L'intelligence ne se limite pas aux performances scolaires. Et la famille peut placer la barre trop haut, attendre plus que ce que l'adolescent est capable de fournir dans ce domaine. Dans ce cas-là, celui-ci ne peut ni échapper à cette attente, ni réussir comme il le faudrait, et il s'épuise.

Parfois aussi, les parents sont tellement anxieux d'un éventuel échec scolaire, ils affirment si haut et fort qu'on « doit réussir », que cela décourage le jeune de s'investir. Ou encore il se met à travailler comme un fou, ne fait plus que cela, laissant tomber copains et activités, se sentant toujours coupable de ne pas travailler plus. Cela devient une obsession, à tel point qu'il risque d'y laisser son équilibre psychique. Un jour se produit un effondrement, sous la forme d'une dépression ou de troubles du comportement alimentaire pouvant aller jusqu'à l'anorexie mentale, en particulier chez les filles.

Quelquefois, l'adolescent semble bien comprendre à la maison, mais perd tous ses moyens en classe. C'est le cas des jeunes qui sont si soutenus et si assistés dans leur travail scolaire, qu'ils n'acquièrent que des « savoirs de sable ». Lorsqu'ils ne sont plus dans ce cadre rassurant, que leurs parents ne sont plus là, ils s'effondrent, ne savent plus rien.

De leur côté, les enfants doués ont pris l'habitude depuis l'école primaire de réussir sans aucun effort. Ceux-là n'ont pas véritablement appris à travailler, car il leur a suffi jusqu'à présent d'écouter en cours pour comprendre, de parcourir une fois les leçons des yeux le soir pour les savoir. Or vient inéluctablement un moment, en général autour de la classe de 4e, où cela ne suffit plus. Certaines connaissances plus complexes ne peuvent pas s'acquérir spontanément. Pour comprendre, retenir, réussir, il faut accepter de se confronter à son ignorance. Il faut accepter de creuser, de tordre le problème de maths ou le plan de dissertation. Il faut y passer du temps, faire plusieurs tentatives, des erreurs, mettre à plat ses idées, repousser ses limites peu à peu, dans l'effort et la douleur.

Certains adolescents évitent ou refusent cette confrontation à la difficulté, parce qu'ils n'en ont pas fait l'apprentissage. C'est alors le désinvestissement du travail et l'échec. Parfois, ils se réfugient dans les loisirs, dans leurs passions, et c'est à travers celles-ci qu'ils trouvent la force de s'affronter au travail d'apprentissage. Indirectement, la difficulté scolaire peut alors se surmonter.

Comment réagir

Il est évidemment plus confortable pour les parents d'avoir des enfants bien formatés au moule scolaire, car cela pose moins de problèmes de scolarité et d'orientation. Mais pour les autres, rien n'est perdu. À condition de consacrer beaucoup d'énergie pour trouver la meilleure manière de se faufiler à travers les obstacles du parcours scolaire. À condition de ne pas perdre confiance, ni de les laisser perdre confiance en eux et abandonner le plaisir d'apprendre.

La première chose à faire est d'établir un bilan de la situation, pour avoir un regard extérieur et comprendre ce qui est en jeu. On peut se faire aider par les centres médico-psychologiques publics, les centres médico-psycho-pédagogiques privés (C.M.P.P.), qui sont équipés pour cela, avec des batteries de tests de compétences et de motivation.

Le jeune a-t-il réellement les moyens de réaliser les ambitions que ses parents ont pour lui ? Est-il, est-elle inefficace dans sa manière de travailler ? Quelquefois, de bons conseils de méthodologie peuvent provoquer un déclic et enclencher une confiance en soi renouvelée.

Existe-t-il des difficultés spécifiques telles qu'une dyslexie ou une dysorthographie qui a été imparfaitement rééduquée, voire méconnue ? Elles peuvent continuer à handicaper le jeune. Un bilan est nécessaire (orthophonie, tests du niveau de lecture) et une rééducation doit être entreprise ; l'adolescent doit être partie prenante de cette indication, surtout s'il a déjà suivi des « cours d'orthophonie » sans résultats. Si ce jeune n'est pas motivé, a fortiori s'il refuse ou s'oppose passivement, c'est le contexte psychologique qu'il faut aborder en premier.

S'agit-il d'un repliement sur lui-même, d'une sorte d'inhibition de la pensée ? Si les parents se préoccupent tant du travail de leur enfant, c'est souvent qu'ils redoutent son échec et transmettent leur anxiété. Moyennant

quoi, le jeune enregistre, en même temps que les connaissances, cette peur de l'échec. Lorsqu'il doit faire ses preuves au tableau, devant le professeur ou bien pendant un devoir sur table, c'est le « trou noir ». Alors une psychothérapie peut l'aider.
Semble-t-il « refuser l'obstacle » ou fuir dans d'autres activités ? Inutile alors de l'enfermer dans des redoublements qui ne lui apporteront rien. Il faut au contraire exiger de lui le minimum de travail nécessaire pour maintenir ou acquérir les bases de connaissances indispensables pour passer le cap de classe en classe. Il comblera facilement ses lacunes ensuite. La seule chose importante est de veiller à ce qu'il continue à utiliser et développer son intelligence et sa curiosité. Pour cela, il ne faut surtout pas l'empêcher, sous prétexte qu'il ne travaille pas en classe, d'exercer ses talents dans ses loisirs et ses passions (sport, musique...). Et ne pas hésiter à trouver des aménagements dans sa scolarité pour lui laisser le temps de les pratiquer. Cet investissement pourra un jour se transposer dans le domaine scolaire. Ou bien il y trouvera la force de s'affronter au travail d'apprentissage ; en tout cas, il y développera sa future créativité d'adulte.
S'il refuse de travailler pour d'autres raisons, il faut comprendre lesquelles. Certains adolescents trouvent cette méthode très efficace pour attirer l'attention sur eux, reprocher à leurs parents, qui eux-mêmes travaillent tout le temps, de ne pas s'occuper assez d'eux. C'est aussi une ultime manière de résister à ses parents, de triompher d'eux. La seule façon de sortir de la confrontation est alors d'ouvrir le débat, de changer quelque chose en dehors des problèmes scolaires, par exemple en passant du temps agréablement ensemble.

Pour aller plus loin

S. Dehaene, *La bosse des maths*, O. Jacob, 1997.
S. Côte, *Doué, surdoué, précoce, L'enfant prometteur et l'école*, Albin Michel, 2002.

Il est nul en maths ou en orthographe

Le système scolaire demande une progression frontale dans tous les domaines de connaissances. Pour passer d'une classe à l'autre, il faut en principe être au même niveau dans toutes les matières. Or la réussite dans chacune de celles-ci est liée à des éléments très différents. En premier lieu, les enfants et les adolescents s'investissent dans leur travail en fonction de la personnalité et des compétences des professeurs. Des liens souterrains entre jeunes et adultes, rarement exprimés ou pris en compte, se nouent chaque année scolaire. Ce sont des liens d'idéalisation, de passion, de séduction, ou au contraire de conflit ou d'agressivité, qui sont d'une grande importance à l'adolescence.
D'autre part, chaque enfant a une forme d'intelligence différente, qui se trouve plus en phase avec les maths, les langues ou le français. L'environnement familial joue aussi, sans qu'on puisse présager dans quel sens, positif ou négatif. Un jeune élevé dans un bain musical, ou au milieu de bouquins, ou encore environné de savoir-faire techniques, se sentira à l'aise et s'investira naturellement dans les matières scolaires les plus proches. Ou bien au contraire fuira ces domaines survalorisés, par peur de ne pas atteindre les résultats espérés par sa famille. Tandis qu'un autre, justement parce qu'il n'y a aucune culture de ce type à la maison, se sentira toute liberté pour s'y investir.
Ces décalages d'investissement ou de capacité se traduisent souvent par un « blocage » en maths ou en français. Cette situation d'échec dans une seule matière, dans un type particulier de compétences, est bien différente des cas de désintérêt total pour l'école. Il ne s'agit pas d'un déficit d'intelligence, puisque les compétences mises en œuvre par le cerveau pourraient s'appliquer aussi bien à toutes les matières. L'adolescent peut s'appuyer sur ce qu'il réussit pour garder confiance en lui. Il n'y a cependant pas de recette miracle pour obtenir le fameux déblocage, hormis le travail, lent et patient. Le niveau demandé dans le cycle secondaire est accessible à tout élève normalement doué. L'objectif à atteindre est donc d'acquérir le minimum indispensable pour ne pas être pénalisé dans ses études. Les parents doivent donc valoriser et développer au maximum ce qui va bien, et soutenir au minimum ce qui va mal, sans se focaliser dessus. Il est bon qu'ils rappellent au jeune que plus il avancera dans ses études, plus il pourra choisir ses centres d'intérêt : avec les options en seconde, les séries en première et plus encore après le bac. Si ce sont les maths qui posent problème, attention à ne pas se laisser imposer la dictature de la série scientifique et à ne pas l'engager dans un cursus qui ne lui convient pas.

FAUT-IL LUI FAIRE PRENDRE DES COURS PARTICULIERS ?

Si brillants intellectuellement que soient les parents, il leur devient difficile de suivre la scolarité de leurs enfants à partir d'un certain niveau et dans toutes les matières. Il n'y a pas de honte à avoir pour cela et les jeunes tirent même une certaine satisfaction de voir qu'ils dépassent désormais leurs « vieux » dans certains domaines ! Pour beaucoup, lorsque arrive ce seuil, les jeunes sont devenus capables de prendre en charge leur travail scolaire tout seuls. S'ils ont besoin d'un rattrapage ou d'une explication ponctuelle, et qu'un membre de l'entourage peut le leur apporter, tant mieux. Sinon, le cours particulier est une solution, à condition que ce soit le jeune lui-même qui en fasse la demande et qu'il soit actif dans cette démarche.

Mais les cours particuliers sont plus souvent une réponse à la tension qui monte entre parents et adolescents à propos du travail scolaire. Alors seule une personne extérieure peut la faire retomber. Cette solution en vaut la peine, même si elle coûte cher, car il n'y a pas d'apprentissage efficace dans les larmes et l'énervement. Il faut cependant faire un bilan au bout de quelques leçons : si les notes et l'ambiance ne s'améliorent pas, c'est que le problème n'était pas là.

Prof en exercice, à la retraite, étudiant... Chaque solution a ses avantages et ses inconvénients. Le professeur habituel connaît parfaitement le programme et les exigences attendues de l'élève. Un autre professeur, avec le même profil, mais une autre manière d'enseigner, peut entrer différemment en résonance avec la tournure d'esprit de l'enfant et mieux l'aider. Avec un étudiant, la proximité d'âge peut créer une complicité et une motivation nouvelle... En tout cas, le jeune concerné doit être partie prenante de la solution envisagée, pouvoir donner son avis, se sentir bien avec la personne, ou tout au moins consentir clairement à travailler avec celle qui sera retenue.

Cet accompagnement ne doit pas être trop fréquent ni resserré, pour laisser à l'adolescent justement l'espace d'autonomie qui lui manque encore.

Lorsque les parents prennent ainsi la décision de déléguer à quelqu'un l'accompagnement scolaire de leur adolescent, ils devraient s'attacher à trouver d'autres activités à faire avec lui, car l'adolescent habitué à des relations quotidiennes autour du travail scolaire risque de se sentir sur la touche, délaissé par ses parents, même s'il dénonçait les relations tendues avec eux. L'idéal serait de consacrer au plaisir d'être ensemble, à travers le cinéma, la cuisine, la pêche... le temps qui l'était au travail scolaire. Car si des « liens d'angoisse » se sont créés entre parents et enfants autour du travail scolaire, c'est que les uns et les autres avaient sans doute besoin de ce temps passé ensemble.

97

Pour ou contre le redoublement ?

Il est passé de justesse l'année précédente, et ne travaille pas plus cette année. Dès le deuxième trimestre, on la menace de redoublement si les résultats ne s'améliorent pas. Faut-il suivre les propositions du conseil de classe ? Peut-on s'y opposer ? Travaillera-t-il plus en redoublant ? Ou bien au contraire se découragera-t-elle encore un peu, s'endormira-t-il encore plus ?

En principe, le redoublement d'une classe sert à réviser des connaissances de base non acquises et donc à permettre de réussir dans la classe suivante, de continuer la progression. En réalité, dans le cursus scolaire, les connaissances du collège sont vues et revues régulièrement, de manière répétitive (ce qui peut largement expliquer l'ennui que ressentent certains...). Des lacunes éventuelles peuvent se rattraper en un ou deux semestres, lorsqu'il y a un investissement scolaire suffisant. Car la clé de la réussite est dans cet investissement scolaire qui n'a pas de lien simple et direct avec l'intelligence.

En première et terminale, la décision du redoublement appartient à la famille. Cela peut être l'élément d'une stratégie : réussir, à la deuxième tentative, à obtenir la série souhaitée en fonction d'un projet d'avenir, ou bien constituer un meilleur dossier en vue de l'admission dans une filière d'études sélectives (B.T.S., I.U.T., classes prépa). Mais des redoublements successifs, qui font traîner des années de scolarité sans but à de grands adolescents, conduisent souvent au « décrochage », bien avant d'atteindre le but ultime du bac, sans projets d'avenir.

Même lors d'un redoublement, il faut veiller à garder l'équilibre entre les études, les loisirs et les amis. Un adolescent doit pouvoir partager la vie des jeunes de son âge. C'est parce qu'il trouve du plaisir avec des amis qu'il peut travailler avec plaisir, et vice versa.

Comment réagir

Décider ou accepter un redoublement sans réflexion, simplement sur l'injonction du conseil de classe, c'est risquer qu'il ne serve à rien. Et que le jeune se « laisse vivre » pour se retrouver au même point un an plus tard. Car redoubler ne suffit pas à remettre au travail un élève, si la mesure n'est pas accompagnée d'une nouvelle donne : changement de série, d'établissement, par exemple en allant vivre un an chez son père dans le cas d'un adolescent de parents séparés, organisation nouvelle du rythme de vie....
Il faut comprendre et résoudre les difficultés que l'enfant a rencontrées pendant l'année « ratée » et placer ce redoublement dans une perspective positive, construire avec lui une nouvelle motivation pour l'année suivante.
– Soit il s'agit d'un véritable fléchissement scolaire, alors que l'enfant était motivé et à l'aise dans ses études jusqu'à présent. Il ne présente aucun signe de dépression et reconnaît volontiers qu'il n'a vraiment « rien fichu » pendant l'année scolaire. Sans doute parce qu'il était trop pris par d'autres préoccupations. S'il redouble, il rattrapera sans difficultés ses lacunes, constatera qu'il y a un rapport entre le travail et la réussite, et réussira facilement l'année suivante, ce qui peut lui donner du plaisir et le motiver pour la suite.
– Soit il a le sentiment qu'il n'arrivera jamais à atteindre l'idéal de réussite fixé par ses parents et il réagit en évitant de travailler par peur d'un échec prévisible. Alors le redoublement doit être l'occasion de réviser les objectifs. Il peut éventuellement s'associer à une nouvelle orientation ou à un accompagnement dans ses études. Sinon, c'est le sentiment d'échec qui prévaudra : le décalage avec sa classe d'âge et ses amis s'accentuera, ainsi que son désintérêt pour les études.
– Soit il s'agit pour le jeune d'un refus inconscient de grandir, d'une inquiétude sur sa capacité à trouver sa place dans le monde adulte. Redoubler lui permet de se maintenir dans le monde de l'école, lui évite de prendre des décisions, d'orientation par exemple. Bien sûr, cette attitude est souvent induite ou partagée par les parents. Il faut éviter de s'y enfermer, parents et enfant ensemble, en réfléchissant sur ses projets d'avenir de manière positive.

98

Faut-il le changer d'établissement ? Le mettre en pension ?

Il n'est pas heureux dans son collège, dans son lycée. Et on n'est pas content de lui, d'elle. Quelles alternatives sont-elles possibles ? Le mettre dans le privé ? Comment avoir des informations, commenı faire le bon choix ? Faut-il le menacer de le « coller en pension », comme ses grands-parents le suggèrent parfois ?

En principe, l'Éducation nationale assure à travers tout le territoire l'égalité des chances des jeunes dans leurs études. Dans la réalité, tout le monde sait que c'est plus compliqué que cela. Les niveaux d'exigences sont différents (même s'ils sont difficiles à évaluer, et que les rumeurs n'y suffisent pas). Les équipes pédagogiques comptent pour beaucoup dans l'ambiance des divers établissements, les options et séries proposées varient selon les lieux, aussi bien dans l'enseignement public que dans le privé. Selon les régions, selon les environnements, ruraux ou urbains, le choix est plus ou moins ouvert. Une enquête récente a montré que plus d'un élève sur deux, en France, au cours de sa scolarité, est passé à un moment ou à un autre par l'enseignement privé, pour des raisons plus pédagogiques que religieuses (la grande majorité des établissements scolaires privés sont de confession catholique et présentent la même diversité de niveaux et de projets pédagogiques que l'enseignement public). Quant aux internats, ils ont beaucoup changé depuis une génération ! Ils se sont beaucoup améliorés pour ce qui est de l'aménagement des locaux, des conditions de vie, de la qualité de l'accueil des jeunes ; mais ils sont aussi moins nombreux. On ne menace plus de la pension les adolescents dont on ne sait plus que faire, on constate au contraire que certains jeunes la réclament, comme une solution à leurs difficultés. L'internat peut en effet représenter une alternative à la vie de famille, pour un temps limité : c'est un moyen de désamorcer les tensions familiales autour du travail scolaire, de mettre à l'abri un adolescent à un moment de difficultés familiales ou de rupture entre les parents. Il permet aussi à ceux qui sont isolés, ou habitent loin de leur lycée, de mener une vie sociale avec leurs pairs, tellement importante à cet âge-là, ainsi que des activités extra-scolaires. Des jeunes y trouvent également l'occasion de « casser » leur mauvaise image, de se séparer d'un groupe dans lequel ils se sont laissé enfermer dans leur ancien établissement.

Mais c'est une solution qui coûte cher : il y a peu de possibilités dans l'enseignement public, les prix des établissements privés sont élevés. Enfin, il est beaucoup plus difficile de trouver des places en région parisienne qu'en province.

La solution de l'internat est cependant à éviter jusqu'à 13 ou 14 ans : il est difficile avant cet âge d'être séparé de sa famille, et cela peut induire un sentiment d'abandon. Mieux vaut trouver une famille d'accueil, pour un accompagnement plus personnalisé. C'est souvent beaucoup plus difficile pour les parents que pour les enfants de prendre la décision. Il est très frustrant de savoir ses enfants loin de soi, comme il est angoissant de ne pas jouer son rôle à temps complet, inquiétant de les savoir tristes ou confrontés à la solitude.

Comment réagir

C'est bien sûr en cas de problèmes que la question se pose de choisir un établissement autre que celui de son secteur scolaire. Quand il s'agit non pas de soi et de ses convictions, mais de ses enfants, il faut éviter de s'enfermer dans une idéologie. Il vaut mieux adopter une démarche pragmatique, en se rappelant que les adolescents changent vite et qu'aucune solution n'est définitive. Même si l'on est contre les dérogations scolaires, ou contre le secteur privé, il y a des cas où, objectivement, le lycée le plus proche dont dépend l'adolescent n'est pas une bonne solution pour lui. Il faut savoir en prendre acte et décider en fonction de son intérêt. Par exemple, s'il s'est fait racketter et connaît désormais la peur ; s'il s'essouffle à suivre dans un établissement élitiste ou au contraire n'apprend rien ; si sa mère enseigne dans le même collège et que cela le gêne dans ses relations avec ses amis, s'il est sous l'influence d'une bande qui lui fait du mal…

Il faut cependant bien peser les conséquences extrascolaires d'un établissement plus lointain. Outre les trajets scolaires fatigants, l'éloignement du réseau des amis est un handicap à l'adolescence. Il faut aussi éviter un trop grand décalage entre les convictions des parents et le projet pédagogique ou religieux d'un établissement : l'adolescent aura du mal à y trouver sa place de manière harmonieuse et risque de se rebeller contre l'institution pour marquer sa différence. Quoi qu'il en soit, il doit évidemment être toujours consulté et considéré comme partie prenante dans cette décision qui le concerne.

Pour choisir un internat qui lui convienne le mieux possible, on peut visiter avec lui les établissements possibles et le faire participer à la décision. Qu'il ne sente pas que l'on veut se débarrasser de lui, mais plutôt trouver la solution la mieux adaptée à son problème. Le contrat doit être à durée limitée : on peut envisager l'internat pour une ou deux années scolaires, avec un bilan à prévoir au bout d'un trimestre, par exemple.

Lors d'une visite des lieux, l'ambiance générale est perceptible : elle dépend beaucoup des cadres éducatifs (C.P.E. ou autres) avec qui les jeunes sont en contact. Les règles de discipline doivent être clairement annoncées, pour permettre à l'adolescent de s'y confronter. Il faut savoir que les grandes chambrées, quand elles existent encore, sont difficiles à vivre à l'adolescence, au moment où l'on cherche à construire son intimité. En revanche, les activités proposées peuvent faire la différence : théâtre, atelier photo, sport intensif sont souvent possibles sur place, et changent la qualité de la vie.

99

Les sections sport-études sont-elles une bonne solution pour les passionnés de sport ?

Elle a gagné les sélections régionales de gymnastique, on lui propose de se présenter au championnat national, et pour cela de s'y préparer dans une section spéciale. Il est passionné de tennis, semble doué et a très envie d'être admis en sport-études… Pourquoi ne pas concilier ses études et sa passion ?

C'est une excellente chose pour les passionnés de pratiquer autant que possible leurs sports préférés. Ils s'y épanouissent. C'est aussi une excellente école pour découvrir le sens de l'effort, du travail. Le travail ne porte ses fruits qu'à long terme, au moyen d'une souffrance qui donne accès à des plaisirs plus grands encore. À condition de continuer à travailler un minimum en classe, à fréquenter des amis et à s'intéresser au monde autour de soi. Mais là n'est pas le but des sections sport-études : elles sont destinées, au moins dans les collèges et lycées publics, à accueillir et encadrer les meilleurs jeunes espoirs de chaque discipline sportive, pour leur permettre de suivre un entraînement intensif tout en poursuivant leurs études. Mais c'est une logique de compétition. La vie des jeunes sportifs peut être entièrement astreinte à l'entraînement, en fonction des impératifs du sport. Ils risquent d'être coupés des centres d'intérêt de leur âge.

D'autre part, la pratique intense d'un sport de compétition, surtout en période de croissance, c'est-à-dire jusqu'à 16 ans, peut entraîner des lésions des os, des cartilages, des tendons. Elle peut provoquer des tendinites à répétition et ralentir la croissance. Elle est souvent assortie d'apports de vitamines et de médicaments qui s'apparentent à du dopage, avec les conséquences sur la santé que l'on commence à découvrir.

Pour repérer un champion, qui est un être exceptionnel tant sur le plan physique que mental, beaucoup de jeunes auront été entraînés de façon intensive. Certains y auront appris le sens de l'effort et de l'équipe et sauront rebondir ensuite dans d'autres domaines. Certains aussi risquent de ressortir blessés, déçus, lésés de l'aventure sportive.

Comment réagir

Face à la logique du sport de compétition, c'est aux parents de protéger leurs enfants, de veiller à ce que les contraintes de l'entraînement ne l'emportent jamais sur l'intégrité physique et mentale de l'adolescent. Les entraîneurs sont à la recherche des meilleurs éléments et du meilleur rendement pour leurs investissements. Plutôt qu'en termes de santé publique, ils raisonnent en fonction des prochains jeux Olympiques et pensent même au retour sur investissement des jeunes athlètes qu'ils forment ! Les parents doivent faire mesurer à leurs enfants ce que cela impose comme sacrifices : une vie centrée sur l'effort, la souffrance physique, des loisirs et des relations diminués, un investissement scolaire moindre. Il faut les aider à évaluer leurs propres chances et risques, pour faire des choix en connaissance de cause, tout en laissant l'avenir ouvert.

100

Ses profs se plaignent de lui

Rien ne va plus en classe : il est insupportable, elle est insolente, il n'a jamais ses affaires, elle est toujours en retard... Les mots à signer par les parents se multiplient, les colles et les exclusions de cours aussi, voire les convocations chez le principal ou le proviseur. Les explications et les bonnes résolutions périodiques semblent ne rien y faire....

C'est en général au collège qu'explosent toutes les difficultés de comportement : indiscipline, violence, manque d'intérêt pour les études. Les préadolescents et jeunes adolescents traversent les malaises et l'excitation de la puberté. Ils ont besoin de provoquer et de s'opposer à leurs parents, mais aussi aux autres adultes. C'est-à-dire souvent au professeur. Celui-ci, puisqu'il donne des ordres, exige de l'obéissance et des résultats, a en somme l'attitude des parents. Il est la cible immédiate du besoin d'affrontement des enfants. Mais le professeur se retrouve non pas face à un, mais à vingt-cinq ou trente jeunes dans une classe ! Il lui est difficile d'individualiser ses réponses. Il n'est guère formé pour cela.
Dans le groupe de la classe, ceux en particulier qui ne sont pas encadrés par une autorité familiale assez solide font encore plus de provocation, dépassant les bornes du respect et de l'attention minimale dus à un professeur. D'autre part, la priorité absolue de cet âge est de se situer, de trouver sa place et d'être reconnu par les copains, quitte pour cela à céder à l'insolence et aux bêtises. Ces questions d'affirmation personnelle passent bien avant l'intérêt des études et la préparation de l'avenir !
Cependant, les retards successifs font partie des signes de risque de basculer vers de vraies difficultés de comportement. Certains accumulent des retards qui se transforment vite en absences. Les élèves en effet ne sont plus admis à entrer dans l'enceinte de l'établissement au-delà d'une

certaine heure. Les profs, excédés, renvoient les retardataires de leur cours. Or le fait même de ne pas être capable de respecter des impératifs comme la présence et l'exactitude en cours révèle que le jeune a du mal à s'inscrire dans un cadre de vie, à se soumettre à des règles sociales. Peut-être s'y soumettait-il par la contrainte quand il était petit, mais il ne les a pas encore intégrées pour lui-même à l'adolescence.

Il manque sans doute de repères horaires. Par exemple, s'il quitte une maison vide tous les matins, parce que les parents sont déjà partis travailler. Ou au contraire, s'il est le seul à se lever, parce que ses parents n'ont pas d'activité sociale et ont renoncé à encadrer le départ à l'école.

Comment réagir

Il faut prendre la mesure réelle de ces affrontements entre un élève et ses professeurs. Au collège, les professeurs sont encore très investis affectivement et les élèves « projettent » sur eux bien des choses, sans grand rapport avec les qualités ou défauts réels des enseignants. D'où ces haines et caricatures féroces, dont il ne faut pas s'inquiéter outre mesure. Le prof que l'adolescent décrit sous des traits de fou furieux, par exemple, ou dont il dit une bonne fois pour toutes qu'il lui en veut personnellement, ce prof est parfois tout à fait abordable, entre adultes. Parfois non, en revanche !

Reste que les professeurs sont les représentants d'une autorité que les parents partagent avec eux. Les mettre en difficulté en ne les soutenant pas dans leur rôle, prendre le parti des ados contre eux, c'est saper les fondements du propre rôle des parents. Autrefois, les enseignants étaient des personnages mythiques, représentants du savoir. Aujourd'hui, les parents ne les mettent plus sur un tel piédestal et adoptent facilement le point de vue et les émotions de leurs propres enfants, peut-être parce qu'ils revivent avec ceux-ci leur propre histoire scolaire. Entre l'adhésion sans nuances à tout ce que disent ou font les enseignants et l'alliance sans condition avec les enfants contre eux, il y a un nouveau type de relations à inventer.

Si les adolescents n'arrivent pas à respecter les horaires, les règlements, ils doivent être d'autant mieux encadrés par leurs parents. Cela peut demander de vrais efforts à ces derniers, comme l'aménagement de leurs propres horaires pour être plus présents aux heures stratégiques de départ et de retour de classe. Il est possible de trouver une solution de remplacement au moyen de la convivialité : faire accueillir l'enfant par une famille amie du voisinage, pour le petit déjeuner ou le goûter, et l'aider à partir en classe à l'heure, savoir qu'il est attendu quelque part. Des solutions lourdes mais nécessaires, car la pente est vite glissante dans ces cas-là vers le décrochage scolaire.

101

Elle voudrait se faire dispenser d'éducation physique

Par les petits matins d'hiver, elle se plaint régulièrement de terribles maux de ventre au moment de partir en classe, son sac de gym sous le bras, et fait rédiger à ses parents, quasiment sous la contrainte de l'urgence, un mot d'excuse. Lui se découvre une allergie à l'eau de Javel qui nécessite une dispense de piscine pour l'année entière. Faut-il marcher dans la combine ?

Au-delà de la fatigue, de l'ennui, de la paresse, la quête à la dispense d'E.P.S. est un grand classique des jeunes, les filles en particulier, qui ne se sentent pas très bien dans leur peau. La fréquentation des cours d'E.P.S. chute donc durant les années d'adolescence. Les conditions souvent sommaires proposées par les établissements scolaires y sont peut-être pour quelque chose ! Pourtant, le goût du sport est un bon « marqueur » de la forme en général : si un jeune est « bien dans son corps », c'est en général qu'il est « bien dans sa tête ». Le refus de faire de la gym traduit souvent une honte de son corps. Les filles ont le sentiment d'être « moches », trop grosses, les garçons ne se trouvent pas assez musclés... La peur de se montrer en petite tenue à la piscine, de se comparer aux autres, n'arrange rien. C'est un malaise important et répandu, dont il faut explorer l'origine. Il faut savoir aussi qu'une telle attitude peut être l'indice d'une « honte » liée à un abus sexuel auquel a pu être soumis l'adolescent.

Le sport tel qu'il est pratiqué dans les établissements scolaires est toujours modéré, adapté à tous, ne demande ni performances ni efforts démesurés. Même dans le cas de maladies chroniques, sa pratique n'est pas obligatoirement déconseillée. Elle aide au contraire le jeune à se sentir « comme les autres ». Les cas de maladies graves nécessitant une dispense de sport à l'année sont rarissimes. En revanche, il peut toujours existter des enseignants qui prennent un malin plaisir à humilier ceux qui ne correspondent pas à leurs canons de performances ou de beauté sportives...

Les heures de cours libérées par l'éducation physique sont le plus souvent passées dans le vide, en salle de permanence ou sur un banc, à regarder les autres s'activer. Même si l'adolescent prétend que cela lui est bien égal, cette vacuité est très difficile à affronter.

Comment réagir

L'aisance du corps se transmet et se cultive : toutes les occasions sont bonnes à saisir pour pratiquer l'exercice physique en famille, de la petite enfance à l'adolescence. Les activités motrices procurent un grand plaisir. Vélo, randonnées, après-midi à la piscine ou sur une rivière, etc. Si par ailleurs, en dehors du cadre scolaire, le jeune exerce des activités gratifiantes (le club de foot, les cours de jazz, etc.), il n'y a pas de souci à se faire pour sa forme physique et mentale.

Par contre, la stratégie d'évitement du sport par une dispense trop vite accordée n'améliore pas les choses. Une telle demande justifie un vrai entretien avec le médecin scolaire ou celui de la famille. Justement parce que ce refus témoigne d'une gêne avec le corps, il faut trouver une autre solution que la suppression pure et simple du sport. Quelques aménagements sont toujours possibles, qui rassureront l'adolescent et lui montreront que l'éducation physique n'est pas un apprentissage de l'humiliation. On peut aisément proposer, par exemple, la permission de choisir l'ample jogging qui cachera mieux ses formes.

Si une longue dispense s'avère nécessaire, en cas d'entorse par exemple, il faut prévoir des activités de substitution (musique, laboratoire de langues, C.D.I.) pendant les heures de cours d'éducation physique.

102

Elle ne veut plus aller à la cantine

« C'est dégueulasse, la cantine ; en plus je mange rien, alors qu'on paye pour ça. » « Je suis fatigué, il y a trop de bruit, ils passent leur temps à nous crier dessus, les grands nous piquent les desserts. » « Il faut faire la queue dehors pendant une heure, et on a un quart d'heure pour manger froid »... La cantine n'a pas la cote auprès des adolescents. Y a-t-il d'autres solutions ?

C'est classique et normal : après des années de cantine obligatoire à l'école primaire se manifeste, avec l'adolescence, en général en classe de 5ᵉ ou de 4ᵉ, l'envie de sortir du cadre, d'aller voir ailleurs, d'expérimenter autre chose en matière de repas. Comme il faut bien reconnaître que les qualités gustatives des cantines sont mitigées – même si elles sont le plus souvent correctes du point de vue diététique –, le jour vient où les adolescents ne supportent plus la cantine. Ils sont attirés par les sandwicheries installées aux abords des établissements scolaires. De fait, du seul point de vue financier, les deux solutions s'équilibrent en général.

Comment réagir

S'émanciper de la cantine, voilà un terrain de négociation assez simple, une occasion à saisir pour satisfaire le désir de liberté et de confiance qui habite l'adolescent. À condition d'aménager ce changement de manière progressive (par exemple, une fois par semaine d'abord, en l'organisant avec un ou deux amis connus et réguliers). Il est préférable de ne pas devancer la demande, et même de la laisser mûrir un peu (« C'est d'accord : l'année prochaine, après ton anniversaire... »). À condition aussi, bien sûr, de vérifier qu'ils rentrent à l'heure pour les cours de l'après-midi. Aller déjeuner à l'extérieur du lycée, avec des copains choisis, « traîner » un peu pour découvrir la ville, hors des zones à risques, dans un horaire bien limité et à des heures sans grand danger, c'est une bonne occasion de grandir, de cultiver la convivialité, de goûter des moments agréables dans la journée, d'éprouver la confiance donnée. Du côté des parents, cela suppose bien sûr d'accepter que durant ces deux heures de battement, ils ne sachent pas exactement ce que font leurs enfants ni où ils se trouvent très précisément... Il s'agit de sacrifier un peu de sa quiétude pour leur permettre de développer leur autonomie !

On peut aussi, globalement, leur apprendre les règles de base de la diététique (voir question 22, p. 66) et équilibrer les repas sur la journée en prévoyant ceux du soir en fonction des menus du déjeuner.

À peu près au même âge, les jeunes revendiquent le droit de sortir de leur « bahut » en cas d'absence d'un professeur. Il faut savoir accorder cette autorisation de sortie, en signe de confiance, au bon moment, en fonction de leur capacité à assumer une autonomie. Pas trop tôt, pour qu'ils ne se sentent pas livrés à une liberté qui les dépasse ; pas trop tard, pour que l'école ne devienne pas un lieu d'enfermement sans plaisir possible.

103

Il ne sait toujours pas ce qu'il veut faire plus tard

En troisième, se profilent les questions de choix de série, et cela n'arrête plus de classe en classe. Alors que tous ces choix sont subordonnés à ce qu'il veut faire plus tard, et qu'il n'en sait fichtre rien... Comment l'aider à y voir plus clair ?

Cette question du sens qu'ils vont donner à leur vie habite la période de l'adolescence. Mais les adolescents n'en parlent pas forcément à leurs parents. Ils ont souvent une double crainte : celle de se laisser enfermer dans un choix dont ils ne sont pas certains à 100 % ou celle d'affirmer une ambition qu'ils ne sont pas sûrs d'honorer.

Les adolescents d'aujourd'hui n'ont pas la même maturité que les générations précédentes au même âge. Autrefois, on pouvait entrer en apprentissage à 14 ans, devenir un bon forgeron à 16 et le rester toute sa vie. Aujourd'hui, ce serait une erreur de choisir de devenir un bon forgeron et seulement cela, sans possibilités d'évolution. Le monde change vite, les savoirs à acquérir et les métiers sur lesquels ils débouchent sont de plus en plus complexes : il est normal que les jeunes consacrent plus de temps (soit un petit tiers de leur vie) à s'y préparer. D'autant qu'ils travailleront sans doute beaucoup plus longtemps, devront évoluer dans leur vie professionnelle, faire preuve de souplesse et d'adaptabilité. D'autre part, l'orientation est plus difficile aujourd'hui en raison de l'éventail des possibilités qui est en principe plus large. Sans compter que les métiers dont on leur parle sont très abstraits : s'il est facile de se représenter le métier de boulanger, comment comprendre de l'extérieur celui de fonctionnaire, d'employé, ou encore d'analyste financier ?

L'orientation scolaire s'affine au cours des années de lycée. C'est seulement autour de 16 ou 18 ans que l'adolescent commence à prendre

conscience de ses capacités, de ses centres d'intérêt, de ses priorités, du temps et de l'énergie qu'il veut ou peut consacrer à un métier. Souvent des projets de métiers de la petite enfance sont revisités, abandonnés, repris, des pistes nouvelles explorées. Dans le meilleur des cas, les choses se décantent d'elles-mêmes en classe de première et de terminale, un peu parce qu'ils sont poussés en avant par la nécessité, mais aussi parce qu'ils se représentent mieux l'avenir, savent à qui ils ont envie de s'identifier dans la société et, enfin, parce qu'ils mesurent mieux leurs capacités. Parfois, cette démarche se poursuit encore pendant les premières années d'études supérieures. Certains jeunes ont du plaisir, joint à de la facilité, pour apprendre. Ils peuvent continuer longtemps des études sans ressentir la nécessité de se poser la question de ce qu'ils feront de ces connaissances théoriques. C'est un cas de figure confortable dans la mesure où cela permet de repousser les choix le plus longtemps possible, ce que l'organisation du système scolaire français favorise. Mais ceux qui ont plus de difficultés sont sommés de choisir, ou se voient imposer une orientation plus tôt ; ils ont alors le sentiment douloureux de se voir fermer des portes, de renoncer à des ambitions, des rêves. Tôt ou tard, vient un jour où être un bon élève, un bon étudiant ne suffit plus comme motivation. Ce jour-là, on ne peut faire l'économie de choix d'orientation.
Et choisir, c'est renoncer à toutes les autres possibilités ! Certains, ne s'en sentant pas capables, reculent l'échéance par l'échec, qui les maintient en position d'attente. On peut expliquer ainsi certains redoublements et échecs au bac, chez des jeunes fort intelligents. Certains choix obligatoires se font aussi sur des critères extra-scolaires : l'un ressent la nécessité de quitter ses parents sous prétexte d'aller étudier dans une autre ville, l'autre au contraire veut rester sur place et opte pour ce qui y est possible. L'une choisit de faire la même chose qu'une amie proche, l'autre de suivre la trace d'un prof qu'il a beaucoup admiré. Les parcours se préciseront plus tard.

Comment réagir

Surtout ne pas poser la question : « Qu'est-ce que tu veux faire plus tard ? Alors, tu ne sais toujours pas ? » Car c'est déjà celle que le système scolaire leur serine en leur demandant sans cesse de remplir des fiches, des dossiers, de faire des choix de filière et d'options !
Un adolescent pourra se construire des représentations de métiers, se fixer des objectifs, s'il peut s'appuyer sur un monde d'adultes riche de métiers différents, de personnalités prêtes à en parler, à donner des conseils, à montrer le plaisir qu'elles ont à les exercer.
Les parents peuvent donc proposer à l'adolescent la plus large palette

d'activités et de rencontres, pour qu'il puisse repérer des pistes qui lui plaisent, qu'il ait envie de s'identifier à telle ou telle personnalité, voir comment il réagit face à tel ou tel type d'activités. Cela signifie pour les parents de faire l'effort, si cela ne leur est pas naturel, d'élargir leurs fréquentations à un réseau d'adultes, oncles et tantes, amis des parents ou parents des amis, et même professeurs, animateurs sportifs ou culturels que côtoient leurs enfants. Ce faisant, ils doivent accepter que l'adolescent se crée ainsi d'autres modèles que ceux de la famille très proche. Ce n'est pas toujours facile.

Il faut aussi l'aider, au moins au début, à prendre des initiatives, à faire des démarches actives, bien au-delà de ce que propose l'école en matière d'informations sur les métiers, souvent bien limitées ou périmées. Par exemple, une jeune fille qui souhaite s'occuper d'enfants pourra trouver une institutrice de maternelle qui accepte de la prendre en stage pendant trois jours. Un adolescent fasciné par les retransmissions sportives à la télé prendra un rendez-vous avec un journaliste pour lui poser des questions. En sachant trouver le bon moment et en ne se laissant pas décourager par une ou deux réponses négatives, on rencontre de nombreux professionnels contents de faire partager à des jeunes leurs centres d'intérêt !

Plus l'adolescent est jeune, plus les parents doivent accompagner de près ces démarches, mais sans les faire à sa place : aider à rédiger une lettre, à passer un coup de téléphone, user de ses propres relations... Ensuite, il faut lui donner les moyens de confronter son rêve à la réalité : vérifier ses capacités, faire les choix d'orientation adéquats.

104

Comment l'aider à trouver un métier qui lui plaise ?

Il veut être rappeur, footballeur professionnel, elle veut être actrice, polytechnicienne, vivre de son talent de peintre... Faut-il l'en dissuader ?

Pour un jeune, avoir une ambition enrichit la vie et rend heureux. Mais il y a peu de dons bruts que l'on puisse utiliser tels quels. Tout se travaille : du bon coup de crayon à la performance technique, il y a entraînement, élaboration, transformation. Vient un moment où l'adolescent prend conscience que même s'il est doué pour la musique, le sport ou autre chose, il doit travailler et cela le confronte à la réalité. Souvent, dans l'enfance, ce don, cette facilité, l'avait mis en valeur, rendu un peu unique aux yeux de son entourage. Lorsqu'il en fait un choix d'orientation professionnelle, il se retrouve avec d'autres jeunes souvent aussi doués que lui et doit franchir ce cap du travail. Deux attitudes s'offrent alors à lui : soit il refuse de se mettre au travail, par une forme d'orgueil, car ce serait reconnaître qu'il n'est pas toujours et partout le meilleur, soit sa passion le porte à l'effort et il se met à travailler énormément dans ce domaine, avec tous les risques d'échec que cela suppose, mais aussi de réussite ultérieure.

Comment réagir

Il faut toujours laisser à chacun sa part de rêve... L'exemple de l'acteur Louis Jouvet est instructif : jeune homme, il était bègue. Il lui a donc fallu travailler doublement sa diction pour réussir, avec le succès que l'on sait...

Cette chance qu'est une passion pour un adolescent, que les parents en prennent conscience et ne l'abîment pas ! Leur rôle est de respecter et

d'encourager l'ambition, comme une richesse à développer pour lui, pour elle. Mais les parents se doivent aussi de montrer les embûches du chemin, et mettre en garde leur enfant sur la tentation d'abandonner tous les autres domaines d'intérêt ou d'études. Il est aussi indispensable de l'aider à évaluer la réalité de ses dons et de sa réussite, de manière à s'investir avec une juste mesure. Pour cela, il faut lui donner l'occasion de se confronter avec son ambition : un stage intensif de danse pendant l'été, par exemple, donnera à une jeune passionnée la mesure de l'effort que représente une carrière de danseuse.
Quelle que soit cette ambition, aussi fous et irréalistes que soient ses projets, il faut éviter de disqualifier l'adolescent en disant par exemple : « Tu n'y arriveras jamais », ou bien : « Ça n'a aucun intérêt. » Ces paroles sont vécues comme blessantes parce qu'elles nient son précieux rêve et risquent de piéger le jeune en le plaçant devant une alternative terrible. Soit il accepte l'idée que ses parents ont raison et il se dévalorise, perd de sa confiance en lui-même, multiplie les échecs. Soit il veut prouver à ses parents qu'ils se trompent. Il décide alors de « passer en force », en abandonnant tout le reste, quitte à foncer dans une impasse.

105

Faut-il l'« orienter », comme le demande le conseil de classe ?

Le couperet est tombé : il n'est pas admis dans la classe supérieure ; et il n'est pas admis, non plus, à redoubler. Le professeur principal suggère une orientation dans une filière avec un sigle barbare…

Quand on parle ainsi d'orientation, c'est qu'elle risque d'être imposée… C'est surtout vrai pour ces jeunes qui ont une forme d'intelligence mal reconnue et même méprisée en France. Ceux qui, par exemple, confrontés à un problème devant une feuille blanche, ne sauront pas le résoudre, mais dont la pensée se mettra en marche, pour peu qu'on leur donne à penser avec leurs mains, avec des outils…
L'Éducation nationale est ainsi faite que l'on demande aux élèves les moins performants à l'école de choisir très vite leur orientation. Les collégiens, dans leur immense majorité, ne savent pas précisément ce qu'ils veulent faire. Les études générales leur donnent la possibilité de mûrir leur choix, en ne fermant aucune porte. Mais pour ceux qui ont des difficultés, il faut choisir. Les parents ont donc le droit et le devoir de suivre de près ces choix, tout en reconnaissant aux professeurs avec qui ils se sentent en confiance le droit d'évaluer les jeunes qu'ils suivent.

Comment réagir

Les intérêts du collège et du lycée ne coïncident pas forcément avec ceux de chaque élève pris individuellement. C'est aux parents, en prenant des avis (conseiller d'orientation du C.I.O. de leur secteur, fédérations de parents d'élèves) de déterminer si l'orientation proposée est vraiment en adéquation avec les compétences et la personnalité du jeune ou s'il s'agit seulement d'une voie de garage. Auquel cas, mieux vaut tenter la procédure d'appel, qui est d'autant mieux accueillie qu'elle témoigne de l'implication et du soutien des parents vis-à-vis de l'avenir de leur enfant. Il est également possible d'envisager une autre solution : lycée de réputation moins brillante, classe à plus petits effectifs...

Un bilan d'orientation peut être utile quand il y a un décalage manifeste entre les compétences et les résultats scolaires d'un jeune et que l'on peut soupçonner une inhibition devant le travail. Les tests de quotient intellectuel inclus dans ce bilan présentent un intérêt, en classe de 4e et de 3e, s'il y a un choix d'orientation à faire. Des études concrètes et pratiques valent-elles mieux pour cet adolescent ? Ne le met-on pas en difficulté en l'embarquant pour des études longues ? Au lycée, cette sélection est déjà faite et, la plupart du temps, les échecs ne sont pas dus à un problème d'intelligence, mais plutôt de motivation.

Un bilan de compétences peut servir de base à une démarche personnelle : le jeune se réassure sur ses capacités, y trouve une occasion de parler, de réfléchir sur lui-même, d'envisager l'avenir avec quelqu'un d'extérieur à sa famille et à ses professeurs. Mais il peut aussi le ressentir comme une violation de son intimité. Alors, pour se protéger, il risque de fausser inconsciemment les résultats, d'installer comme un écran de fumée pour les rendre illisibles.

Le bilan d'orientation doit donc être une démarche volontaire de l'adolescent. Il ne doit pas avoir l'impression que ses parents veulent le mettre à nu, savoir ce qu'il vaut réellement et contre son gré. C'est pour cela que certains psychologues garantissent d'emblée au jeune la confidentialité. Parfois même ils lui restituent les résultats des tests en lui donnant les clés pour qu'il soit seul à pouvoir les décoder.

Si l'orientation proposée, en général vers une série technologique ou professionnelle, semble une bonne chose, il faut s'assurer que les classes proposées bénéficient d'une vraie équipe pédagogique et d'une ambition pour leurs élèves. Ces classes peuvent permettre un véritable épanouissement du jeune et offrent des passerelles pour atteindre le bac, voire des études supérieures. Mais il y aussi des classes-dépotoirs sans autre projet que de parquer les jeunes en échec.

Les tests d'orientation

De nombreux centres d'orientation proposent des bilans scolaires et psychologiques pour aider les jeunes à s'orienter. Ces bilans sont un cocktail varié d'entretiens et de tests, pour évaluer le type et le niveau d'intelligence de l'adolescent, juger de sa motivation, l'aider à se connaître mieux...
À partir de ces éléments, et de documentation sur les filières d'études possibles, des propositions d'orientation sont élaborées. Ce service personnalisé devrait pouvoir être fourni par les centres d'information et d'orientation, mais ce sont souvent des cabinets privés qui prennent le relais, avec des tarifs variant de quelques dizaines à quelques centaines d'euros.
Les tests de Q.I. (quotient intellectuel) mesurent l'intelligence conceptuelle d'un individu par rapport à la moyenne des sujets de son âge, mais ne tiennent pas compte des autres éléments de la réussite : intelligence sociale, manière de se situer dans le monde, motivation. On peut leur faire aussi le reproche de « formater » les jeunes en fonction des questions posées.
Attention : les résultats de ces bilans dépendent des conditions dans lesquelles ils sont effectués et analysés. Ils peuvent varier de 10 ou 15 points, selon l'état d'esprit du jeune et sa motivation. Les tests collectifs passés en classe, par exemple, sont moins fiables.

106

Jusqu'où faut-il les pousser dans leurs études ?

Les parents savent d'expérience, parfois douloureusement, que les études accomplies pendant l'adolescence conditionnent quelquefois toute la vie professionnelle. Mais comment savoir s'il faut le pousser, même un peu malgré lui, comment savoir s'il est vraiment « taillé » pour les études ? Et si elle montre des signes de souffrance dans le système scolaire ? Et s'il veut tout arrêter ?

Avec la grande adolescence et le lycée, vient une étape nouvelle : le plaisir de l'investissement intellectuel. Il se situe bien au-delà du travail de « tâcheron » demandé au collège pour acquérir les bases. Les plus doués, dans des domaines différents, découvriront le plaisir fantastique d'une dissertation élégamment menée et structurée, d'une pièce de bois joliment tournée, d'un problème de maths retors astucieusement résolu. C'est sur ce plaisir qu'ils pourront s'appuyer pour poursuivre des études. Mais les années d'études sont longues et abstraites : au-delà des compétences nécessaires, le plaisir ne suffit pas, ni l'habitude, ni le désir de satisfaire ses parents. On ne peut tenir la distance et fournir les efforts nécessaires qu'à la seule condition de savoir pourquoi on travaille, à la seule condition d'avoir une représentation claire du débouché. En lycée général, cela reste très abstrait. En lycée technologique et professionnel, les apprentissages sont plus concrets, plus engagés dans un métier, et permettent de se faire une idée plus précise de l'avenir.
Le système français des classes préparatoires est merveilleusement stimulant pour les élèves très doués et très motivés – les « premiers de la classe » –, mais pernicieux et blessant pour les autres. Ceux-ci n'en demeurent pas moins de bons éléments, tout à fait capables de réussir des études !

Ce système provoque aussi des dépressions chez les « forts en thème » : ceux qui ont toujours tout réussi et qui, une fois l'objectif atteint, s'écroulent parce qu'ils n'ont pas d'autre sens à leur vie. Ils ne savent ni qui ils sont, ni ce qu'ils veulent. D'autres, entraînés à toujours rechercher l'excellence, sans tenir compte de leurs goûts propres, s'embarquent dans certains métiers très valorisés, jusqu'au jour où ils réalisent qu'ils s'y ennuient, ressentent de douloureux regrets et finissent par échouer, après tant d'efforts et de renoncements à l'école.

À l'autre bout du système, ceux qui « s'engluent » dans des études qui n'ont plus de sens pour eux réussissent mal et n'en tirent aucun profit. Ils vont de redoublement en redoublement, dans le but d'atteindre un bac mythique, ou un diplôme quelconque qui de toute façon ne vaudra pas grand-chose, puisqu'il ouvre sur une profession dont ils ne veulent pas. Ce sont des années perdues qui accentuent le décalage avec les jeunes de leur âge, ainsi que leur sentiment de dévalorisation. Cela peut déboucher sur des inhibitions devant le travail, voire de véritables dépressions.

Comment réagir

Au-delà des résultats scolaires, il faut essayer de porter un regard lucide sur les capacités et la personnalité de ses enfants, plutôt que de les engager tous sur la même voie dite d'excellence, sachant par avance que certains s'y blesseront et resteront en chemin. Seront-ils à leur aise, et même heureux, en suivant des études exigeantes, dans un univers très concurrentiel comme les classes prépa ? Ceux qui ont déjà travaillé dur pour atteindre le niveau du bac, se maintenir parmi les meilleurs, y seront malheureux. Ils puisaient leur assurance dans la réussite scolaire et se retrouvent déçus ou humiliés de « déchoir ».

Ils doivent accepter cette réalité, et leurs parents avec, pour construire un projet plus en rapport avec leurs compétences. Certains systèmes d'études étrangers, certains secteurs d'activité, sont plus ouverts que d'autres et offrent des chances comparables de réussite. Sinon, ils risquent de s'enfermer dans le dénigrement d'eux-mêmes ou dans un surinvestissement scolaire qui ne mène pas pour autant au succès.

Pour ceux qui ne sont décidément pas taillés pour entrer dans le moule scolaire, vient un moment où il faut renoncer aux habitudes et au rêve d'une scolarité « normale ». Entrer alors dans la vie active peut permettre de se confronter à la réalité d'un « petit métier », de développer des compétences dans un domaine autre que scolaire et de pouvoir enfin choisir… Certains reprennent alors plus tard des études dans un autre cadre et les réussissent.

CONCLUSION

Quand et comment vont-ils sortir de l'adolescence ?

Interminables adolescences, disent certains, « adultescents », disent les autres. Ça va durer longtemps, cette période de turbulences ? Peut-on faire quelque chose de plus ? Et comment saura-t-on que la tâche est achevée, qu'il ou elle est devenu(e) adulte ?

Il n'est pas étonnant, vu la complexité de la société dans laquelle nous vivons, que l'adolescence dure plus longtemps qu'autrefois : les apprentissages à maîtriser sont plus importants et plus sophistiqués, demandent plus de temps. L'existence elle aussi sera plus longue, puisqu'on promet aux jeunes d'aujourd'hui une vie professionnelle à rallonge, sans retraite, et qu'une bonne partie d'entre eux, des filles surtout, devraient devenir centenaires !

À partir de la grande adolescence, soit vers 17 ans ou 18 ans, jusqu'à 20 ans, la tourmente, si tourmente il y avait, s'éloigne peu à peu. Lorsque les étapes précédentes se sont bien passées, que l'adolescent a pu sans drame prendre de la distance avec ses parents, il se sent plus à l'aise avec lui-même et avec les autres. Il retrouve alors de l'assurance et les échanges avec les parents sont empreints d'une nouvelle sérénité.

C'est le moment des grandes questions sur l'avenir : « Qu'est-ce que je vais faire de ma vie ? Quel métier ? Dans quoi ai-je envie de m'engager ? Avec qui ? Dans quelle forme d'engagement amoureux ? À qui ai-je envie de ressembler parmi les modèles adultes autour de moi ? » Ces choix sont liés à la construction d'un idéal de vie : cela ne se fait pas en un jour et puise beaucoup dans les racines de l'histoire familiale.

Autre enjeu : la créativité. L'adolescent découvre avec jubilation ses potentialités et le monde qui s'ouvre à lui. Il explore toutes les nouvelles possibilités de son intelligence, tente d'aller jusqu'au bout de ses

passions, à la recherche de ses limites, en quête de lui-même, en somme. Tout ce que les parents pourront faire pour lui donner « du grain à moudre », en lui proposant des modèles d'identification, des activités à l'extérieur, lui permettra de s'insérer dans la vie sociale et donc de sortir de l'adolescence. Depuis la grande enfance, l'adolescent a découvert peu à peu ce qui se passait au-delà du cercle de famille. Il a appris à vivre sans ses parents et à prendre soin de lui-même, à assumer l'autonomie qu'on lui a progressivement laissée. C'est à partir de ces expériences essentielles que les adolescents pourront aller au-devant du monde, sans inquiétude ni provocation, et y prendre leur place de jeunes adultes.
Au contraire, si les parents, dans la crainte d'un monde dangereux, ont toujours gardé leurs enfants auprès d'eux, sous prétexte de les protéger, ceux-ci risquent de connaître des difficultés. Lorsqu'ils ressentent la nécessité vitale de se séparer de leur famille, sans avoir appris à se prendre en charge, ils courent le danger de « se lâcher », de faire n'importe quoi, et ainsi de retomber dans la dépendance de leurs parents, en le supportant de moins en moins.
L'ultime enjeu sera l'envol du nid familial, physiquement et financièrement. Il se fait souvent progressivement, par le biais des études supérieures, des voyages et des stages. Alors, le lien vertical des vingt premières années, allant du parent vers l'enfant, devra, pour perdurer, se transformer en un lien plus horizontal, fait d'estime et d'amour, entre des adultes de générations différentes. Une nouvelle vie commencera pour chacun, mais c'est une autre histoire…

ANNEXES

Quand faut-il se faire aider par un psy ?

Le prof principal a convoqué ses parents à cause de ses résultats scolaires. Cela fait des mois qu'elle semble malheureuse, alternant crises de larmes et colères ; personne n'arrive à parler avec elle. Peut-être un psy arriverait-il à la sortir de là ?

Quand parents et adolescents sont enfermés dans des difficultés de relations ou confrontés à des événements difficiles, il est toujours bon de s'ouvrir à des regards extérieurs, pour partager les points de vue et le poids des soucis.

Cela se fait souvent naturellement, dans la vie quotidienne ou professionnelle, au gré des discussions entre adultes, des échanges d'expériences ou de conseils. Mais quelquefois, cela ne suffit pas, le recours à un professionnel est nécessaire. Même s'il faut toujours un certain courage pour reconnaître ses faiblesses et ses limites devant un étranger, « aller voir un psy » est devenu plus fréquent, n'est plus considéré comme une extrémité grave, ou le signe qu'on est un peu « fou ». Cela peut résoudre une difficulté, d'autant plus vite qu'elle n'est pas installée depuis longtemps, sans que ce soit forcément ni très long ni très coûteux. Cela permet de prévenir des risques plus lourds.

La nécessité de se faire aider dépend de la vulnérabilité de chaque adolescent aux événements de la vie.

Elle dépend aussi de la gravité et de la répétition de ce qui lui arrive. L'expérience montre que le cumul de traumatismes fait partie des facteurs de risques majeurs : on retrouve parmi ceux qui consultent pour des motifs graves (tentative de suicide, dépression ou toxicomanie...), de nombreux adolescents qui ont été touchés de près, dans les deux années précédentes de leur vie, par une succession d'événements douloureux (décès, violences familiales...).

La nécessité de se faire aider dépend aussi des capacités de résistance de chacun : certains réussissent à transformer en force et en maturité ce qui aurait pu en abattre d'autres. Cette aptitude à surmonter les difficultés semble très liée à ce que l'adolescent a reçu dans sa petite enfance, comme stabilité, comme tendresse, comme confiance en lui.

Comment réagir

Quand toute la famille est touchée, dans le cas d'un deuil par exemple, les adultes peuvent montrer l'exemple en reconnaissant eux-mêmes qu'ils ont besoin d'une aide extérieure pour s'en sortir et retrouver un sens à leur vie. D'une part, cela soulage l'adolescent de savoir que ses parents sont pris en charge, même s'il n'en dit rien ; d'autre part, cela lui permet d'accepter sa propre souffrance.

Si c'est l'adolescent lui-même qui va mal, ses parents sont souvent les mieux à même d'apprécier son équilibre et son bien-être, surtout s'il a moins de 15 ans. Les observations de ceux qui le côtoient (professeurs, animateurs sportifs, amis de la famille...) apportent aussi leur éclairage, et cela vaut la peine de leur demander leur avis. Si tout le monde s'accorde à constater un cumul de difficultés, ou bien si une difficulté dure au-delà de quelques mois, semble envahir et influencer tout le reste de la vie de l'adolescent, alors il faut le faire aider.

On peut commencer par la démarche la plus facile et la plus immédiate : si des liens ont déjà été créés par exemple avec un médecin de proximité capable d'écouter l'adolescent, celui-ci peut souvent dénouer la situation ; il dispose des réseaux nécessaires pour adresser l'adolescent à un spécialiste si besoin est.

Si cela ne se passe pas ainsi, on peut s'adresser à un centre spécialisé dans les soins aux adolescents, qui peut renvoyer sur des adresses locales. Les mairies, les infirmeries de collège et de lycée, l'assistante sociale disposent aussi de ces adresses ou numéros de téléphone.

Mieux vaut éviter de prendre une adresse au hasard dans les pages jaunes des annuaires téléphoniques. En revanche, le bouche à oreille venant de personnes en qui on a confiance est souvent efficace, car il concerne des attentes proches.

Un premier rendez-vous n'est jamais un engagement. Dans ce domaine, il est important de se donner le droit, et donner le droit à l'adolescent, de faire deux essais, voire trois rencontres, pour choisir la personne avec laquelle il se sent le plus en phase. Au-delà, on peut penser qu'il s'agit plutôt d'un signe de résistance à se remettre en cause...

Cependant, il est difficile pour un jeune d'accepter l'idée d'avoir besoin d'être aidé. Car c'est accepter de reconnaître sa vulnérabilité, à l'âge où l'on se voudrait tout-puissant. Et manifester son désaccord avec la proposition d'aide des adultes est encore une manière de dire sa différence, même si l'ado ressent au fond de lui le besoin d'être aidé. Mais ce n'est pas parce qu'il n'est pas d'accord qu'on ne peut rien faire. Les parents peuvent prendre sur eux la démarche, quitte à la faire seuls d'abord, en disant : « Ça ne va pas... On se pose des questions, on est malheureux de te voir comme ça, il faut qu'on demande un avis extérieur, qu'on consulte quelqu'un. » S'il se rend compte que sa famille se mobilise autour de lui, l'adolescent peut s'appuyer sur cela, se laisser « imposer » cette démarche et en tirer bénéfice.

LES THÉRAPIES FAMILIALES

Les consultations où plusieurs membres de la famille sont rassemblés pour échanger sur un problème qui les touche tous peuvent être une bonne manière d'aborder les choses : parents, frères et sœurs qui vivent sous le même toit ont des avis différents qu'il est intéressant de confronter, et cela permet de mieux comprendre les interactions entre les uns et les autres. Un adolescent pris dans des conflits peut ainsi se resituer dans l'histoire familiale, entendre évoquer des conflits anciens, la propre adolescence de ses parents. Une nouvelle manière de voir les choses peut ainsi se dégager, qui inscrit la famille dans le temps, explique et relativise les affrontements présents entre parents et enfant.
Ce qu'on appelle la thérapie familiale est une variante plus formalisée de cette démarche, et a les mêmes buts.

Où s'adresser ?

On peut s'adresser à la direction des hôpitaux pour obtenir les adresses des services de pédiatrie ou de médecine de l'adolescent, selon les régions. Ces derniers ont l'avantage de prendre en compte l'ensemble des problèmes de cet âge (par exemple, soigner une jambe cassée ne suffit pas si elle est la conséquence de conduites à risques répétées).
En cas de difficultés d'ordre psychologique ou psychiatrique, on peut s'adresser aux D.R.A.S.S. ou D.D.A.S.S. (directions régionales ou départementales des Affaires sanitaires et sociales) pour connaître les services de psychiatrie de l'enfant qui possèdent des unités d'hospitalisation pour adolescents. Ils peuvent aussi être dans les hôpitaux de jour et les « centres de crise ».
Les centres médico-pédagogiques (C.M.P.) accueillent gratuitement, sur rendez-vous, les jeunes qui le désirent, jusqu'à 16 ou 18 ans selon les cas.
Les Espaces santé jeunes, les Maisons de la santé et des jeunes, les C.M.P.P. (centres médico-psycho-pédagogiques), la médecine préventive universitaire, la médecine scolaire... proposent d'autres centres d'accueil.
Le B.A.P.U. (Bureau d'aide psychologique universitaire) est un lieu d'accueil pour les étudiants en difficultés. Il en existe une quinzaine en France (se renseigner auprès des C.R.O.U.S.).
Dans ces centres d'accueil, les consultations sont gratuites, ou prises en charge par la Sécurité sociale à 100 %. Dans les cabinets privés, la fourchette moyenne de la consultation s'établit entre 30 et 75 euros, remboursée ou non selon le statut du praticien.

Aide et renseignements par téléphone

Fil Santé Jeunes : 0 800 235 236
7 jours sur 7, de 8 heures à minuit. Ligne téléphonique gratuite et anonyme.

Une équipe de médecins et de psychologues écoute, répond aux questions, donne des adresses et indique les démarches à faire.
www.filsantejeunes.com

Inter Services Parents, Points Écoute Parents, Points Écoute Jeunes
Ces structures, gérées par l'École des parents, offrent des services gratuits et anonymes. Elles proposent des permanence d'accueil et de conseil et un service d'accueil téléphonique pour les questions de santé, de psychologie, de droit, de couple, d'orientation scolaire… Toutes les adresses régionales sont disponibles à l'adresse www.ecoledesparents.org/epe.

Croix-Rouge Écoute : 0 800 858 858
Gratuit. Du lundi au vendredi de10 à 22 heures, le samedi et le dimanche de 12 à 18 heures.
www.croix-rouge.fr/goto/actions/ecoute

SOS Amitié : 0 820 066 066 pour l'Ile-de-France
7 jours sur 7, 24 heures sur 24. Les numéros, dans toute la France, figurent dans l'annuaire ou le Minitel.
www.sos-amitie.com

SOS Dépression : 01 40 47 95 95
7 jours sur 7, 24 heures sur 24.
sos.depression.free.fr
Téléphoner à ce numéro pour connaître les adresses et horaires des lieux d'accueil dans les grandes villes.

Association de défense de la famille et de l'individu contre les sectes (A.D.F.I.) : 01 44 92 30 14
130, rue de Clignancourt, 75018 Paris. Recense les principales associations sectaires, analyse leur action, et peut donner des conseils sur l'attitude à tenir face à elles, ainsi que des noms de correspondants régionaux.
www.sectes-infos.net/adfi.htm

www.droitsdesjeunes.gouv.fr est un site gouvernemental qui rassemble toutes les informations juridiques concernant les jeunes (prise en charge par la Sécurité sociale, statut, relations parents-enfants…).
www.droitsdesjeunes.gouv.fr.

Les numéros qu'ils doivent connaître

Suicide Écoute : 01 45 39 40 00
7 jours sur 7, 24 heures sur 24. Service spécialisé qui peut répondre à vos angoisses.

Drogues Alcool Tabac Info Services – Drogues : 0800 23 13 13 – Alcool : 0811 91 30 30 – Cannabis : 0811 91 20 20
Service d'information et de prévention, gratuit, ouvert 7 jours sur 7, 24 heures sur 24.

Planning familial : 01 48 07 29 10
Pour obtenir les coordonnées de tous les centres d'accueil en France. Un lieu de parole concernant la sexualité et les relations amoureuses, où l'on trouve un accueil et une écoute, gratuitement et en toute confidentialité.

Centres régionaux d'information et de prévention sur le sida (C.R.I.P.S.) : 01 56 80 33 33 pour l'Île-de-France
Également pour obtenir les coordonnées des sept autres centres : Nice, Marseille, Bordeaux, Nantes, Lille, Clermont-Ferrand, Lyon. Minitel : 3614 CRIPS. Internet : www.lecrips.net.

AIDES Fédération nationale : 0820 160 120
23, rue du Château-Landon, 75010 Paris. www.aides.org

Sida Info Service : 0 800 840 800
Appel gratuit. 7 jours sur 7, 24 heures sur 24.

SOS Viols Femmes Informations : 0 800 05 95 95
Appel gratuit, du lundi au vendredi, de 10 à 19 heures. www.cfcv.asso.fr

Allô Enfance Maltraitée : 119
Appel gratuit, tous les jours, 24 heures sur 24. Jusqu'à 18 ans. Peut prendre en charge anonymement des démarches de signalement et d'enquête sociale. www.allo119.gouv.fr

Enfance et Partage : 0800 05 12 34
Recueille les signalements d'enfants maltraités, donne des conseils d'ordre juridique, psychologique, oriente vers des associations spécialisées. www.enfance-et-partage.org

L'Enfant bleu
www.enfantbleu.org

La Voix de l'enfant : 01 40 22 04 22
www.lavoixdelenfant.org

Enfance majuscule
www.enfance-majuscule.com

Pour certaines régions françaises, la Fondation de France, en partenariat avec des centres de santé, édite et distribue gratuitement une plaquette à destination des jeunes, contenant des informations de base et des adresses locales.

Ain CRAES : 04 72 00 55 70
Alpes de Haute-Provence CODES 04 : 04 92 36 76 62
Bas-Rhin SEPIA : 03 89 20 30 90
Bouches-du-Rhône CODES 13 : 04 96 11 16 63
Côtes d'Armor CODES 22 : 02 96 78 46 99
Dordogne CRIPS : 05 57 57 18 80
Drôme et Ardèche CRAES : 04 72 00 55 70
Essonne ADOSEN : 01 60 77 27 56
Eure CRES : 02 32 18 07 60
Finistère CODES 29 : 02 98 90 05 15
Gironde CRIPS : 05 57 57 18 80
Haute-Garonne GRES Médiation Santé : 05 61 63 10 69
Haute-Savoie CRAES : 04 72 00 55 70
Hautes-Alpes CODES05 : 04 92 53 58 72
Hérault Holisme communication : 04 67 58 87 41
Ille-et-Vilaine CODES 35 : 02 99 67 10 50
Isère CRAES : 04 72 00 55 70
Landes CRIPS : 05 57 57 18 80
Loire CRAES : 04 72 00 55 70
Lot-et-Garonne CRIPS : 05 57 57 18 80
Morbihan CODES 56 : 02 97 35 19 84
Paris Kiosque INFO SIDA : 01 44 78 00 00
Pyrénées-Atlantiques CRIPS : 05 57 57 18 80
Rhône CRAES : 04 72 00 55 70
Seine-Maritime : 02 32 18 07 60
Var CODES 83 : 04 94 89 47 98
CRES PACA : 04 91 36 56 95

Bibliographie

Pour tous les parents

Dr P. Alvin, *Anorexie et Boulimie à l'adolescence*, Doin, 2001.
A. Braconnier et D. Marcelli, *L'Adolescence aux mille visages*, O. Jacob, 1998.
P. Delaroche, *Adolescence à problèmes*, Albin Michel, 2001.
P. Delaroche, *Doit-on céder aux adolescents ?*, Albin Michel, 1999.
P. Huère, *L'Adolescence en héritage*, Calmann-Lévy, 0000.
Dr J.-C. Matysiak, *Tu ne seras pas accro, mon fils !*, Albin Michel, 2002.
G. Poussin et E. Martin-Lebrun, *Les Enfants du divorce*, Dunod, 1997.
V. Sinason, *Comprendre votre enfant handicapé*, Albin Michel, « Les Guides du centre Tavistock », 2001.
M. Waddel, J. Bradley, H. Dubinsky, B. Copley et G. Williams, *Comprendre votre enfant à l'adolescence*, Albin Michel, « Les Guides du centre Tavistock », 2001.

Le mensuel *Top Famille* (Hachette) aborde régulièrement les thèmes de l'éducation des adolescents.

Pour un public spécialisé

P. Alvin et D. Marcelli, *Médecine de l'adolescent*, Masson, 1999.
D. Marcelli, *Adolescence et Psychopathologie*, Masson, 1999.
D. Marcelli, *Dépression et Tentatives de suicide à l'adolescence*, Masson, 2001.
P.A. Michaud et P. Alvin (sous la direction de), *La Santé des adolescents*, coédition Payot, Doin et Fondation de France, 1999.

Pour les adolescents

I. Borten-Krivine et D. Winaver, *Ados, amour et sexualité, version fille*, Albin Michel, 2001.
C. Dolto (sous la direction de), *Dico Ado, Les mots de la vie*, Gallimard Jeunesse, 2001.
C. Dolto, *Le Complexe du homard*, Gallimard Jeunesse, 1999.
S. Mimoun et R. Etienne, *Ados, amour et sexualité, version garçon*, Albin Michel, 2001.

Les collections « Oxygène » et « Hydrogène » des éditions de la Martinière s'adresse aux adolescents sur tous les sujets qui leur posent des questions (*C'est pas facile de grandir*, *Chacun son look*, *Collège mode d'emploi*... 65 titres).
Les magazines de Bayard Presse (*Okapi*, *Phosphore*) et de Milan Éditions (*Les Clés de l'actualité*, *Julie* et *Lolie*, pour les filles) abordent aussi régulièrement ces questions.

Table des matières

V. AMITIÉS ET AMOURS

VI. PASSIONS ET ACTIVITÉS

VII. LES GRANDS ÉVÉNEMENTS DE LA VIE

CONCLUSION

ANNEXES

DU MÊME AUTEUR

Dépression et tentatives de suicide à l'adolescence,
Masson, 2001.

Adolescence et Psychopathologie, avec A. Braconnier,
Masson, 1999.

Médecine de l'adolescent, avec P. Alvin,
Masson, 1999.

La Surprise, chatouille de l'âme,
Albin Michel, 2000.

DANS LA MÊME COLLECTION

Quels repères donner à nos enfants dans un monde déboussolé ?
Jean-Luc AUBERT

Mes parents se séparent – Je me sens perdu
Maurice BERGER et Isabelle GRAVILLON

Petite terreur ou souffre-douleur – La violence dans la vie de l'enfant
Stéphane BOURCET et Yves TYRODE

Petits tracas et gros soucis de 1 à 7 ans – Quoi dire, quoi faire
Christine BRUNET et Anne-Cécile SARFATI

Petits tracas et gros soucis de 8 à 12 ans – Quoi dire, quoi faire
Christine BRUNET et Anne-Cécile SARFATI

Une famille, ça s'invente – Les atouts des parents, les atouts des enfants
Hélène BRUNSCHWIG

Papa, Maman, laissez-moi le temps de rêver !
Etty BUZYN

Me débrouiller, oui, mais pas tout seul !
Etty BUZYN

La Mort pour de faux et la Mort pour de vrai
Dana CASTRO

Ça va pas fort à la maison – L'enfant et les soucis des grands
Dana CASTRO

Qui lit petit lit toute la vie
Rolande CAUSSE

Il a du mal à l'école – Un peu, beaucoup, trop… comment l'aider
Brigitte CHEVALIER

Il a du mal au collège – Comment l'aider
Brigitte CHEVALIER

Petit manuel à l'usage des grands-parents qui prennent leur rôle à cœur
Étienne CHOPPY et Hélène LOTTHÉ-COVO

Séparons-nous… mais protégeons nos enfants
Stéphane CLERGET

Vos enfants ne sont pas des grandes personnes
Béatrice COPPER-ROYER

Peur du loup, peur de tout – Petites peurs, angoisses, phobies de l'enfant et de l'adolescent
Béatrice COPPER-ROYER

Doué, surdoué, précoce – L'enfant prometteur et l'école
Sophie CÔTE

Psy ou pas psy? – Quand et qui consulter
Dr Patrick DELAROCHE

Adolescence à problèmes – Comprendre vos enfants pour les aider
Dr Patrick DELAROCHE

Doit-on céder aux adolescents?
Dr Patrick DELAROCHE

Parents, osez dire non!
Dr Patrick DELAROCHE

Oser être mère au foyer
Marie-Pascale DELPLANCQ-NOBÉCOURT

Parents de cœur – Comprendre l'enfant adopté
Sherrie ELDRIDGE

Le Dieu de l'enfant – Il n'est pas celui qu'on croit
Nicole FABRE

Amour, enfant, boulot... comment sortir la tête de l'eau
Anne GATECEL et Carole RENUCCI

Le baby-clash – Le couple à l'épreuve de l'enfant
Bernard GEBEROWICZ et Colette BARROUX

Mon enfant me dévore
Lyliane NEMET-PIER

J'suis pas motivé, je ne fais pas exprès
Brigitte PROT

Papa, Maman, j'y arriverai jamais! – Comment l'estime de soi vient à l'enfant
Emmanuelle RIGON

J'ose pas, je suis trop timide – S'affirmer est un jeu d'enfant
Emmanuelle RIGON

Aidez-moi à trouver mes marques! – Les repères du tout-petit
Michael ROHR

Toutes les questions que vous vous posez sur l'école maternelle
Nicole du SAUSSOIS

Les Risques de l'adolescence
Gérard SÉVÉRIN

Crèches, nounous et Cie – Modes de garde, mode d'emploi
Anne WAGNER et Jacqueline TARKIEL

Hors collection

Petites histoires pour devenir grand – À lire le soir pour aborder avec l'enfant ses peurs, ses tracas, ses questions
Sophie CARQUAIN

Petites histoires pour devenir grand 2 – Des contes pour leur apprendre à bien s'occuper d'eux
Sophie CARQUAIN

Composition IGS
Impression : Imprimerie Floch, décembre 2006
Éditions Albin Michel
22, rue Huyghens, 75014 Paris
www.albin-michel.fr
ISBN : 978-2-226-13438-7
ISSN : 1275-4390
N° d'édition : 24940. – N° d'impression : 67138
Dépôt légal : septembre 2002
Imprimé en France